Helen Keller

Teacher

Helen Keller

Teacher

Meine Lehrerin
Anne Sullivan-Macy

Verlag Freies Geistesleben

Aus dem Amerikanischen
von Monika Pasch

Die Deutsche Bibliothek – CIP-Einheitsaufnahme

Keller, Helen:
Teacher: meine Lehrerin Anne Sullivan-Macy /
Helen Keller. [Aus dem Amerikanischen von Monika Pasch]. –
Stuttgart: Verlag Freies Geistesleben, 1995
Einheitssacht.: Teacher <dt.>

ISBN 3-7725-1495-2

Die amerikanische Originalausgabe erschien 1955 unter dem Titel
«Teacher. Anne Sullivan Macy»
bei Doubleday & Co., New York

Published by arrangement with Doubleday,
a division of Bantam Doubleday Dell Publishing Group, Inc.

Deutsche Ausgabe:

Umschlag: Walter Schneider unter Verwendung eines Fotos
von Helen Keller und Anne Sulivan Macy (Ausschnitt)
Frontispiz: Helen Keller und Anne Sullivan in der Sommerresidenz
von Dr. Alexander Graham Bell in Cape Breton
Druck: WB-Druck, Rieden am Forggensee

Dies gibt dir die wahre Freude im Leben:
wenn du für ein Ziel gebraucht wirst,
das du selbst als gewaltiges erkannt hast.

George Bernhard Shaw

Einführung

von Nella Braddy Henney

Vor vielen Jahren schon wurde es Helen Keller klar, daß das einzige Thema, das die Leute immer wieder von ihr hören wollten, sie selbst war. Weil sie dies weniger als nahezu alles andere interessierte, wurde sie dessen bald müde. Doch da sie höflich und geduldig ist, hat sie ihre Geschichte unzählige Male wiederholt – in Büchern und Artikeln, in Interviews und Gesprächen, auf der Leinwand, dem Podium, der Bühne und am Rednerpult. Als sie dieses Buch zu schreiben begann, war sie entschlossen, nicht noch einmal jenen ausgetretenen Pfad zu gehen, sondern das aufzuschreiben, was noch niemand außer ihr geschrieben hatte und wofür niemand sonst die Voraussetzungen besaß – einen intimen, persönlichen Bericht über das Verhältnis zwischen ihrer Lehrerin, Anne Sullivan Macy, und ihr. Nur so viel an allgemeinem Hintergrund wollte sie darstellen, wie sie für nötig erachtete, um ihre Grundaussage deutlich zu machen. Den Lesern, die aufgewachsen sind, als Helen Keller noch jung und ihr Name in aller Munde war, hat sie genug erzählt. Aber für diejenigen, die in der Wirtschaftskrise geboren und vom Krieg eingeholt wurden, sowie für all jene, deren Erinnerungen im Laufe der Zeit oder aufgrund von Legendenbildung verblaßt sind, ist vielleicht ein klein wenig mehr erforderlich.

Helen Keller wurde am 17. Juni 1880 als ein normales Kind in Tuscumbia im Bundesstaat Alabama geboren. Neunzehn Monate später wurde sie von einer Krankheit befallen, die man bis heute nicht identifiziert hat. Als sie sie überstanden hatte, war sie taub und blind. Weil sie taub war, wurde sie auch stumm. Ansonsten trug sie keine körperlichen Schäden davon. Aber ihr geistiger Zustand war ungewiß. Einige hielten sie für schwachsinnig. Ihre Mutter und ihr Vater glaubten das nicht, konnten es aber nicht widerlegen. Falls Intelligenz vorhanden war, vermochten sie doch nicht, an sie heranzukommen; und Helen, die dadurch abgeschnitten war, wurde – um es in ihren eigenen Worten auszudrücken – «ein Phantom, das in einer Welt lebte, die eine Nicht-Welt war».

Fünf Jahre lebte sie in dieser Nicht-Welt, ohne Hoffnung, ihr zu entrinnen – bis ihre Mutter zufällig beim Lesen von Dickes' *American Notes* erfuhr, daß im «Perkins-Institut für Blinde» in Boston Dr. Samuel Gridley Howe einem taubblinden Kind wie Helen, Laura Bridgman, Lesen und Schreiben beigebracht und es gelehrt hatte, sich mit Hilfe eines Fingeralphabetes mit Leuten zu verständigen, die sehen und hören konnten. Aber das war bereits vor fünfzig Jahren geschehen, und Boston war weit entfernt von Tuscumbia. Helens Eltern unternahmen zunächst nichts in dieser Richtung. Sie fuhren mit Helen jedoch, als sie sechs Jahre alt war, nach Baltimore, um einen berühmten Augenarzt zu konsultieren. Er bestätigte, was andere Ärzte gesagt hatten: daß Helen für immer blind und taub sein werde. Er riet ihnen aber, nach Washington weiterzufahren, um dort Dr. Alexander Graham Bell nach möglichen Unterrichtsmethoden zu fragen. Und auf Dr. Bells Vorschlag hin schrieb Captain Keller dann an das Perkins-Institut. Dr. Howe lebte nicht mehr, doch nach einiger Zeit sandte Mr. Michael Anagnos, sein Nachfolger als Direktor, eine seiner jungen Absolventinnen, um festzustellen, ob sie für das Kind irgend etwas tun könne. Dies war Miss Annie Sullivan, einundzwanzig Jahre alt.

Viel erwartete niemand. Ein halbes Jahrhundert war vergangen, seit Dr. Howe seine Arbeit mit Laura Bridgman begonnen hatte, und inzwischen hatten viele qualifizierte Lehrer versucht, die gleichen Methoden bei anderen taubblinden Kindern anzuwenden. Keiner hatte jedoch Erfolg gehabt, und Annie Sullivan, die weit schlechter vorbereitet war als alle anderen, besaß wenig Hoffnung, daß sie es besser machen könnte. Captain Keller hatte ihr eine Anstellung angeboten, und in ihrer Lage blieb ihr keine andere Wahl, als anzunehmen.

Als Tochter irischer Einwanderer – zu jener Zeit die verachtetste soziale Schicht im Nordosten der USA – wurde Annie Sullivan in Schmutz und Armut am 4. April 1866 in Feeding Hills im Bundesstaat Massachusetts geboren. Soweit sie sich zurückerinnern konnte, hatte sie Probleme mit ihren Augen gehabt. Auch später noch machten sie ihr ständig zu schaffen. Als sie acht Jahre alt war, starb ihre Mutter. Sie hinterließ noch zwei weitere Kinder. Zwei Jahre später verschwand der Vater und ließ alle drei Kinder allein zurück – Annie erfuhr nie, was aus ihm wurde. Ihre jüngere Schwester Mary wurde bei Verwandten untergebracht, Annie und ihren siebenjährigen Bruder Jimmie schickte man in das Staatshospital, das Armenhaus von Tewksbury – Annie, weil sie schwierig im Umgang war und zu schlecht sah, um zu etwas nützlich zu sein, und Jimmie, weil eine Tuberkulose am Hüftgelenk ihn lahm und hilflos machte.

Im Februar 1876 kamen sie ins Armenhaus, und im Mai starb Jimmie. Annie blieb vier Jahre dort. Niemand draußen interessierte sich für sie, und außer ihren Mitbewohnern im Armenhaus hatte sie keine Freunde. Einer von ihnen erzählte ihr jedoch, es gebe besondere Schulen für Blinde. Allmählich – sie verlor in Tewksbury jegliches Zeitgefühl – wuchs ihr Wunsch zu lernen. Dem Abgrund von Erniedrigung und Leiden, in dem sie lebte, zu entrinnen schien aber unmöglich – bis der Gestank des Armenhauses unerträglich wurde und das staatliche Wohlfahrtsamt eine Untersuchung anordnete. Aber die Untersuchungsbeamten wurden nicht von sich aus auf

Annie aufmerksam. Die Insassen kannten vielmehr den Namen des Vorsitzenden, und als die Mitglieder des Komitees ankamen, stürzte Annie ihnen selbst entgegen, obwohl sie sie nicht voneinander unterscheiden konnte, und rief: «Mr. Sanborn, Mr. Sanborn, ich möchte zur Schule gehen!»

Im Oktober 1880 kam sie in das Perkins-Institut. Dort begann, im Alter von vierzehn Jahren, ihre Ausbildung: Sie lernte, mit den Fingern zu lesen. An der Schule gab es während der Ferien keine Betreuung für die Schüler, so daß Annie, als der Sommer kam, ausziehen und in einem Logierhaus in Boston arbeiten mußte. Durch einen der Mieter fand sie den Weg zur Augen- und Ohrenklinik von Massachusetts. Im August führte Dr. Bradford eine Operation ihres linken Auges durch. Im darauffolgenden August behandelte er das rechte Auge, und als die Operationen vorbei waren, konnte Annie gut genug sehen, um für eine begrenzte Zeit normal zu lesen. Ihr Sehvermögen war jedoch nicht so gut, als daß es den Wechsel in eine Schule für Sehende erlaubt hätte. Sie blieb sechs Jahre lang im Perkins-Institut und bestand 1886 ihre Abschlußprüfung, bei der sie die Abschiedsrede ihrer Klasse hielt. Die Schule hatte getan, was sie konnte. Der Rest lag in ihren Händen.

Sie war sich über ihre Handicaps im klaren – daß sie nur spärliche Ausbildungsjahre genossen hatte, mit den Annehmlichkeiten eines kultivierten Lebens kaum in Berührung gekommen war und, vor allem, daß ihr Sehvermögen unsicher und kritisch war –, dennoch hatte sie sich etwas Aufregenderes erhofft, als sich um ein taubblindes Kind zu kümmern. Aber Captain Kellers Angebot war das beste, das sie bekam. Nachdem sie es angenommen hatte, brachte sie einige Monate damit zu, Dr. Howes Berichte über Laura Bridgman zu lesen – wegen ihres Augenleidens eine schmerzhafte Aufgabe. Das Fingeralphabet kannte sie schon. Ebenso wie ihre Mitschülerinnen hatte sie es gelernt, um mit Laura sprechen zu können, die noch immer zurückgezogen im Perkins-Institut lebte, weil sie niemals imstande gewesen war, sich an irgendeinen anderen Lebensstil zu gewöhnen. Und dennoch war Laura das Ziel, das es anzustreben galt. Keine andere taubblinde Person hatte auch nur annähernd den Stand erreicht, auf dem sie sich befand.

Mit geröteten und verschwollenen Augen – sie hatte sich einer weiteren Augenoperation unterziehen müssen und während der ganzen Zugfahrt vor Heimweh geweint – kam Annie Sullivan am 3. März 1887 in Tuscumbia an. Das Datum hat Helen immer dankbar als den «Geburtstag meiner Seele» in Erinnerung gehalten. Annie begann sofort damit, in Helens Hand zu buchstabieren; sie ließ das Wort der Handlung und die Handlung dem Wort folgen, und das Kind antwortete, indem es die Fingerbewegungen wie ein aufgewecktes, neugieriges Tier nachahmte. Es dauerte einen Monat, bis sie sich an seine menschliche Seele herangetastet hatte. Am 5. April, einem Datum, das dem des 3. März in seiner Bedeutung nicht nachsteht, kam das Phantom Helen mit der Wirklichkeit in Berührung. Als Annie Sullivan Wasser über ihre Hand pumpte, begriff das Kind blitzartig, daß Wasser, wo immer man es antraf, Wasser war und daß die Fingerbewegungen, die es gerade auf seiner Handfläche gespürt hatte, Wasser bedeuteten und sonst nichts. In diesem aufregenden Augenblick fand Helen den Schlüssel zu ihrem Königreich. Jedes Ding hatte einen Namen, und sie wußte einen Weg, alle Namen zu lernen. Sie stellte eine Frage, indem sie auf Annie Sullivan zeigte. «Teacher», antwortete Annie.

Von diesem Tag an machte Helen so rasche Fortschritte, daß viele Pädagogen bald merkten, daß hier eine große Lehrerin am Werk war, größer sogar als Dr. Howe. Mit zehn Jahren kündigte Helen an, sie wolle lernen, wie andere Leute mit dem Mund zu sprechen und nicht wie eine taube Person mit den Fingern. Als sie nach elf Unterrichtsstunden in mündlicher Rede imstande war – wenn auch stockend – zu sagen: «Ich-bin-jetzt-nicht-mehr-stumm», schien dem, was sie erreichen konnte, keine Grenze gesetzt zu sein. Doch die öffentliche Meinung hatte sich inzwischen gespalten. Der eine Teil schob die Pädagogin beiseite und bezeichnete Helen als ein Wunder. Der andere würdigte nur die Lehrerin und nannte Helen einen Automaten. Als dann im Jahre 1892 die zwölfjährige Helen in «König Frost» unwissentlich eine kleine Geschichte von Miß Margaret Canby plagiierte, wurde eine dritte Fraktion meinungsführend: Alles sei Humbug. Das Phänomen Helen Keller sei ein Schwindel, ihre Lehrerin eine Betrügerin.

Das schmerzte – es schmerzt noch immer. Aber es gab wenigstens einige bekannte Persönlichkeiten, unter ihnen Dr. Bell, die begriffen, daß es die Zusammenarbeit einer befähigten, intuitiv handelnden Lehrerin und einer eifrigen, intelligenten Schülerin war, die diese erstaunlichen Resultate hervorbrachte. Helen und Teacher, die immer zusammenblieben, hielten an ihrem Kurs fest. Helen setzte ihren Bildungsweg fort: Sie besuchte das Radcliffe-College, in das sie 1900 im Alter von zwanzig Jahren eintrat; vier Jahre später schloß sie das Studium mit «cum laude» ab – das Prädikat hatte sie im offenen Wettbewerb mit Mädchen erlangt, die sehen und hören konnten. Doch selbst das war der Öffentlichkeit nicht genug. Solange Annie Sullivan lebte – sie starb 1936 –, blieb eine Frage offen: Wieviel von dem, was man Helen Keller zuschrieb, gehörte in Wirklichkeit Annie Sullivan? Die Antwort ist nicht leicht. Während ihrer schöpferischen Jahre jedenfalls wäre keine ohne die andere ausgekommen.

Auf die Abschlußprüfung folgte eine glückliche Zeit – war sie auch kurz, so war sie darum nicht weniger glücklich. Erlöst von der langen Anspannung zogen sie in das Dorf Wrentham in Massachusetts. Zum ersten Mal konnten sie in ihrem eigenen Heim leben. Ein Jahr später waren sie eine richtige Familie, als Annie Sullivan John Macy heiratete. Mr. Macy war ein Literaturkritiker von Rang, ein brillanter Gesellschafter und ein guter Kamerad. In einer Atmosphäre voller Harmonie und hochgespannter Erwartungen machten er und Helen sich daran, Artikel und Bücher zu verfassen, jeder auf seinem eigenen Gebiet.

In Radcliffe hatte Helen, ermutigt von Professor Charles Townsend Copeland, ihre Versuche fallengelassen, wie andere Leute zu schreiben, und begonnen, über ihre eigenen Erfahrungen zu berichten. Ihre Darstellungen erregten Aufmerksamkeit außerhalb des Colleges, und sie wurde gebeten, sie zu einer Geschichte ihres Lebens zusammenzustellen. Mr. Macy half ihr dabei, fügte eine repräsentative Sammlung ihrer Briefe bei und einen zusätzlichen Bericht, in welchen er die bemerkenswerten Briefe aufnahm, die Teacher während ihrer ersten Monate in Alabama geschrieben hatte. *The Story of My Life*, 1904 veröffentlicht, wurde ein Klassiker, der mehr als fünfzig Jahre lang ununterbrochen erhältlich war.

Helen hatte während ihrer Zeit auf dem College noch ein anderes Buch veröffentlicht, einen unscheinbaren kleinen Band mit dem treffenden Titel *Optimismus*; darin bot sie energisch den Wellen des Mitleids Trotz, die ihr entgegenbrandeten. Jetzt, in Wrentham, begann sie *Die Welt, in der ich lebe* zu schreiben, und es bereitete ihr eine diebische Freude, den Experten zu antworten, die sie getadelt hatten, weil sie etwas beschrieb, was sie nicht sehen konnte, und Wörter verwendete, die mit Farbe und Ton zusammenhingen. Sie hoffte – natürlich vergebens –, es würde das letzte Mal sein, daß sie erklären müßte, wie sie diesen Teil ihrer Welt mit Hilfe von Gedankenverbindungen und Phantasie aufgebaut hatte. «Alles Sehen kommt von der Seele.» Die Schwingen ihrer Einbildungskraft konnten sie vom Rücken ihres eigenen Pferdes zu den Streitrossen Apollos emporheben. Aus dem Flackern einer Kerze, der Wärme des Feuers und der Hitze der Sonne konnte sie erspüren, daß es unterschiedliche Intensitäten des Lichtes gibt. Wenn ihre Wangen erglühten, wußte sie, daß sie rot waren, und wenn sich im

Frühling die Blätter entfalteten, wußte sie, daß sie grün waren. Und weil sie bei Früchten gleicher Sorte, etwa bei Äpfeln, die Unterschiede schmecken, bei Blumen derselben Art, bei Rosen beispielsweise, den Unterschied riechen konnte, vermochte sie daraus zu schließen, daß eine einzige Farbe in vielen verschiedenen Schattierungen erscheinen kann. Was sie «hört», wenn sie mit ihrer Hand der Musik «lauscht», können wir nicht wissen; aber sie könnte es nicht deutlicher zum Ausdruck bringen, wenn sie Wörter erfände, um es uns mitzuteilen. Sie hat die Sprache übernommen, wie sie sie vorfand, und nie einen Grund entdeckt, weshalb sie nicht sagen sollte: «Ich sehe» und: «Ich höre», wenn es doch für sie die einfachste Möglichkeit ist, sich auszudrücken.

Die Welt, in der ich lebe wurde 1908 veröffentlicht. 1910 folgte *Das Lied von der steinernen Wand*, ein Gedicht, das seiner Verfasserin mehr Freude bereitete als alles, was sie sonst geschrieben hat.

Damals schien das Bild von Helen Keller als eines von vollkommenem Glanz umgebenen Geschöpfs, das glücklich in der besten aller Welten dahinlebt, fest verwurzelt zu sein, obwohl Helen es seit mehreren Jahren zu vernichten suchte. Mit ihrem nächsten Buch, einer Sammlung flüchtiger Betrachtungen, von denen die meisten in Zeitschriften erschienen waren, legte sie die Lunte ans Pulverfaß. Das Buch hatte den Titel *Aus der Dunkelheit*, und mit «Dunkelheit» war nicht die physische Blindheit gemeint. Einer der Artikel hieß: «Wie ich Sozialistin wurde». In einem anderen verteidigte sie eine Bergarbeitergesellschaft. Ein weiterer war ein Appell zugunsten des Frauenwahlrechts. In drei Artikeln verlangte sie entschieden die Anwendung von Silbernitrat bei den Augen von Neugeborenen, um sie vor Erblindung infolge venerischer Infektionen zu schützen. Diese schockierten am meisten, denn die Leute hatten von Helen erwartet, daß sie sanft und ergeben sei, wenn sie von Leid sprach.

Auch für Helen war es ein Schock. Es überraschte sie nicht, als sie erfuhr, daß ihre Freunde über diese neue Entwicklung tief bestürzt waren; aber sie geriet außer sich, als Kritiker ihr unterstellten, die von ihr geäußerten Ideen seien nicht ihre eigenen, und mit glattem Lächeln behaupteten, sie werde vom Ehepaar Macy und von anderen für deren eigene dunkle und böse Zwecke mißbraucht. Sie war empört, beugte sich aber nicht.

Es war ein harter Schlag, denn es bedeutete, daß sie die Hoffnung aufgeben mußte, mit Schreiben ihren Unterhalt zu verdienen. Über sich selbst, dieses ihr lästige Thema, konnte sie nichts mehr schreiben, und für irgend etwas anderes besaß sie keine Leserschaft. Schwere Zeiten kamen auch in anderer Hinsicht auf sie zu. Teachers Sehvermögen war so unzuverlässig geworden, daß sie sich an einem fremden Ort nicht mehr sicher bewegen konnte. Aus Gründen, die mit Helens gesellschaftlichen und politischen Ansichten in keinerlei Zusammenhang standen, zerbrach Teachers Ehe. Um ihre Gesundheit stand es nicht gut, und das Geld war knapp.

Sie und Helen hatten all diese Schwierigkeiten vorausgesehen und Schritte unternommen, um ihnen zu begegnen. Anfang 1913 hatten sie sich auf der Rednertribüne versucht, wenn auch mit bangem Gefühl wegen Helens Stimme. Dreiundzwanzig Jahre waren vergangen, seitdem sie den denkwürdigen Satz «Ich bin jetzt nicht mehr stumm» ausgesprochen hatte, doch trotz intensivem, unablässigem Bemühen hatte sie ihr ehrgeiziges Ziel, wie andere Menschen sprechen zu können, nicht erreicht. Noch heute, nach lebenslangem Üben, sind ihre gutturalen Töne, wenn man sie nicht oft hört, nur mit Mühe zu verstehen. Als sie zum ersten Mal in der Öffentlichkeit sprach, war sie ihrer Stimme wegen gehemmt, wie sie es niemals wegen ihrer «geringeren Behinderungen» – denn als solche betrachtete sie ihre Taubheit und Blindheit – war. Aber mit Teachers Hilfe, die an ihrer Seite erklärte und interpretierte, verschwand ihre Nervosität bald, und die Zuhörer waren so warmherzig und voller Sympathie, daß der Erfolg in einer neuen Laufbahn gesichert gewesen wäre, wenn Teachers nachlassende Sehkraft und ihre schwächer werdende Gesundheit es ihnen erlaubt hätten, damit fortzufahren.

Kaum drei Monate später mußten sie einsehen, daß sie es allein nicht bewältigen konnten. Zu dieser bitteren Erkenntnis kamen sie, als sie eine Nacht voller Schrecken in einem fremden Hotel in Bath, Maine, verbrachten. Teacher wurde schwer krank, und außer Helen war niemand da, der nach ihr hätte sehen können, und um Helen konnte sich überhaupt niemand kümmern. Es gelang Teacher, den Hotelbesitzer herbeizurufen, und einige Tage später kehrten sie völlig erschöpft nach Wrentham zurück. Helen strich die Segel. Sie schrieb an Andrew Carnegie und akzeptierte eine Rente, die sie in aussichtsreicheren Tagen abgelehnt hatte. Für eine normale Person wäre sie großzügig gewesen, doch für zwei behinderte Frauen und eine bezahlte Begleiterin reichte sie nicht aus. Als Teacher wieder gesund war, machten sie sich von neuem auf den Weg.

Helens Mutter begleitete sie, als sie zu Beginn des Jahres 1914 zu ihrer ersten Reise quer durch den Kontinent aufbrachen. Aber nur für diese eine Tournee fuhr sie mit ihnen; insofern war das Problem dadurch nicht gelöst. Es erledigte sich erst nach ihrer Rückkehr, als sie zufällig Miß Polly Thomson aus Glasgow trafen, die gerade Verwandte in der Nähe von Boston besuchte. Teacher engagierte sie für alle Tätigkeiten, die von jemandem, der sehen und hören konnte, erledigt werden mußten. Ihr offizieller Titel war der einer «Sekretärin», aber ihre einzigartige Position in diesem unvergleichlichen Haushalt läßt sich mit keinem Begriff fassen. Sobald sie sich der einen verantwortlichen Aufgabe gewachsen zeigte, kam die nächste hinzu, und als Teacher zweiundzwanzig Jahre später starb, hatte Helen die tiefe, beruhigende Gewißheit, daß Polly Thomson für die Aufgabe bereit war, die vor ihr lag.

Sie setzten ihre Vortragsreisen fort, bis Helens Denken im Jahre 1916 ganz vom Krieg in Europa und den Tendenzen, die die Vereinigten Staaten mit hineinrissen, gefangen war, so daß sie nur noch von Frieden sprechen konnte. Im allgemeinen Geschrei ging ihre Stimme unter, und sie kehrten erschöpft und entmutigt nach Hause zurück. Ihr Heim in Wrentham mußten sie aufgeben, weil sie es nicht bezahlen konnten, doch war das noch ihre geringste Sorge. In ruhelosen Tagen dachte Helen an den Krieg, und in schlaflosen Nächten träumte sie davon. Teacher bekam einen Husten, der zu Besorgnis Anlaß gab. Eine Rippenfellentzündung folgte. Man machte eine Laboruntersuchung und brachte sie auf der Stelle nach Lake Placid, wo sie sich von der diagnostizierten Tuberkulose kurieren sollte. Polly begleitete sie, Helen hingegen, von Angst gequält, fuhr mit ihrer Mutter nach Alabama. Nahezu das einzige, was sie dann erfuhr, war, daß sich Teacher und Polly auf dem Weg nach Puerto Rico befanden. Erst später wurde sie informiert, daß Teachers Laborbericht mit dem einer anderen Person vertauscht worden war und sie nie Tuberkulose gehabt hatte. Puerto Rico aber gab ihr das, was sie brauchte: Ruhe und Schönheit und Frieden.

Bald nachdem sie wieder beisammen waren, kauften sie ein häßliches Backsteinhäuschen, das sich im Elendsviertel von Forest Hill auf Long Island, nicht weit von New York City, befand. Selbst wenn die geringeren Lebenshaltungskosten sie von finanziellen Sorgen befreit hätten – was jedoch nicht der Fall war –, wären die zwei Frauen von ihrem Temperament her nicht in der Lage gewesen, ihre Tage in Müßiggang zu verbringen. Sie diskutierten gerade, was sie als nächstes tun sollten, als ein Wohltäter – der anonym zu bleiben wünschte – mit einem prächtigen Plan auftauchte. Ein Filmbericht von Helens Leben, so setzte er ihnen auseinander, wäre in einer Welt, die im Krieg liegt, von großem Wert und brächte Helen gleichzeitig eine beträchtliche Geldsumme ein. Geld war zu diesem Zeitpunkt für Helen außerordentlich verlockend. Sie wußte, daß die Rente von Carnegie mit ihrem Tode auslaufen würde und daß Teacher, falls sie sie überlebte, ohne einen Penny dastünde, darüber hinaus war sie fast blind und ihr Gesundheitszustand schlecht.

Voller Hoffnung stiegen sie in den Zug nach Hollywood. Der Film hatte ursprünglich Helens Leben sachlich dokumentieren sollen; aber er wurde so stark mit Symbolen ausgeschmückt, daß am Ende «Befreiung» der einzig mögliche Titel für diese symbolistische Verstiegenheit zu sein schien. «Befreiung» füllte nicht die Kassen, und Helens Träume, durch diese Quelle finanziell unabhängig zu werden, schwanden. Doch war die Mühe nicht ganz umsonst gewesen: Die besten der realistischen Szenen gingen in den guten Dokumentarfilm über Helens Leben, «Die Unbesiegbare», ein, der 1954 von Nancy Hamilton produziert wurde.

Vom Schreck über den Geldmangel gründlich erschüttert, versuchte Helen ihr Glück nun im Vaudeville-Theater. In einer zwanzigminütigen «Szene» demonstrierten sie und Teacher, wie sie unterrichtet worden war und wie sie sich selbst auf die äußere Welt eingestellt hatte. Wenn sie es in Schulen und Vortragssälen kostenlos dargeboten hätten, so hätten sie nur Lob geerntet; aber als Einlage zwischen Akrobaten- und Dressurnummern verursachte es ein allgemeines Geschrei, Helen Keller stelle sich selbst für Geld zur Schau. Das stimmte ja auch – aber sie wußte, was sie tat, und war stolz darauf. Zum ersten Mal in ihrem Leben verdiente sie sich ihren Unterhalt selbst – und nicht nur das: Sie sorgte für zwei weitere Frauen. Schließlich konnte sie sogar noch einen bescheidenen Fonds für Teacher anlegen.

Die Auftritte beim Vaudeville-Theater waren, wie alles, was sie unternommen hatte, nur vorübergehend. Ihre Tätigkeit hier dauerte insgesamt vier Jahre. Helen war dreiundvierzig, als sie das begann, was sie nun ihr Lebenswerk nennt. In gewisser Weise hatte sie sich allerdings schon seit ihrer Kindheit darauf vorbereitet, denn stets fand sie, was auch immer sie sonst tun mochte, die Zeit, anderen zu helfen, die wie sie in der dunklen Stille wanderten. Als sie sich 1923 der «Amerikanischen Blindenstiftung» anschloß, bekamen ihre willkürlichen Bemühungen Richtung und Ziel.

Eine ganztägige Beschäftigung wurde zwar vorerst hinausgeschoben, denn noch mußten einige Termine beim Vaudeville-Theater eingehalten und zwei Bücher geschrieben werden. *Meine Religion*, eine Würdigung Emanuel Swedenborgs, entstand auf Bitten der Neuen Kirche. *Mitten im Strom: Mein späteres Leben* war von ihrem Verleger angeregt worden. Doch begann sie sofort, Vorträge in der Umgebung von New York zu halten, die sie mit Teacher als ihrer unschätzbaren Beraterin vorbereitete und mit Pollys Führung und Interpretation vortrug.

Sorgen und Ängste verließen sie nie während dieser Anfangsjahre, als sie sich für die Blindenstiftung einsetzte; doch sie schob die Wolken beiseite, wenn sie in den Kampf zog. Teachers Lebenskraft schwand dahin. Ihr Sehvermögen war erloschen. Als sie am 20. Oktober 1936 starb, verließ sie diese Welt ohne Bedauern. Einige Wochen vor ihrem Tod sagte ihr jemand, um sie aufzurichten: «Teacher, Sie müssen gesund werden. Ohne Sie wäre Helen nichts.» – «Das würde heißen, daß ich versagt habe», entgegnete Annie Sullivan traurig. Denn immer war es ihr Hauptziel gewesen, Helen unabhängig zu machen – unabhängig auch von ihr selbst. Ihre Traurigkeit war jedoch nur vorübergehend. Teacher wußte, daß sie nicht versagt hatte.

Helen hatte beabsichtigt, nur noch ein weiteres Buch zu schreiben, das «Teacher-Buch», wie sie es nannte. Doch am 4. November begann sie, vom Schmerz noch betäubt, ihre Gedanken neu zu ordnen, indem sie ein Tagebuch schrieb. Sie führte es bis zum folgenden April; es wurde noch im selben

Jahr als *Helen Kellers Tagebuch* veröffentlicht. Sie beendete es an Bord eines Schiffes auf dem Weg nach Japan, wo sie eine Vortragsreise zugunsten der Blinden unternehmen wollte – für sie eine heilige Pflicht, denn sie hatte Teacher versprochen, es zu tun. Seither hat sie, auf Wunsch verschiedener Regierungen einschließlich der Vereinigten Staaten und unter der Schirmherrschaft der «Amerikanischen Stiftung für Blinde in Übersee» sowie anderer spezieller Organisationen, die ganze Welt bereist und dabei keinen Kontinent ausgelassen, um durch ihre Anwesenheit ein Beispiel zu geben und mit konkreten, realistischen Ratschlägen zu helfen. Sie wollte damit die Leiter von Rehabilitationsprogrammen unterstützen – Programme nicht nur für Blinde, sondern auch für andere Behindertengruppen, beispielsweise für verwundete Soldaten in den Spitälern der Vereinigten Staaten und Europas.

Zwischen den Vortragsreisen wohnten sie und Polly und – bis zu seinem Tod im Jahre 1950 – Herbert Haas, ihr «Mädchen für alles», in der Nähe von Westport im Bundesstaat Connecticut, in einem freundlichen Haus, bei dessen Erwerb ihnen Mr. G. A. Pfeiffer geholfen hatte. Hier arbeitete Helen am «Teacher-Buch». Als sie damit begann, verfügte sie über Braille-Notizen, von denen einige fast dreißig Jahre alt waren; sie besaß alle Briefe, die Teacher ihr jemals geschrieben hatte, und intime Briefe ihrer Mutter, ihrer Schwester, ihres Pflegevaters Mr. John Hitz – der Sekretär Dr. Bells – und vieler weiterer Freunde. All diese Briefe und Notizen verlor sie; sie verlor überhaupt alles in dem Feuer, das 1946 ihr Haus zerstörte. Ein lähmendes Unheil – doch Freunde bauten das Haus wieder auf und richteten es wieder ein, und nach einiger Zeit begann Helen von neuem; niemals war ein Autor stärker auf sich selbst gestellt. Das Buch trug sie in ihrem Herzen, ihm mußte sie es abringen.

Ein Teil davon wurde in meinem Haus geschrieben, auf meiner Schreibmaschine, einer gewöhnlichen, tragbaren

«Smith-Corona». Helen fragte mich, auf welcher Taste der Punkt sei, und danach schrieb sie, als hätte sie nie eine andere Maschine benutzt. Sie ordnete ihre Papiere, wie sie es brauchte. Niemand sonst berührte sie. Sie hielt sie in peinlicher Ordnung, wußte genau, wo sie ein neues Blatt Papier holen und wo sie eine beschriebene Seite hinlegen mußte. Außer ihren Braille-Notizen wanderte nichts in den Papierkorb. Wenn sie sie noch einmal brauchte, holte sie sie selbst heraus und ging mit den Fingern darüber, bis sie gefunden hatte, wonach sie suchte. Deshalb rührten wir auch niemals den Papierkorb an.

Sie arbeitete täglich sechs bis sieben Stunden – dies ist ihr normales Arbeitspensum –, und sie wurde selten unterbrochen; wenn sie aufhörte, egal ob aus eigenem Entschluß oder nicht, erinnerte sie sich stets – außer bei einem Mal – an das letzte Wort, das sie geschrieben hatte. Die Ausnahme ereignete sich eines Morgens, als wir sie eilig fortrissen, um Bärenspuren zu untersuchen, die gerade unter einer Kiefer in der Nähe des Hauses entdeckt worden waren.

Wenn sie an der Schreibmaschine saß, tippte sie, wie immer, in einem Zug, denn sie kann das, was sie geschrieben hat, im nachhinein nicht noch einmal durchsehen, und eine Korrektur, die sie anbringen möchte, führt sie aus, wenn sie ihr einfällt; sie versieht sie mit einer Anmerkung für den Herausgeber, etwa: «nach Erwähnung Teachers in Mexiko», «einfügen in den Abschnitt über Devon», «bitte setzen Sie es an die Stelle dessen, was ich über Schwingungen geschrieben habe». Nie gibt es aber so viele Korrekturen, daß sie schwer auszuführen wären.

Als Teacher noch lebte, buchstabierte sie das fertige Manuskript in Helens Hand, während eine dritte Person es vorlas. Dieses Mal arbeitete der Herausgeber still und benutzte das Fingeralphabet, um Fragen zu stellen. Helens Angaben waren klar und deutlich, und nachdem die redaktionelle Arbeit beendet war, wurde der Maschinenschriftsatz in Braille übertragen, damit Helen es selbst in Ruhe lesen konnte. In Ruhe? Die Braille-Seiten wurden ihr im Flugzeug nachgeschickt, und sie las ihr eigenes Buch zum erstenmal, als sie sich in Südindien in einer Bergstation aufhielt, wo sie zwischen ihren Vorträgen Atem schöpfte.

Sie verlangt von ihren Lesern nur das, was sie von den Sehenden und Hörenden auch immer für sich selbst verlangt hat: zu vergessen, daß sie taub und blind ist, und sie als eine gewöhnliche Frau anzusehen. Das ist nicht leicht. Als wir einmal in einer dicht gedrängten Menschenmenge standen, bahnte ihr ein Mann, den wir nie zuvor gesehen hatten, einen Weg zum Fahrstuhl und bat mich, ihr zu sagen, daß er und seine Frau sie als eine Heilige betrachteten. Ich sagte, daß sie es wahrhaftig nicht schätze, als eine Heilige bezeichnet zu werden. «Dagegen kann sie nichts machen», sagte er. «Wir empfinden es nun einmal so.»

Helen betrachtet sich selbst als ein einfaches Werkzeug in der Hand Gottes und schreibt alles, was sie erreicht hat, ihrer Lehrerin zu. Die Liste der Ehrungen, die ihr zuteil wurden, ist lang, und sie ist dafür nicht undankbar; aber ein Schatten liegt darauf. Denn nur wenige Auszeichnungen tragen jenen anderen Namen, der ihrem Gefühl nach immer mit ihrem eigenen zusammen auf die Ehrendokumente geschrieben und in die Medaillen eingeprägt werden sollte: Teachers Name, Anne Sullivan Macy. Beide Namen gehörten zusammen – sie gehören noch immer zusammen. «Die Leute glauben, daß Teacher mich verlassen hat», sagt Helen. «Aber sie ist immer bei mir.»

I

An einem Nachmittag im November 1946 befanden sich Polly Thomson und ich auf der Akropolis vor dem Hotel, in dem wir einige Tage verbrachten. Wir waren mit einer U.S.-Militärmaschine von Neapel nach Athen geflogen, um uns dort über die Lage der Kriegsblinden im südlichen Griechenland zu unterrichten. Wir hatten bereits die Kriegsblinden in England, Frankreich und Italien besucht und waren tief betrübt und müde; doch brachten wir es nicht übers Herz, Europa zu verlassen, ohne den Parthenon gesehen zu haben. So machten wir uns allein auf den Weg.

Es war ein langer, schwieriger Aufstieg über grob behauene Stufen und über Steine, die unter unseren Füßen beinahe wegrutschten. Doch bevor wir aufzusteigen begannen, hatten wir die Ruinen ausgekundschaftet und waren zu einer umgestürzten Säule gekommen, die ich von einem Ende bis zum anderen befühlte, so daß ich mir einigermaßen vorstellen konnte, wie die Säulen einstmals in den Himmel ragten. Als wir endlich die Anhöhe erreichten, offenbarte sich mir tatsächlich die fühlbare Pracht des Parthenon. Seine glatten Säulen, die von den Elementen und der Zeit nicht angegriffen worden waren, symbolisierten für mich unvorhersagbare Kräfte der Erde und des Himmels, die in ihrer Tiefe noch immer nicht ergründet sind.

Es erregte mich über alle Maßen, auf dieser Höhe oberhalb Athens die erhabenen Bauwerke der griechischen Architekten und Ingenieure zu berühren. Ich spürte die heitere Atmosphäre, in der sich Pallas Athene bewegt hatte und in der Menschen von Göttern besucht wurden, die sie für ihre heroischen Taten belohnten oder für ihre Verbrechen züchtigten. Teacher, wie ich Anne Sullivan Macy stets nannte, war bei mir, wenn auch unsichtbar, und die griechischen Mythen und Gedichte, die sie mir als Kind mitgeteilt hatte, nahmen lebendige Gestalt an. Die Spiele, bei denen sie und ich in die Rolle der Griechen und Barbaren schlüpften, stiegen in ihrer ganzen Lebendigkeit wieder in meiner Erinnerung auf. Meine Vorstellungskraft war erneut von der Macht des Zeus mit seinen Donnerschlägen und von Hermes mit den magischen Flügelsandalen entflammt. Mit dem Auge der Phantasie erlebte ich Poseidon, der seinen Dreizack über dem Meer schüttelte, und Persephone, die schreiend von Pluto in sein dunkles Königreich getragen wurde. Durch meine Seele fluteten die Geschichten, die Teacher mir von der Belagerung und dem Brand Trojas erzählt hatte, als wären sie eine Warnung vor einer ungeahnten Katastrophe.

Polly und ich wandten uns der Aussicht zu, die man von der Akropolis hatte: dem Hügel, den Demosthenes täglich mit einem Kieselstein im Mund hinaufrannte, um sein Stottern zu überwinden, und der Agora, wo die Männer von Athen den Ratschlägen des Perikles gelauscht und wohin leichtfüßige Boten die Nachricht des Sieges von Marathon getragen hatten. Dort hatte Euripides aus Mitgefühl für die Menschheit unerschrocken seine Stimme erhoben und die Sklaverei gebrandmarkt. Dort hatte Sokrates die Jugend von Athen gelehrt, und Platon hatte eine Philosophie hinterlassen, die heute noch die Augen und Ohren jener beseelt, die sehen und hören wollen.

Der Aufstieg zur Akropolis symbolisierte die Schwierigkeiten, die Teacher und ich zusammen überwunden hatten. Ich wurde innerlich gestärkt, auch in meiner Arbeit für die Blinden etwas wie eine Akropolis zu besteigen. Denn ein Berg von Leiden hatte sich auf mich gelegt, als wir die am Leben gescheiterten Blinden aufgesucht hatten und von einem Lager zum anderen gegangen waren. Ich wußte, daß es Jahre beharrlichen Bemühens benötigen würde, um sie zu Selbsthilfe und nützlicher Tätigkeit zurückzuführen. Ich begriff die Einzigartigkeit der Tragödie, der ich gegenüberstand, doch der Gedanke an Teachers Ausdauer spornte mich an.

Es war erst etwa einhundertfünfzig Jahre her, daß die Blinden in Europa aus ihrer Hoffnungslosigkeit befreit worden waren. Man kann sich vorstellen, wie sehr sie die wenigen Vorzüge schätzten, die sie auf dem mühevollen Weg zurück zu einem menschlichen Leben erlangt hatten: Schulen, hingebungsvolle Lehrer und Bücher in Brailleschrift, deren Zahl allmählich, aus bescheidenen Mitteln heraus, anwuchs. Dann hatte der Zweite Weltkrieg plötzlich, mit einem Schnitt, ihnen all dies entrissen. Sehr viele Blinde hatten ihr Zuhause und ihre Familien verloren. Ihre mühsam aufgebauten Schulen und Werkstätten waren von den Nazis zerstört oder ausgeplündert worden. Ihre Brailletafeln waren zu Munition geschmolzen und ihre Literatur als Brennstoff benutzt worden. Die Agenturen, die für arbeitsfähige erwachsene Blinde Beschäftigung gesucht hatten, funktionierten nicht mehr. Leiden und Entbehrung gab es überall, doch gerade die Blinden benötigten in ihrer ungesicherten, schwierigen Situation mehr als andere eine Ausbildung. Denn nur durch speziellen Unterricht konnten sie lernen, für sich selbst zu sorgen. Mir war bewußt, daß es sogar für das gegenüber den Unglücklichen der Welt außerordentlich freigebige amerikanische Volk eine erschreckend große Aufgabe sein würde, die zerstörten Schulen in Europa wieder instand zu setzen und neue zu bauen, teure Braille-Druckerpressen sowie Unterrichtsgerät und -ausstattung zu beschaffen, um den Blinden – den natürlich Erblindeten wie den Kriegsblinden – ein Ziel zu geben, auf das hin sie ihr zerstörtes Leben neu ausrichten könnten. Diese Gedanken hämmerten in meinem Kopf, als wir Rom erreichten, wo wir auf ein Flugzeug warteten, das uns zurück nach England bringen sollte.

Im Hotel Excelsior erreichte uns ein Telegramm mit der Nachricht, daß unser Haus in Arcan Ridge im Bundesstaat Connecticut – ein Haus ganz aus Holz – durch einen Brand schrecklich beschädigt worden sei. Wir befürchteten das Schlimmste, und Polly und ich fielen uns wie betäubt in die Arme. Es schien unglaublich, daß wir alles in einem einzigen Augenblick verloren hatten: das Haus, in dem wir und Herbert, unser treuer Gehilfe «Freitag», den Rest unserer Tage zu verbringen gedachten, Pollys und meine unersetzbaren Schätze aus Japan, Zeichen der Zuneigung unserer Freunde, meine Bibliothek mit allen Büchern und Papieren, die Briefe von Mutter, von Teacher, ja sogar von Menschen aus aller Welt, die ich liebevoll aufbewahrt hatte. Mit Sorge dachte ich an das «Teacher»-Manuskript, das zu drei Vierteln geschrieben war und an dem ich seit zwanzig Jahren in meinen freien Augenblicken arbeitete. Ich sagte Polly, daß ich den Verlust dieses Manuskriptes wie eine Verstümmelung empfände. Gerade als ich dies aussprach, loderte ein Feuer in mir auf – kein Feuer, das herunterbrennt und Dunkelheit zurückläßt, sondern eines, das mein Denken erleuchtete und ihm ein Ziel zeigte. Der Gedanke an kleine blinde Kinder, die ebenfalls verstümmelt waren, stachelte mich an, und so fügte ich hinzu: «Ich will stoisch sein. Dieser Verlust ist nicht mit dem Ereignis gleichzusetzen, als ich von Teacher getrennt wurde und meine Lebensgewohnheiten zerbrachen.»

«Ja», antwortete Polly, «wir werden stoisch sein. Wir stehen mitten in der Arbeit für andere. Viele haben ihr Vertrauen in uns gesetzt, und wir dürfen sie nicht enttäuschen.»

«Außerdem», fügte ich hinzu, «haben wir wundervolle Freunde und einige Mittel, die Millionen und Abermillionen nicht haben.»

«Das ist wahr!» schrieben Pollys mutentflammte Finger wie ein Blitz. «Es ist eine Herausforderung. Wir werden weitermachen.»

Herbert war in Paris. Wir hatten ihn nach Europa mitgenommen und gewünscht, er könne den Urlaub recht genießen. Es war sein erster, seit er vor zwölf Jahren zu uns gekommen war. Er hatte in Holland Freunde besuchen wollen, und nun wartete er auf uns. Als wir zu ihm stießen, bestätigte er unsere Befürchtungen. Das Haus in Arcan Ridge war bis auf die Grundmauern niedergebrannt. Er vergoß Tränen, als er ausrief: «Ich wünschte, ich wäre daheim geblieben! Teacher sagte, sie wollte euch beide mir anvertrauen. Ich wünschte, ich wäre daheim geblieben!» So klagte er die ganze Zeit, trotz aller Worte, mit denen wir ihn aufzurichten versuchten. Doch von dem Augenblick an, als ich die ganze Tragweite unseres Unglücks erfaßte, fühlte ich, wie das Leben über die Enge meiner körperlichen Existenz triumphiert – mächtiges Leben, sehendes und hörendes Leben, die Schöpfung des Geistes. Dieses innere Leben wogte und breitete sich in mir aus. Ich staunte über die Sicherheit, die ich in meinem geistigen Zuhause empfand, auch wenn Polly und ich keine physische Wohnung hatten, die wir unser eigen nennen konnten.

Trotz der Probleme, die am Rande meines Verstandes tobten und nach einer Lösung verlangten, dachte ich die ganze Zeit an all die Feuersbrünste, die ich vor kurzem in meiner Vorstellung durchlebt hatte: den Holocaust der Luftangriffe mit Flammenwerfern auf besetzte Staaten, in denen Männer, Frauen und sogar Kinder – sehende und halbblinde – gegen die Hölle ankämpften, um die Gefahr der Zerstörung abzuwenden; den «Rauch des Todes», als Millionen von Juden in höchsten Qualen in den Gaskammern des Nazismus – der besser Baalismus genannt werden sollte – zu Asche verbrannt wurden. Und mir blutete das Herz, als ich mir das Auflodern in den Häuserruinen von Tokio, die zart wie Papier waren, während des Zweiten Weltkrieges in die Erinnerung rief. Ach, wie stark hob der unbedeutende Brand meines Hauses das Leid der anderen hervor, das in den Schrecken des Gemetzels und der Plünderung steckte! In mir brannte eine unauslöschliche Empörung, und ich beschloß, auf jede nur mögliche Weise die bösartigen Impulse zu bekämpfen, die die Menschen belauern: die flüchtigen Schlangen der Selbstgefälligkeit und die unmenschliche Philosophie, welche Freiheit, allumfassende Brüderlichkeit, Individualität und Glücklichsein verneint.

Meine Gedanken jagten von den physischen Bränden zu den Feuern des Unheils weiter, die ich miterlebt hatte, als ich verwundete Soldaten in den amerikanischen und europäischen Armee- und Marinehospitälern besuchte – Verstümmelungen, Verletzungen, die nicht heilen wollten, Querschnittslähmung, Verzweiflung über plötzliche Blindheit oder Taubheit, die Isolierstationen, die Furcht vor lebenslanger Verbannung aus der Gesellschaft wegen dieser oder jener Mißbildung: namenlose Leiden, die nicht laut ausgesprochen wurden, aber nichtsdestoweniger zu heftiger Kritik verpflichteten, wenn das menschliche Gewissen gesund und rein erhalten bleiben soll! Im düsteren Schein dieser Erinnerungen beschloß ich, mehr denn je meine Augen auf die Leitsterne des guten Willens zu richten, die das menschliche Leben zu bewahren und zu verbessern trachten.

Eine andere positive Seite des Mißgeschicks, das mich ereilt hatte, war, daß ich ohne Überheblichkeit von den alltäglichen Verlusten sprechen konnte, die so viele Lebensläufe – große wie kleine, menschliche wie tierische – aus ihren Bahnen rissen. Und immer erwärmte mich der Gedanke, daß ich noch Polly und Herbert hatte, beide heil und gesund.

Als wir am 20. Dezember nach Westport zurückkehrten, richteten wir uns in einem Haus ein, das uns Mr. G. A. Pfeiffer – Onkel Gus – zur Verfügung gestellt hatte. Er war ein treuer Freund, dessen Liebenswürdigkeit schon vor Teachers Tod ein Licht auf unserem Pfad gewesen war. Am Weihnachtsmorgen gingen Polly, Herbert und ich über das Grab unseres kostbaren Heimes – da, wo wir sieben Jahre voller Arbeit, Abenteuer und Wohlbehagen gelebt hatten und wo sich jeder über das Glücklichsein der anderen gefreut hatte, befand sich ein tiefes, schwarzes Loch. Nun standen wir gebannt vor dieser endgültigen Leere. Ich hatte das Gefühl, als müßte ich durch Flammen gehen, wie es im Mittelalter eine angeklagte Person zu tun hatte, wenn ihre Unschuld auf die Probe gestellt wurde. Nur Herberts Zimmer und ein kleiner Teil der Garage waren übriggeblieben.

Es hatte Teacher und mir Kummer bereitet, unser Haus in Wrentham zu verlassen, aber wir hatten wenigstens unsere Bücher und unsere übrige Habe mit uns genommen. Ihre angenehme Gesellschaft uns half dabei, uns in unbekannter Umgebung unter Fremden wieder zurechtzufinden. Doch jetzt herrschte wirkliche Not. Verloren waren die Bücher, die mir seit meiner frühen Jugend Nahrung waren; einige davon hatte ich auf meine Reisen mitgenommen, andere schätzte ich, weil sie Geschenke von Mutter, Teacher oder meinem Pflegevater, John Hitz, waren. Verloren waren die Bibel, deren erhabene Punkte unmerklich unter meinen Fingern gewachsen waren, Shakespeare, der mit dem Glanz seines universellen Genies – gleich nach der Bibel – von Kindheit an mein Bewußtsein ausgefüllt hatte, und all die wohlklingenden Aufzeichnungen der Dichter über die Jahrhunderte hinweg, die in meiner Stille wieder erklungen waren und ein Echo ausgelöst hatten.

Seither bin ich mit neuen Kopien einiger dieser Bücher beschenkt worden. Doch ach, die schmerzliche Lücke wird mir stets bewußt, wenn ich an die Briefe denke, bei denen man die Zuneigung des Schreibers fühlen konnte, oder an jene, die durch ihre geistvollen Unterweisungen leuchteten – unwiderruflich verloren! Und mit welch großem inneren Schmerz im Herzen Polly und ich uns gegenseitig die Hände preßten, als wir uns in der Asche die teuren Erinnerungen an Teacher vorstellten und die Schätze, die wir während der Reisen gesammelt hatten! In diesem unerträglichen Augenblick fühlte ich, wie sich eine Hand auf meine Seele legte und sie heilte, so daß ich stark wurde in dem Glauben,

> «... der Fleisch und Sinnen unbekannt:
> Daß Leben immer Herr des Todes ist
> Und Liebe niemals untergehen kann!»

Wir gingen langsam umher, und Polly entdeckte die wundervolle Dorneneiche, die wir «Teachers Baum» nannten, weil sie ihrem Ideal von zierlicher Grazie glich und eine Art Licht zu sein schien. Sie war an einer Seite furchtbar verbrannt. Wir zweifelten, ob sie die bittere Kälte und die Winterstürme überleben würde. Aber im darauffolgenden Frühling brach das gefiederte Grün aus ihren Zweigen hervor. Seitdem ist sie weiter emporgewachsen und hat sich ausgebreitet, so daß ihre angenehme Kühle im Sommer die Hitze mildert.

Einige Tage später führten Polly und ich ein langes Gespräch mit unserer geliebten Freundin und literarischen Beraterin, Nella Braddy Henney, der Autorin von *Anne Sullivan Macy*. Als wir beisammen saßen, fühlten wir, daß unsere Sorgen sich in ihrem liebevollen Herzen verdoppelten; der «wohltuende Tau des Himmels» entströmte ihren Worten und bestärkte mich, nicht mehr zu trauern. Sie stellte uns die Griechen als Beispiel hin, die sagten: «Überlasse dich nicht dem Mißgeschick, sondern versuche, um so tapferer darüber hinwegzukommen.» Sie freute sich darüber, daß Polly und Herbert verschont geblieben waren, um mein Lebensschiff durch die Gewässer zu steuern, die noch vor mir lagen. Und sie erinnerte mich daran, daß ich mit meiner Arbeit frei von alten Verpflichtungen und unwillkommenen Entschlüssen fortfahren könne. Ich berichtete ihr, daß – seltsam genug – nun eine Stimme zur Ruhe gekommen war, die mich seit Jahren beständig warnte, wir würden einmal bei der Rückkehr unser Heim in Schutt und Asche vorfinden. Ich hatte nicht herausbringen können, warum sie mich so oft beunruhigte, besonders dann, wenn ich sie gleichgültig zur Seite geschoben hatte.

Unter anderem berichtete ich Nella von den Büchern, die ich verloren hatte: der Bibel, den Werken Swedenborgs, die Mr. Hitz während und nach meinem Studium am College abgeschrieben hatte und die mit mir von einer Wohnung zur anderen gezogen waren, den rundlichen kleinen Bänden von *Alice im Wunderland*, die ich als Geburtstagsgeschenk von Carl Arensberg, einem hochbegabten Studenten der Harvard-Universität, bekommen hatte, einer uralten Ausgabe des *Entfesselten Prometheus*, in der ich zahlreiche Absätze markiert hatte, John B. Tabbs *Gedichte*, in Rot gebunden, die meine Schwester Mildred transkribiert hatte – und von zahllosen anderen Schätzen, die ich als unbezahlbar ansah. Doch während ich sprach, spürte ich das gestaltende Feuer von Teachers Geist. Und aus dieser Sicht konnte ich wieder lebhaft würdigen, wie der Glanz ihrer Persönlichkeit und der Schatten ihrer Blindheit, der sie zuerst nur teilweise und dann fast völlig ergriffen hatte, fünfzig Jahre lang ein untrennbarer Teil meines Lebens gewesen waren.

Nella sagte zu mir: «Wenn du Teachers Biographie noch einmal schreibst, wird sie dir als ein heiliges Feuer erscheinen, das nicht verzehrt, sondern wärmt, hegt und erleuchtet.» Ich bin gerührt über dieses Vertrauen in mich von einem Menschen, dessen verständnisvolle, lebendige Beschreibung von Teacher viele Herzen gewonnen hat. Ich hoffe inbrünstig, daß ich meinen Lesern einige Lichtstrahlen des diamantenen Feuers in der Seele einer Frau vermitteln kann, die das Herz für ein großartiges Leben hatte und das Auge für die «Schönheit, größer als in allen Träumen».

2

Es war ein heller, klarer Funke aus Teachers Seele, der die rauchigen Flammen der unerfüllten Wünsche und Launen aus der Nicht-Welt der kleinen Helen zurückschlug. Dieser Funke war das Wort «Wasser». Mitleid im hergebrachten Sinn kann die Quelle von Teachers Motiven nicht beschreiben. Es war der Zweifel an der Natur als einem unerschütterlichen Freund des Menschen, der ihren Bemühungen zugrunde lag, Helen zu befreien – das «Phantom», wie ich das kleine Wesen bezeichnen möchte, das lediglich von tierischen Impulsen (und nur selten von den Impulsen eines zahmen Tieres) beherrscht wurde.

Teachers Kampf gegen ihre eigene Blindheit begann in ihrer Kindheit, und auch als ihr Sehvermögen während ihres Aufenthaltes in der Blindenschule des Perkins-Instituts in Boston teilweise wiederhergestellt war, hatte ihr Ringen, sich die Überlegenheit über die Natur zu bewahren, nicht aufgehört. Dieses Ringen währte ihr ganzes Erdenleben.

Insgeheim oder offen war sie ständig voll Groll gegenüber jenen Geschicken, die ihr wie sinnlose Übel vorkamen, die ihre Sehkraft ruiniert und die Gesundheit, Verstand und Glück von Millionen von Menschen in der ganzen Welt zerstört hatten. Rücksichtslos war daher ihr Ansturm gegen die Blindheit, Taubheit und Stummheit, die ihre kleine Schülerin in einem dreifachen Kerker unerfüllter Triebe fesselten. Kühn beschloß sie, sich selbst an die Stelle der Natur zu setzen und deren ziellose Herrschaft über Helen zu beenden, indem sie an die Stelle des grausamen Schicksals ihre Liebe und ihren Erfindungsreichtum setzte.

Es schmerzt mich, wenn ich an diesen Abschnitt in Teachers Leben denke. Selbstverständlich hätte ich mir gewünscht, daß sie nach dem Rausch des Entzückens, der sie ergriff, als sie nach den Operationen mit den Augen lesen konnte, ein Kind vorgefunden hätte, das für ihre mitfühlende Berührung empfänglich gewesen wäre. Doch Phantom hatte leider keinen Sinn für «natürliche» menschliche Bande. Die ganze Süße der Kindheit, die durch freundliche Stimmen und das Leuchten lächelnder Gesichter entsteht, lag in ihr noch verborgen. Sie wußte weder, was Gehorsam ist, noch war sie für Freundlichkeit zugänglich. Ich entsinne mich ihrer als eines plumpen, kräftigen, rücksichtslosen und unerschrockenen Wesens. Sie weigerte sich, geführt zu werden, und mußte mit Gewalt die Treppe hinaufgetragen werden, als sie ihre erste Unterrichtsstunde bekommen sollte. Ein anderes Mal war es nötig, daß man ihre Tischsitten korrigierte. Phantom hatte die Angewohnheit, sich das Essen vom eigenen Teller und den Tellern der anderen mit den Fingern herauszupicken. Annie Sullivan wollte sich mit solchem Benehmen nicht abfinden, und es folgte ein Kampf, während dessen die Familie den Raum verließ. Phantom führte sich auf wie ein Teufel – sie stieß mit den Füßen, kreischte, zwickte ihre künftige Befreierin und warf sie fast vom Stuhl. Doch Annie erreichte ihr Ziel, indem sie Helen zwang, mit einem Löffel zu essen und die Hände vom Teller fernzuhalten. Dann warf Phantom ihre Serviette auf den Boden, und erst nach einem einstündigen Kampf brachte Annie sie dazu, sie aufzuheben und zusammenzufalten. Eines Morgens weigerte sich Phantom, sich hinzusetzen und Wörter zu lernen, die ihr nichts bedeuteten, und sie stieß mit dem Fuß den Tisch um. Als Annie den Tisch auf seinen Platz zurückstellte und darauf bestand, mit dem Unterricht fortzufahren, fuhr Phantoms Faust wie ein Blitz durch die Luft und schlug Annie zwei Zähne aus.

Nie sah sich eine junge Frau, die vom Enthusiasmus eines edlen Vorhabens befeuert wurde, einer erbärmlicheren Lage gegenüber. Sobald sie versuchte, sie zu strafen, drängte es Phantoms Eltern innerlich, sich dazwischenzustellen. Aus diesem Grunde bekam Annie ihre Einwilligung, das Kind an einen ruhigen Ort zu bringen, und zog auf ihren Vorschlag hin in ein rebenbewachsenes Nebengebäude, das nahe beim Haus lag und «Ivy Green» («Grünes Weinlaub») genannt wurde. Die Einrichtung wurde so verändert, daß Phantom sie nicht wiedererkennen konnte – auch der Geruch ist in meiner Erinnerung anders –, und man kam überein, daß die Familie die beiden jeden Tag besuchen durfte, ohne Helen davon etwas merken zu lassen. Aus späteren Aussagen Teachers weiß ich, daß die zwei Personen in dem Anbau gewissermaßen eingesperrt waren, und ich staune nur, daß Annie es wagte, ganz allein sich solch einer Gefahr für ihre eigene Sicherheit auszusetzen.

Ich bin schon auf mehrere Kämpfe zwischen Annie und Phantom eingegangen, nicht weil ich irgendeine zusammenhängende oder detaillierte Erinnerung daran hätte, sondern weil sie zeigen, wie zermürbend die Arbeit war, die Teacher auf sich genommen hatte. In der *Geschichte meines Lebens*, die ich mit der Sorglosigkeit eines glücklichen, optimistisch gestimmten jungen Mädchens schrieb, versäumte ich es, in ausreichendem Maße die Mühen und Hindernisse zu betonen, denen Teacher sich gegenübersah, und es gibt noch andere Mängel in dem Buch, die ich jetzt, da mein Verständnis für ihr Opfer gewachsen ist, nicht mehr unkorrigiert durchgehen lassen werde.

Wenn ich an die Zeit in dem Anbau denke, werde ich mir eines Phantom bewußt, das in seiner neuen Umgebung scheinbar verloren war. Ich nehme plötzliche Schläge, Stöße und wutschnaubende Ausbrüche wahr, die nicht von Annie kommen, sondern von Phantom selbst, die versucht, sich den bändigenden Armen zu entwinden. Wie sehr sie einem wilden Fohlen glich, das stampft und ausschlägt! Gewiß war es ein kräftiges Phantom, das ihren vermuteten Feind wie wild bearbeitete. Eine Balgerei rund um einen Gegenstand kommt mir wieder in mein Gedächtnis, der sich in meiner Tasterinnerung als ein Bett darstellt, und dann eine entschiedene Geste von Annie, mit der sie Phantom dazu brachte, sich hinzulegen oder aufzustehen und sich anzuziehen.

Phantom hatte keine Vorstellung von Zeit, und es dauerte Jahre, bis sie erfuhr, wie viele aufreibende Stunden Annie damit zugebracht hatte, sie Gehorsam zu lehren, ohne ihren Willen zu brechen. Selbst das war nur zum Teil gelungen, als die beiden nach Hause zurückkehrten. In der Zeit danach wurde Phantom ärgerlich über Annies wiederholte Versuche, ihr den Unterschied zwischen «Wasser» und «Becher» klarzumachen. Mit meinem Tastsinn rufe ich mir schnelle Schritte in einem Raum in die Erinnerung, eine Hand – die meiner Mutter – packt Phantom, zerrt sie fort und versohlt sie gehörig. Danach begann sich Phantom zu bessern, aber ihr fehlte noch immer das normale Verlangen eines Kindes nach Anerkennung. Sie war sich nicht bewußt, daß sie bestraft worden war, weil sie nicht zwischen richtigem und falschem Handeln unterscheiden konnte. Ihr Körper wuchs, doch ihr Geist war eingeschlossen in der Dunkelheit wie der Geist des Feuers im Feuerstein. Endlich aber, am 5. April 1880, fast genau einen Monat nach ihrer Ankunft in Tuscumbia, erreichte Annie Phantoms Bewußtsein mit dem Wort «Wasser». Dies geschah am Pumpenhäuschen. Phantom hatte einen Becher in der Hand, und während sie ihn unter das Rohr hielt, pumpte Annie Wasser hinein. Als es über die Hand floß, die den Becher hielt, buchstabierte sie unaufhörlich *w-a-t-e-r* in die andere Hand. Plötzlich begriff Phantom die Bedeutung des

Wortes, und ihr Geist begann in winzigen Flämmchen zu flakkern. Zum ersten Mal seit ihrer Krankheit wurde sie von Freude erfaßt, und begierig griff sie nach Annies stets bereiter Hand und bettelte um neue Wörter, um alle Gegenstände, die sie berührte, benennen zu können. Immer neue Bedeutungsfunken leuchteten in ihrem Bewußtsein auf, bis ihr Herz warm wurde und Zuneigung entstanden war. Vom Pumpenhäuschen gingen zwei begeisterte Wesen davon, die sich gegenseitig «Helen» und «Teacher» nannten. Solche Augenblicke der Wonne bergen mit Sicherheit ein erfüllteres Leben in sich als eine Ewigkeit im Dunkeln.

Ich bedaure es außerordentlich, daß ich in dem Buch *Die Geschichte meines Lebens* Helens Fortschritte im Verstehen der Sprache und im Sprechenlernen unüberlegt beschrieben habe. Die Darstellung war derart verkürzt, daß es dem gewöhnlichen Leser so vorkommen mußte, als hätte Helen in einem einzigen Augenblick das ganze Geheimnis der Sprache begriffen. Welche Mißverständnisse muß ich verursacht haben durch meine naive Beschreibung dessen, was ein kritischer, reifer Mensch – davon bin ich überzeugt – mit dem angemessenen Gespür für das richtige Verhältnis dargestellt hätte.

Da meine Entwicklung zu einem menschlichen Wesen Teachers Lebenswerk war, verweile ich lieber noch ein wenig – auch auf die Gefahr der Wiederholung hin – bei der kleinen Helen, wie sie wirklich war, nachdem sie mit neunzehn Monaten ihr Augenlicht und ihr Gehör verloren hatte. Erschrekkend plötzlich wurde sie vom Licht ins Dunkel gestellt und verwandelte sich in ein Phantom. Der Wind hatte für sie keine Stimme mehr; Stille ergriff ihr Bewußtsein und lag über dem ganzen Raum, durch den sie ging. Geistige Dürre bemächtigte sich ihrer Existenz. Ihre wenigen Worte verwelkten. Das Sonnenlicht, das ihrem Laufen Richtung gegeben hatte, war erloschen. Ihre Augen, die in lächelnde Gesichter geblickt und daraus Nahrung gezogen hatten, erhielten nichts als eine unveränderliche Leere. Der Frühling konnte sie nicht mit seinen Veilchen oder Obstbaumblüten gefangennehmen; der Sommer mit seinen Früchten ging unbeachtet an ihr vorüber, und sie kannte nicht den Herbst, der mit dem Reichtum der Ernte erscheint. Die Vögel hörten in ihrem Herzen auf zu singen, denn sie konnte deren Freude nicht erwidern. Ihr Körper war tadellos – aber ach, das schmerzliche Fehlen dessen, was wirklich das Kindsein ausmacht, war trostlos für ihre Eltern: die Unempfänglichkeit für Worte und Blicke anstelle des Lächelns, das gewöhnlich jeden erfreut, das scheinbare Ersterben alles desjenigen, was das beginnende Sprechen und Spielen und das aufgeweckte Verhalten versprochen hatten. Hilflos erlebte die Familie eine genarrte Intelligenz, wenn Phantom ihre Hände ausstreckte, um die Formen zu betasten, die sie zwar erreichen konnte, die ihr aber nichts bedeuteten.

Phantom suchte keinen Ausweg aus ihrem Chaos, weil sie nicht wußte, was es bedeutete. Ebensowenig suchte sie den Tod, weil sie keinen Begriff davon hatte. Alles, was sie berührte, war ein verschwommener Eindruck und weckte weder Staunen noch Hoffnung, weder Neugierde noch Verständnis. Wenn sie in einer Menge stand, bekam sie keinen Begriff von einer Menschengruppe. Nichts hing mit irgend etwas anderem zusammen, und daher kam in ihr oft glühender Zorn auf, den ich nicht durch das Gefühl im Gedächtnis behalten habe, sondern durch eine Erinnerung an das Tasterlebnis der Tritte und Stöße, mit denen sie den Gegenstand ihres Zornes bearbeitete. In der gleichen Weise erinnere ich mich an Tränen, die ihr über die Wangen liefen, aber nicht an den Kummer. Sie hatte für diese oder irgendeine andere Gefühlsregung keine Bezeichnung; folglich wurden sie nicht wahrgenommen. Sie kannte keinen «Schatten», weil sie keine Vorstellung von «Substanz» hatte. Für sie gab es keine Schönheit, keine Symmetrie, keine Proportion. Alles war Verlangen, zielloses Verlangen – der

Same, von dem alle Bedürfnisse der Menschheit herrühren, welche dann in der Fülle konkreter Maßnahmen befriedigt werden. Erst nach der Episode am Pumpenhäuschen verspürte Phantom einen Impuls, der sich auf etwas Bestimmtes richtete: die Namen der Gegenstände zu lernen, nach denen sie verlangte oder die sie berührte. Und selbst da war es erst der Ansatz eines Impulses.

Am Pumpenhäuschen war das Nichts verschwunden; dennoch befand sich Phantom noch nicht in einer realen Welt. Richtig ordnete sie die Wörter den Dingen zu, die sie berührte, beispielsweise «Pumpe», «Boden», «Baby», «Teacher», und sie ließ ihrer Freude darüber, daß sie von dem Unvermögen befreit war, ihre eigenen körperlichen Wünsche auszudrücken, freien Lauf. Sie fühlte sich zu Teacher hingezogen, nicht aus irgendeinem Gefühl der Verpflichtung heraus, sondern durch eine natürliche Reaktion, weil sie von Annies Fingerbewegung all das erhielt, wonach ihr Worthunger verlangte – genau wie ein Säugling die Brust der Mutter sucht, um seine Milch zu bekommen. Sie dachte nur an die Wörter, die sie gelernt hatte, und erinnerte sich an sie, wenn sie sie brauchte. Sie überlegte nicht und versuchte auch nicht, sich selbst etwas zu beschreiben. Doch die ersten Wörter, die sie begriff, waren in ihrer Wirkung wie die ersten warmen Sonnenstrahlen, die den Schnee zu schmelzen beginnen, Flocke um Flocke, ein Fleckchen hier, ein anderes dort. Nachdem sie viele Substantive gelernt hatte, kamen die Adjektive an die Reihe, und der Schnee schmolz schneller. Zuletzt fügte Teacher die Verben hinzu, eines nach dem anderen, manchmal in Gruppen; doch existierte für Helen keine Beziehung zwischen den Wörtern, keine Vorstellung, feste Gestalt oder ein Zusammenhang. Erst allmählich begann sie Fragen der einfachsten Art zu stellen. Sie hatte zwar solche Begriffe wie «was», «wo», «wie» und «warum» und andere «Worthaken», an die wir unsere Sätze hängen, noch nicht verstanden, aber nachdem sie sie gelernt hatte und stockend Fragen formulierte, vertrieben die Antworten aus Teachers Hand ihre Isolation. Danach sprach Teacher unaufhörlich mit Helen. Oh, wie sich die Dinge, verglichen mit dem bruchstückhaften Herumtasten, durch den verbindenden Hand-zu-Hand-Zauber verwandelten! Teacher muß ihre äußerste Erfindungsgabe eingesetzt haben, um zu erraten, welche unzusammenhängenden Gedankenfetzen in dem Geist des Kindes um Ausdruck rangen. Und es muß ihre Augen überanstrengt haben, Helens flinke Finger zu lesen, als das Kind immer mehr fragte und versuchte, sich in wenigen Monaten einen Wortschatz anzueignen, mit dessen Erwerb sie hätte fünf Jahre früher beginnen sollen. Mit der knappen, elementaren Information jedoch, die Helen verstehen konnte, verwandelte sich jeder Gegenstand, den sie berührte. Erde, Luft und Wasser wurden durch Teachers schaffende Hand lebendig, und Phantom verschwand, als das Leben voll von Bedeutungen über Helen hereinbrach: Mutter und Vater, Baby Mildred, Cousine Leila und ihre kleinen Mädchen, die Negerkinder, die seit Jahren ihr ungestümes Gebaren ertragen und Spiele für sie zu erfinden versucht hatten und die immer lieb zu ihr waren. Diese Flut des Entzückens in einer Gemeinschaft, die sich für sie wieder erschloß, war das eigentliche Wunder dieser Anfangszeit und nicht Helens zu Unrecht als phänomenal bezeichneter Fortschritt im Erobern der Sprache als eines voll ausgebildeten Instruments.

Eine der ersten Handlungen Anne Sullivans war es, Helen beizubringen, wie man spielt. Sie legte ein fähigkeitsbildendes Element an, ohne das Studium und sachgerechtes Arbeiten kaum möglich sind. Helen hatte, seit sie taub geworden war, nicht mehr gelacht. Nachdem sie Folgsamkeit und ein wenig Geduld gelernt hatte, kam Teacher eines Tages fröhlich lachend ins Zimmer und verbreitete ausgelassene, laute Freude in ihrer Umgebung. Sie legte die Hand des Kindes auf ihr strahlendes Gesicht und buchstabierte «lachen»; dann kitzelte sie es leicht, bis es einen fröhlichen Jauchzer ausstieß, der die übrigen Familienmitglieder froh machte. Sie tat es wieder und wieder, und danach zeigte sie Helen die Bewegungen des Herumtollens – Schwingen, Purzeln, Hüpfen, Springen, Hopsen und so fort –, und nach jeder Bewegung folgte das buchstabierte Wort. Innerhalb weniger Tage war Helen ein anderes Kind; sie versprühte «leuchtende Freude». Oh, wie wunderbar tollten sie und Annie herum! Die überschäumende, berstende Fröhlichkeit, der unbeschreibliche Jubel, das Feuer der Entdeckungen, das Helen wie in Licht einhüllte! Während sie mit Helen herumtollte, fühlte sich Teacher selbst ins Märchenland versetzt, wo ihr die Gabe des schöpferischen Spielens, das sie in ihrer eigenen Kindheit nicht gekannt hatte, zuteil wurde. So wurde Helen durch alle Arten der Bewegungen, Übungen und Spiele angeregt, die Namen dieser verschiedenen Tätigkeiten zu erfragen und durch Teachers Finger, die wie leuchtende Funken unermüdlich buchstabierten, nach Wissen zu streben. Und unvergeßlich war die Zauberkraft dieses Buchstabierens. Teachers Finger blitzten richtig in Helens Hand, während sie Verstecken spielten oder Bälle hüpfen ließen oder mit Kätzchen und jungen Hunden herumtollten.

Teacher hielt einige Tauben in einem Käfig in ihrem Zimmer, so daß, wenn sie herausgelassen und davongescheucht wurden, Helen den Luftzug ihres Flügelschlagens fühlen, auf diese Weise das Fliegen der Vögel erfahren und sich die Herrlichkeit von Flügeln vorstellen konnte. Als die Tauben zutraulicher wurden, landeten sie auf Helens Kopf und Schultern. Sie lernte, sie zu füttern, und ihr Turteln und Gurren, ihr Picken und Flattern zu verstehen. Aus diesem Grund sind Vögel, obwohl sie sie nicht sieht, ebenso Teil ihrer Welt geblieben wie Blumen und Steine.

In Helens Kaninchenstall waren herrliche weiße Kaninchen mit rubinroten Augen. Teacher hatte vordem nie Kaninchen gesehen. Sie war über ihre ständig zuckenden Nasen immer wieder entzückt, doch die Art, wie sie ihr Futter mümmelten, schien ihr falsch zu sein, und eines Tages versuchte sie, ein Kaninchen dazu zu bringen, daß es anders kaute. Meine Mutter und mein Vater lachten, bis ihnen die Tränen kamen. Das war eines von vielen Beispielen für Teachers mangelndes Wissen in Zoologie und auf anderen Gebieten – schließlich hatte sie nur sechs Jahre Schulbildung gehabt –, doch zusammen fanden sie und Helen aufregende Details heraus über wilde Kaninchen aufgrund dessen, was sie bei den zahmen sahen. So wurde das fröhliche Wortspiel Tag für Tag erneuert, bis Helen mit ihren Fingern das Wiehern von Prince, dem Reitpferd, das Muhen der Kühe, das Quieken der Ferkel und das herausfordernde Krähen des Hahns «gehört» hatte. Helen konnte weder singen noch krähen, doch war ihr Gesicht, wie Teacher zu sagen pflegte, von einem besonderen Glanz erleuchtet – ein Glanz, der selbst das Leuchten übertraf, als sie sich die Sprache aneignete.

Was ich geschrieben habe, ist weitläufig, doch ist es wie Brownings Stern, der ihm einen roten Strahl zeigte, dann einen blauen. Genauso offenbart sich mir der Morgenstern von Helens wiedererweckter Kindheit.

Ja, Teacher schenkte buchstäblich ihre Vitalität, ihre Vorstellungskraft, all die Kenntnisse, die sie über Tiere, Pflanzen und Mineralien aus Büchern sammeln konnte, und alles, was hell und kindlich in ihr selbst war, ihrer Schülerin, diesem rastlosen, unersättlichen kleinen Wesen. Helen ging glückselig in ihrem Leben auf, während sich Teacher daran erinnerte, daß sie ihr Gelübde erfüllen müsse: die Leere im Leben des Kindes mit den Augen und Ohren der Intelligenz, der Erfindungskraft und Gedankenverbindung auszufüllen und ihr mit Liebe, Phantasie und Literatur in gewissem Maße die Möglichkeiten wiederzugeben, die die blinde, unachtsame, gefühllose Natur einem hilflosen, kleinen menschlichen Wesen geraubt hatte. Viel später fand ich heraus, daß dies tatsächlich

Teachers Gefühl war. Wann immer Helen sich in ihre Substantive, Verben und Präpositionen verstrickte und durch Gesten zeigte, was sie nicht formulieren konnte, sagte ihr Teacher ein oder zwei signifikante Wörter oder einen hilfreichen Satz, der der Individualität des Kindes neuen Auftrieb gab. Als Helen etwas älter wurde, konnte Teacher ihr Lachen mit Reimen aus «Mutter Gans» hervorlocken oder mit einfachen, aber ausgezeichneten kleinen Versen ihr Interesse erregen. Es war der gleiche Prozeß wie der normale Weg, lesen zu lernen – nicht jedes Wort wurde Helen erklärt; es wurde ihr überlassen, die Bedeutung herauszuknobeln. Obwohl sich Helen der Größe des Erbes nicht bewußt war, das ihr wieder zugänglich gemacht wurde, war ihre Reaktion auf die Poesie so begeistert, daß mich der Gedanke daran noch immer erregt.

> «Welch süß-atmende Gegenwart
> Läßt dem Thymian die Düfte entströmen?
> Welche Stimmen entlocken
> Der Nacht balsamische Kräfte?»

Ähnlich erging es Helen, während sie Gedichte mit Teacher las.

Teachers geschmeidige Finger waren Teil ihres bezaubernden Wesens, das wie in fließenden musikalischen Rhythmen ausströmte. Hin und wieder drückte sie Helens Finger mit dem größtmöglichen Ausdruck für Freude oder Schmerz, den eine Berührung vermitteln kann. Nach und nach las Teacher mit Helen länger und häufiger. Die neuen Wörter, die das Kind lernte, waren die Impulse für neue Fragen, und auf diese Weise wurde es zu anderen Wörtern hingeführt.

Die Bücher, die Helen mit dem Fingeralphabet buchstabiert wurden, und andere, die sie selbst las, vervielfältigten ihr Vokabular. Das Erlernen der mündlichen Rede beschleunigte ihre geistige Entwicklung und verhalf ihr dazu, sich als ein Wesen mit zusammenhängenden Gedanken und wachsenden

Verstandeskräften vollständig auszubilden. Doch in der *Geschichte meines Lebens* analysierte ich, wie gesagt, nicht exakt den Zustand des Kindes, bevor es unterrichtet wurde, ebensowenig wie die aufeinanderfolgenden Phasen, in denen es die Sprache erlernte, und die Natürlichkeit von Teachers Methoden. Auch überging ich Einzelheiten, die entscheidend sind, um Annie Sullivans komplexe Aufgabe würdigen zu können: ein taubblindes Kind zu einem menschlichen Wesen zu erziehen, das so normal ist, wie es die Umstände erlauben.

3

Beispielsweise berichtete Teacher häufig, wie ungeschickt und schwerfällig die kleine Helen war. Es dauerte Wochen, bevor sie die Gewohnheit des Kindes brechen konnte, Lampen oder andere Gegenstände, an denen es sich stieß, wegzuschubsen. Ohne Helens Freude an ständiger Bewegung zu dämpfen, zeigte ihr Teacher, wie sie alles sanft zu behandeln hatte: einen Kanarienvogel, das Fell eines Kätzchens, eine Rose auf ihrem Stengel, an deren Blätter die Tautropfen hingen, aufgereiht wie an einer Perlenkette, ihre einjährige Schwester Mildred auf der Schaukel. Wie wichtig eine zarte Berührung ist, wurde ihr am Tod eines jungen Täubchens klargemacht, das Helen überfüttert hatte – es bedrückt mich, wenn ich daran denke. Und Teacher erwischte Helen dabei, wie sie herzlos einen gefangenen Grashüpfer in einer engen Schachtel hin- und herschüttelte, um ihn zum «Singen» zu bringen. Sie dachte tatsächlich, er sei gefühllos, da sie keine weichen Teile an ihm spürte. Wäre es Annies Wachsamkeit entgangen, so wären die zerbrechlichen kleinen Lebewesen unzählige Male durch den groben Umgang des Kindes verletzt oder erschreckt worden.

Nicht nur, daß Teacher Helen beibringen mußte, richtig zu sitzen und zu stehen und mit einiger Anmut zu gehen – sie hatte auch all die Pflegeaufgaben übernommen, die die meisten Eltern haben: dafür zu sorgen, daß ihre Kinder sich hinter den Ohren waschen, sich kämmen und bürsten und saubere Kleider anziehen. Bei Helen dauerte das lange, da sie keine Vorstellung von Haltung hatte und es ihr mißfiel, ständig zurechtgewiesen zu werden. Sie war ein unverbesserlicher Kobold. Es bedurfte Teachers ganzer Überredungskunst, Helen davon abzuhalten, ihre Großmutter, die sie nicht leiden konnte, zu kneifen. Gewalt war vergeblich bei einem Kind von Helens Temperament, und Annie hatte ein oder zwei Jahre Nachsicht mit ihr. Doch der Eigensinn des kleinen Kobolds erreichte ein Stadium, wo etwas getan werden mußte, um Helen vor Gewohnheiten zu bewahren, die Kinder abstoßend machen.

Helen hatte die Angewohnheit, ständig an ihren Nägeln zu kauen. Eines Tages stürzte sich ein menschlicher Wirbelwind auf sie, der ihr Ohrfeigen gab und ihr die Arme hinter dem Rücken festband und sie somit aller Möglichkeiten der Kommunikation beraubte. Erst als ihre Hände gefesselt waren, wurde Helens Wunsch, ihre Gedanken auszudrücken, stark genug, um ihren Zerstörungsdrang bekämpfen zu können. Doch litt sie nicht so sehr wie Annie, die im Zimmer auf und ab schritt und nicht imstande war, zu lesen oder sich mit irgend etwas anderem zu beschäftigen.

Das erinnert mich an eine andere schlechte Angewohnheit Helens: Ständig buchstabierte sie sich selbst mit den Fingern, sogar nachdem sie gelernt hatte, mit dem Mund zu sprechen. Alle Vorhaltungen und Bitten Teachers und ihre ganze Beredsamkeit, mit der sie andere Kinder als Beispiele hinstellte, waren vergeblich; doch während dieser Zeit las ich einmal, daß Gewohnheiten, gute oder schlechte, wie ein Kabel sind, das Strang für Strang zusammengefügt wird, bis es so stark ist, daß es nicht mehr auseinandergerissen werden kann. Ich beschloß, das Buchstabieren mit mir selbst zu unterbinden, bevor es eine Gewohnheit würde, die ich nicht mehr ändern könnte, und deshalb bat ich Teacher, meine Finger in Papier einzuwickeln. Sie tat es, doch es schmerzte sie, wenn sie daran dachte, wie sehr ich dadurch eingeengt wurde. Tatsächlich weinte sie deshalb. Stundenlang, Tag und Nacht, sehnte ich mich danach, die

Worte zu formen, die mich mit anderen verbanden. Aber das Experiment glückte, abgesehen davon, daß ich mich auch heute noch gelegentlich – in aufregenden Situationen oder wenn ich aufwache – dabei ertappe, wie ich mit den Fingern buchstabiere.

Doch kehren wir wieder zu Teacher und zu den ersten zwei Jahren ihrer Arbeit mit mir zurück. Es gab Tage, an denen Helen dem Unterricht nicht aufmerksam genug folgte oder Dinge und Bewegungen nicht sorgfältig genug beobachtete. Sie liebte es, Ringe zu tragen. Teacher pflegte sie ihr wegzunehmen und Helen in eine Ecke zu stellen, bis sie meinte, daß ihre Schülerin ausreichend bestraft sei. Sobald Helen genügend Worte gelernt hatte, um zwischen richtig und falsch zu unterscheiden, und dann etwas anstellte, steckte Annie sie ins Bett wie ein ungezogenes Kind. Faulheit, Nachlässigkeit, Unordentlichkeit und Unentschlossenheit waren andere Schreckgespenster in Helens Charakter, denen Teacher mit Erfindungsgabe, Humor und funkelndem Spott begegnete. Selbstrechtfertigung war eine weitere Schwäche, die Annie bis in Helens Jugendzeit bekämpfte und die sich heute noch manchmal bei mir einschleicht. Ich erwähne dies alles nur deshalb, damit andere eine genaue Vorstellung von den Problemen und Sorgen bekommen, die Teacher meinetwegen ausstehen mußte.

Ich glaube, daß Teacher sich in dieser Zeit wie eine Wurzel vorkam, die sich in Dunkelheit und Kälte abmüht, um die zarten Gebilde der Blüten aufzubauen, und es ist mir eine liebe Erinnerung, daß sie gewöhnlich diesen Abschnitt ihres Lebens als den am meisten mit Freude und Zufriedenheit erfüllten bezeichnete. Sie hatte ein Zentrum gefunden, von dem aus ihre Persönlichkeit ausstrahlen und Licht und Stärke weitergeben konnte. Arm, halbblind und einsam in ihren Gedanken und Idealen, wandte sie ihren Geist anderen Lehrern zu, die das Dunkel von Unwissenheit, Unkultur und Beschränkung durchbrochen hatten. Sie fühlte, daß sie ihnen nahe war in der Unabhängigkeit der eigenen Zeit gegenüber und in ihrer Tat, andere Menschen geistig zu befreien; und indem sie sich durch deren selbstlose Biographien inspirieren ließ, erstarkte sie innerlich.

Niemals war sie die «Schulmeisterin», als welche sie in einigen der Artikel, die ich las, hingestellt wurde. Sie war eine lebhafte junge Frau, die durch die Ergebnisse ihrer Arbeit mit der kleinen Helen in ihrer Vorstellung von dem einzigartigen Traum befeuert wurde, ein taubblindes Geschöpf zu einem nützlichen, normalen Menschen zu formen und ihm zu einem erfüllten Leben zu verhelfen. Von diesem Traum in ihrer Begeisterung entflammt, glitten ihre Worte wie winzige Meteore über die Hand des Kindes und hinterließen leuchtende Spuren von Initiativkraft. Bis auf den heutigen Tag kann ich weder meine seelischen Regungen in die Hand nehmen noch meinen Geist zum Handeln antreiben, ohne mich an die gleichsam elektrische Berührung zu erinnern, mit der ich Teachers Finger in meiner Handfläche spürte. Die gedankenlose Schmeichelei, die mir zuteil wird, habe ich satt, doch freue ich mich über die Wertschätzung derer, die Annie Sullivans einfallsreiche Bemühungen erkannt haben, ein Leben aus dreifachem Unheil zu retten und ihm Form und Anmut zu geben. Das ist bestimmt keine leichte Aufgabe! Es war kein Zufall, der Helens Geist befreite, sondern die Vision einer Prophetin und die Gabe einer begnadeten Lehrerin, die den Verstand mit innerem Feuer belebte. Demütig hoffe ich, daß es mir gelingt, in diesem Buch unsere gemeinsamen Kämpfe und Triumphe nicht mit der billigen Vorstellung von Wundern in Verbindung zu bringen, sondern sie in der Würde ihrer menschlichen Begebenheiten zu zeigen, die von Gott verfügt und durch seine göttliche Liebe zustande gebracht werden.

Trotz ihres geschädigten Sehvermögens blieb Teacher in ihrem Gesichtssinn und ihrem Gehörsinn wach und offen.

Vielleicht waren ihr reines Englisch und ihre Liebe zur Schönheit die wichtigsten Faktoren in ihrer Arbeit mit Helen. Ihre Leidenschaft für Vollendung in Literatur, im Charakter und in Unterhaltungen siegte über ihre dürftige Ausbildung, über ihr Empfinden, sozial nicht gleichgestellt zu sein, über ihre finanziellen Schwierigkeiten sowie die Unbeherrschtheit ihres impulsiven Temperaments. Wer kann ihren Kampf gegen einen ganzen Berg widriger Umstände ermessen, die sich ihr seit ihrer Kindheit entgegenstellten, bis sie vollständig blind war und dadurch von anderen abhängig wurde? Sie muß enorme Hindernisse bei sich selbst und in ihrer Umgebung überwunden haben. Indem sie selbst ganz Auge und Ohr wurde, um einem ausgehungerten Geist normale Sprache und Wissen zu vermitteln, gehorchte sie den zwingenden Bedürfnissen der Individualität ihrer Schülerin. Wenn sich in ihrem Charakter auch sprunghafte, irdische Neigungen zeigten, glich sie doch nicht den Frauen, die der Schriftsteller Henri Frédéric Amiel zwar bewundert, aber auch kritisiert, weil sie «das Gute auf ihre eigene Weise tun wollen». Sie wollte das Gute um seiner selbst willen, in der Weise, wie es für das Leben ihrer Schülerin am fruchtbarsten war. Um so tiefer bin ich von ihrem Glauben und ihrer Standhaftigkeit berührt, mit denen sie mich, eine zweite Eurydike, aus dem Reich der Schatten, dem lautlosen, dunklen Reich Plutos, zurückholte. Sie hätte sich leicht auf einem anderen Gebiet auszeichnen können, und ich wundere mich noch heute, warum sie ein halbes Jahrhundert lang bei mir blieb.

Die kleine Helen kannte Teacher selbstverständlich stets nur als eine liebevoll leitende Person mit einer außergewöhnlichen Begabung, Wissen zu vermitteln. Annie warf niemals den Schatten ihrer Jahre, die sie im Armenhaus von Tewksbury verbracht hatte, auf das fröhliche Gemüt eines Kindes, das in normaler Umgebung aufwuchs. Sie behielt dieses dunkle Geheimnis für sich, bis sie vierundsechzig und ich fünfzig Jahre alt war. Doch noch während ich ein Kind war, erzählte sie mir offen von dem Dorf Feeding Hills in Massachusetts, wo sie geboren wurde, und von ihrem kleinen Bruder Jimmie, dessen Tod sie so unendlich betrübt hatte. Meine begierigen Fragen über ihre Familie brachten sie dazu, mir Geschichten über ihre Schwester Mary und andere Mädchen, die sie gekannt hatte, in die Hand zu buchstabieren, und Geschichten über die einfachen Leute in Irland, die ihr Vater ihr erzählt hatte. Auf diese Weise wurde ein weiteres besonderes Band der Sympathie zwischen der einsamen Frau und ihrer Schülerin gewoben.

Annie gestattete es sich nicht, daß ihr irgendeine Klage über ihre Einsamkeit entschlüpfte. Wenn ich auf diese frühen Jahre zurückblicke, bin ich beeindruckt von dem Selbstvertrauen, mit dem sie sich in diesem schöpferischen Feuer bewegte, das aus wenig vielversprechendem Material normale Persönlichkeiten hervorbringt. Sie durchforschte ein Gebiet, das in ihr alle Instinkte des selbstlosen Verlangens, des Abenteurertums und des Strebens nach großen Zielen weckte. Noch nie hatte es bis zu diesem Zeitpunkt jemanden gegeben, der ein taubblindes Geschöpf – ich benutze das Wort buchstäblich: ein Geschöpf der Umstände – für fähig hielt, Normalität zu erlangen, und zwar mehr als nur einen geringen Grad von Normalität. Und siehe da, Annie Sullivan schwang sich empor auf den feurigen Flügeln dieses Traumes! Wie sie zu dem Traum kam und weshalb sie ihr ganzes Leben an dem Ziel festhielt, das sie «Vollkommenheit» nannte, kann ich nicht sagen, aber aus Gesprächsfetzen, die ich durch ihre Finger aufschnappte, weiß ich, daß in ihr wunderbare Visionen – bald strahlend, bald durch Enttäuschung verdüstert – von einem «engelhaften Kind», «einem lieblichen Mädchen voller Anmut», «einer jungen Frau, die mit einer natürlichen Stimme die Sache der Unglücklichen vorbringt» und andere Vorstellungen lebten, deren Nichtverwirklichung mir Tränen in die Augen treiben will. In der Art, wie ich oft die Obstblüten berührte, die wie zarte Spitzen an einem Baum zittern, erinnere ich mich wieder an die Einmaligkeit von Annies großherzigem Bestreben, mir zur Selbsterfüllung zu verhelfen; mit Entzücken und Ehrfurcht denke ich daran. Bildhaft gesagt: Sie schaute neugierig in jede Wiege, in der Hoffnung, dort ein großartiges neues Exemplar der Menschheit zu entdecken. Sicherlich gab es zwischen ihr und «A. E.», dessen Gedichte ich oft in ihren Händen sah, eine geistige Verwandtschaft. Beide erklommen sie in ihren Träumen die Stufen zu Schönheit, Reinheit und Freude, die keine noch so unfreundliche Umgebung ihnen nehmen konnte. Ich bete inständig – und ich glaube es auch –, daß die «vergängliche Schönheit», der sie so leidenschaftlich nachjagte, mit ihr für immer fortdauert. Ich glaube, daß ihre Liebe für physische Schönheit diesem Ideal der Vollkommenheit entsprang.

Annie Sullivan war für eine kultivierte Umgebung bestimmt, für eine anspruchsvolle Lebensweise und eine künstlerische und intellektuelle Ausdrucksmöglichkeit der eigenen Person. Sie war stolz auf die Arbeit als Verkörperung der Menschenwürde und konnte es nicht ertragen, wenn sie schlecht ausgeführt war. Jede Häßlichkeit bei Menschen oder an Orten bedrückte sie. Mißbildungen stießen sie ab, obwohl ihr mitleidiges Herz bereit war, den Leidtragenden beizustehen. Es schmerzte sie der Anblick von erniedrigender Armut in jeglicher Form, und ich weiß, daß sie nächtelang wach lag und darüber brütete und nach Mitteln suchte, sie abzuschaffen. Sie war für hübsche Gesichter, bezaubernde Landschaften und Schönheit in der Kunst so empfänglich, daß sie manchmal tatsächlich Tränen vergoß. Es tat ihr weh, wenn eine hübsche Vase oder eine zierlich gemeißelte Statuette zerbrochen wurde, geradeso, als wären sie lebendig; sie war darüber verärgert wie Madame Curie, wenn einer ihrer Schüler während eines Experimentes im Labor einen Tisch beschmutzte. Eine meiner frühen Erinnerungen ist Annies Besuch in einem Laden in

Boston, wo sie von einem hübschen samtenen, pelzbesetzten Umhang so fasziniert war, daß sie nicht mehr davon loskam und ihr karges Gehalt dafür ausgab. Ich war in ihrer Begleitung und unterstützte sie. Sie trug den Umhang auf dem ganzen Weg zurück zum Perkins-Institut, wo wir damals lebten, und ich lächle bei dem Gedanken, wie gründlich wir ausgeschimpft wurden wegen dieser mädchenhaften Extravaganz, zu der uns Teachers Verlangen nach Schönheit und ihr Stolz, das verdiente Geld dafür auszugeben, verleitet hatten.

Mit dieser Abschweifung wollte ich einige Licht- und Schattenseiten in Teachers Temperament aufzeigen, das die treibende Kraft für ihre Arbeit war. Ohne ihre ausgeprägte Vorliebe für Vollkommenheit hätte sie bei ihrer Aufgabe kaum lange, ereignislose Abschnitte ihres Lebens hindurch in einer abgelegenen Ortschaft ausharren können. Manchmal wurde sie ungeduldig und buchstabierte mir, wie geistlos ihr das alles erscheine. Das merkwürdige Wort, das ich in diesem Zusammenhang erwähne, entzückte mich als Kind: «Nichts geschieht Tag für Tag, und das Leben ist so *monoton* wie der Ruf des Vogels ‹Whippoorwill›.» Doch Teachers Entschlossenheit half ihr, die Schönheit ihrer Träume und den Schimmer der Lieblichkeit, der sie täglich umgab, auf ihre Arbeit zu übertragen. Das war ein Teil des Geheimnisses, mit dem sie mir zu einer fröhlichen Kindheit verhalf, die ich liebevoll im Gedächtnis bewahre.

Bevor Teacher zu mir kam, hatte sie ihr neugewonnenes Sehvermögen arg strapaziert. Sie hatte sich eifrig in Samuel Gridley Howes Berichte über seine Arbeit mit Laura Bridgman vertieft, um sich auf die Aufgabe vorzubereiten, eine Seele aus dem dunklen Schweigen zu retten – eine Aufgabe, von der sie noch wenig verstand. Schon damals konnte sie nur kurze Zeit lesen und mußte sich zu langen Ruhepausen zwingen. Jetzt aber, als sich die Arbeit mit Helen in den Einzelheiten vervielfachte, beanspruchte sie ihre Augen unerbittlich. Es dauerte lange, bis die junge Helen sich vorstellen konnte, welch eine Anstrengung es für Annie war, ihr etwas vorzulesen. Manchmal fand Helen sie wegen Übelkeit und Kopfschmerzen im Bett, doch erwähnte Teacher nie ihre kranken Augen. Sobald die Schmerzen nachließen, begann Annie erneut mit den Fingern zu buchstabieren, erzählte Helen griechische Mythen und schlug ihr vor, wie sie beide alle Figuren darstellen konnten. Wenn es ihr wieder gutging, begann sie mit Helen, Persephone und Pluto oder die Argonauten, Theseus und Ariadne oder Boadicea und ihre römischen Bezwinger zu spielen.

Helen war neun Jahre alt, als Annie zum ersten Mal die Schwere ihres Augenleidens erwähnte und mitteilte, daß sie für eine Weile zu ihrem Augenarzt nach Boston fahren müsse. Aber nicht einmal da verstand Helen, was sie meinte. Sie dachte, die Augen seien bald wieder gesund. Sie begriff nicht, daß Annie sie unablässig hätte schonen sollen, und wußte nicht, daß Teacher alle Vorsichtsmaßregeln in den Wind geschlagen hatte.

Als das Leiden erneut auftauchte, fragte Helen sie wieder: «Warum tun dir deine Augen so weh?»

«Oh, aus verschiedenen Gründen», pflegte Annie zu antworten. «Das Sonnenlicht auf der roten Erde ist nicht gut für sie», oder: «Ich habe gestern zu lange geschrieben.»

Doch dauerte es nicht lange, da ertappte Helen sie mit einem Buch, das sie dicht vor ihre Augen hielt. Weil andere Leute so nicht lasen, fragte sie sie: «Teacher, warum liest du so, daß das Buch fast deine Augen berührt, und bewegst deinen Kopf von einer Seite zur anderen?»

Da gestand ihr Teacher, wie schlecht ihr Sehvermögen war. «Keine Sorge, Helen», sagte sie. «Ich bin froh, daß ich lesen und genügend sehen kann, um mich an den Farben des Himmels, der Erde und des Wassers zu erfreuen und mich überall zurechtzufinden.» Sie fügte hinzu: «Ich kann am besten morgens sehen, wenn das Licht sehr stark ist.» Da erkannte Helen, daß Teacher vor allem Ruhe und nochmals Ruhe für ihre Augen nötig hatte, und beschloß, daß sie sie nur noch morgens ihre Nase in ein Buch stecken lassen und sie dann zu einem Spaziergang oder einem Spiel fortziehen würde. Doch einmal fand Helen Annie, wie sie am Nachmittag las, und zerrte sie ungehalten am Arm. Sie wollte ihr das Buch aus der Hand schlagen, fürchtete jedoch, etwas damit zu beschädigen. «Ich kann keinen Inch weit sehen», gestand Teacher, und Helen brachte es fertig, daß sie sich bis zum Abendessen hinlegte.

Erst Jahre später begriff Helen, daß Annie ihre Augen vor allem überanstrengte, um Informationen zu pädagogischen Fragen zu erhalten und sich selbst weiterzubilden, jedoch nur gelegentlich, um sich zu zerstreuen. Teacher verdarb sich beinahe die Augen, um sich zu den Schätzen durchzulesen, die sie suchte. Und es war nicht einfach Wissen, wonach sie strebte, sondern gewähltes Englisch für sich selbst und für Helen und die tausend kleinen, reizvollen und angenehmen Dinge, die wahre Kultur und Veredelung des Lebens bedeuten. In gewisser Weise waren sie und Helen Kinder, die miteinander aufwuchsen, aber Annie schämte sich über die Lücken in ihrer Erziehung, während Helen sich tanzend durch die Unterrichtsstunden bewegte und sich im Spiel auslebte.

Wenn ich mir ins Gedächtnis zurückrufe, wie Teacher zu meinem Wohl auf zahllose Arten ihr schwaches Sehvermögen einsetzte, dann erscheinen mir ihre Augen wie «zerbrechliche Ariels», wie Geister, die zu zart waren, um Teachers unablässige, genaue Befehle auszuführen, und oft ohne eigene Schuld Qualen erleiden mußten. Ihre Augen waren ungleich; bei dem einen war die Sehkraft stärker, aber mit keinem von beiden konnte sie wirklich scharf sehen. Trotz übermäßiger Beanspruchung versuchten sie «ihre Geisterarbeit sanft zu tun». Während sie in qualvollem Verlangen nach Ruhe brannten, hielten sie Zwiesprache mit dem Licht, das Annie während herrlicher Stunden im Freien in sich einsog, oder sie mühten sich mit bedruckten Seiten ab, um auf Geistesflügeln das Licht in die Tiefen des menschlichen Herzens scheinen zu lassen oder auf die Blüten der Poesie, die sich

> «ihre duftenden Gebilde und himmlischen Farben
> durch göttlichen Tau in ewiger Frische bewahren».

In ihrem kindlichen Gemüt dachte Helen nicht lange über solche Erlebnisse nach, doch als sie innerlich reifer war, lastete der tragische Zustand von Teachers Augen schwerer auf ihr, und das grausamste dabei war, daß sie zum Schweigen verurteilt war, weil sie wußte, daß sie die Not nicht lindern konnte.

Ihre heitere, zuversichtliche Haltung dem Leben gegenüber ermöglichte es Teacher jedoch, das notwendige Gleichgewicht zwischen ihrer Arbeit und der Verzweiflung zu bewahren. Obwohl ihr Naturell alles andere als ausgeglichen war und ihr ungestümes Wesen beim ersten Anzeichen von Stumpfsinn bei Helen oder jemand anderem hervorbrechen konnte, war sie doch imstande, ruhig und klar ihre Aufmerksamkeit auf kleine, aber notwendige Einzelheiten zu richten und die Langsamkeit, mit der Helen Fortschritte machte, entsprechend zu berücksichtigen. Seither ist mir klar geworden, daß Teacher es vorgezogen hätte, für eine längere Zeit mit ihrer Schülerin allein zu sein, damit sie sie besser hätte darauf vorbereiten können, wie sie dem gut gemeinten, aber oft unklugen und launischen Verhalten der Öffentlichkeit zu begegnen hatte.

Da war zum Beispiel das Schreiben mit dem Bleistift. Zuerst hatte Helen viel Spaß daran, die Buchstaben in den Vertiefungen der Schreibtafel, die speziell für Blinde konstruiert war, zu formen, doch nach einigen Monaten entwickelte sie eine ausgesprochene Abneigung dagegen, weil sich ihre Freunde und Verwandten zahllose Autogramme und Briefe von ihr gewünscht hatten. Das Ergebnis war, daß ihre Hand erlahmte und ihr Daumen kleine Schwielen bekam, weil sie den Stift verkrampft und steif in der Hand hielt. Es amüsiert mich heute, wenn ich mich an diesen Schreibakt erinnere – er mutet mich an wie das Schreiten einer Löwin auf ihrer Bahn –, und gleichzeitig tut mir Helen ziemlich leid. Es war pathetisch und komisch zugleich, wie Teacher sie an den Tisch setzte und sie darauf hinwies, daß sie «denken» müsse, während sie übte. Der Verstand des Kindes zog sich wie eine Auster in ihre Schale zurück und weigerte sich, mit spontanen Gedanken oder Fragen sich herauszubewegen. Es beschämt mich, wenn ich daran denke, was für einen Unsinn sie zu Papier brachte.

Eines Tages wurde Helen mit ihren Übungen in einem Zimmer alleingelassen, in dem frischgebackene Kokosnußkekse auf einer Kommode zum Trocknen ausgebreitet waren. Teacher und Mutter waren mit Vorbereitungen für den morgigen Geburtstag Helens beschäftigt. Da wurde ihr Herz schwarz vor Aufruhr. Die Kekse verlockten sie über alle Maße, und erst nachdem sie zwei oder drei von ihnen verschlungen hatte, legte sich ihre schlechte Laune, und sie wandte sich wieder ihren Übungen zu. Aber da die Leute sie weiterhin umschmeichelten und bettelten, daß sie für sie schreiben solle, verlor Helen schließlich die Selbstbeherrschung, sie weinte und schmollte. «Du undankbares kleines Wesen», trommelte Teacher ihr in die Hand, «diese Leute waren freundlich zu dir, und ich schäme mich für dich.» Aber insgeheim war sie auf Helens Seite, und bald reduzierte sie dieses Eindringen in das Privatleben auf eine gelegentliche Anfrage. Später sagte sie, sie bedaure, daß sie mich soviel Zeit mit der Schreibtafel habe verbringen lassen, und nachdem ich Schreibmaschine schreiben gelernt hatte, gab ich es ganz auf.

Um Helens Gedankenfluß anzuregen, ermutigte Annie sie, Gedichte zu lernen, zum Beispiel Henry W. Longfellows «Das Lied von Hiawatha» und Teile von «Evangeline» sowie William C. Bryants «An einen Wasserfall». Einer von Helens Lieblingsgedanken war, daß Dichtung und Musik, die beiden Zwillingsschwestern, die Hindernisse auf ihrem Weg zu vollkommener Artikulation beseitigen würden, und auch Teacher hegte diese Hoffnung. Sie hungerte und dürstete danach, ein Mittel zu entdecken, mit dem sie ihrer Schülerin das natürliche Reden beibringen konnte, genauso wie sie ihr vermittelt hatte, sich mit den Fingern in der natürlichen Sprache zu verständigen. Sie empfand das, wofür Helen viel später Worte fand: «Ohne irgendeine Art von Sprache ist man kein menschliches Wesen – ohne die Redefähigkeit kein menschliches Wesen im vollkommenen Sinne.» Annies tiefes Empfinden für die Wichtigkeit der Rede in der Erziehung der Gehörlosen und Helens Verlangen, sprechen zu können, trieben die beiden unwiderstehlich voran. Nach Helens ersten elf Unterrichtsstunden in mündlicher Rede bei Miß Sarah Fuller in Boston nahm Annie die neue Aufgabe mit der ihr eigenen Zielstrebigkeit und Einsatzbereitschaft auf, doch beschritt sie diesen Weg zitternd und angstvoll – ein Gefühl völlig entgegengesetzt zu dem Vertrauen, das ihr immer Auftrieb gegeben hatte, als sie mit mir ihre ersten Versuche in der Fingersprache unternahm. Und es ist eine tragische Tatsache, daß sie und Miß Fuller am Anfang einen groben Fehler machten, indem sie nicht zunächst einmal meine Sprachorgane entwickelten und dann erst zur Artikulation übergingen. Mein unermüdliches Ringen, überhaupt verständlich zu sprechen, gab mir erst ein Bewußtsein von dem umfassenden Kampf gegen die Beschränkung, den ich bis heute führen muß.

Aber mochte Helens Sprache auch künstlich und wenig angenehm klingen, so war sie selbst doch außer sich vor Freude darüber, Worte äußern zu können. Ihre halb gefangenen Gedanken zerrten nicht länger an der Kette, mit der sie durch ihr eigenes In-die-Hand-Buchstabieren gefesselt war. Diese Kette riß, als die Worte und die zugrundeliegenden Vorstellungen schneller und schneller kamen und ihre Zunge lernte, mit ihnen Schritt zu halten. Sie war überglücklich, daß ihre Familie und einige enge Freunde sie verstehen konnten. Alle diese

Zeichen für ein erfüllteres Leben erfreuten Teacher, und sie pflegte zu sagen, daß sie mit Freuden die ganze Schönheit dieser und der nächsten Welt dafür hingeben wolle, um in Helen ein normales Sprechvermögen auszubilden. «O nein, Teacher, das darfst du nicht», rief das Kind, aber Teacher konnte ihre Sehnsucht nach Vollendung nicht zügeln. Von Natur aus war sie ein Architekt und ein Bahnbrecher für die Vollkommenheit des Lebens, ein Pilger, der unablässig diesem Ziel entgegenstrebte.

So bemühte sie sich Tag für Tag, Monat um Monat, jahraus, jahrein, mir eine Ausdrucksweise und eine Stimme mitzugeben, die meinem Dienst an den Blinden genügen sollte.

Ich werde nicht alle Einzelheiten erörtern, denn ich habe bereits in meinen anderen Büchern zur Genüge darüber geschrieben. Ich möchte nur zum Ausdruck bringen, daß erst, als Mr. Charles White, ein ausgezeichneter Gesangslehrer am Bostoner Konservatorium, mir – aus reiner Herzensgüte – drei Sommer hindurch Gesangsstunden gab, Teacher und ich unseren Ausgangsfehler erkannten: Wir hatten versucht, ohne vorhergehende Stimmbildung ein Sprechvermögen aufzubauen!

Der Gedanke, daß sie während der entscheidenden Jahre meines Lebens weder die nötige Kenntnis über die Struktur der Sprachorgane noch die freie Zeit gehabt hatte, um an meinem Sprechvermögen zu arbeiten, schmerzte Teacher aufs äußerste, doch mit unerschütterlichem Mut und den Erkenntnissen, die sie durch Mr. White gewonnen hatte, setzte sie ihre Versuche fort, meine Aussprache zu verbessern. Während sie sich abmühte, dachte sie an ihren Wunschtraum, und mit einer Geduld, die mir noch immer übermenschlich vorkommt, legte sie meine beiden Hände auf ihr Gesicht, damit ich alle Vibrationen ihrer Lippen, ihres Kehlkopfes und ihres Rachenraumes gleichzeitig spüren konnte. Zusammen wiederholten wir unermüdlich Wörter und Sätze, bis ich weniger steif und selbstbewußter wurde, und auf diese Weise schritt die Arbeit voran, bis zu dem Jahr von Teachers letzter Krankheit. Und wie immer erfüllten ihre armen Augen die ermüdende Aufgabe und kontrollierten, ob ich meine Lippen korrekt formte, meine Kiefer so leicht wie möglich bewegte und einen natürlichen Ausdruck annahm. Es gibt nichts auf der Welt, das mich trauriger stimmt als die Tatsache, so weit hinter ihrem Wunsch, den sie als Lehrerin und Künstlerin zugleich hegte, zurückgeblieben zu sein. Aber daß ich überhaupt sprechen kann, wenn auch noch so unvollkommen, und von einigen meiner Freunde verstanden werde, hat meine Möglichkeiten, selbst Hilfe zu leisten, vervielfacht. Dieses unbezahlbare Geschenk verdanke ich Annie Sullivan.

4

Mit dem Spracherwerb entwickelte ich mich von der Kleinkindphase meines geistigen Wachstums hin zu meiner eigenen Identität als einem für sich bestehenden, bewußten und bis zu einem gewissen Grade sich selbst bestimmenden Ich. Noch immer war ich übermütig und in manchen Dingen träge und nachlässig. Teacher sah sich einem Willen gegenüber, den sie nicht brechen, aber zu höheren Ebenen führen wollte. Deshalb drängte sie mir keine bestimmte Verhaltensweise auf. Seitdem ich keine Gegenstände mehr zerbrach, ließ sie in der häuslichen Umgebung dem Herumtollen und den Streichen des kleinen Wildfangs volle Freiheit. Doch obwohl sie Vertrauen in den freien Willen der Heranwachsenden hatte, überschätzte sie nicht deren Fähigkeit, für sich selbst zu sorgen. Als ich von Unabhängigkeit zu sprechen begann, sah sie, daß ich nicht begriff, wie sehr ich mich durch die Gegebenheiten von anderen Menschen unterschied. Erst einmal sagte sie zwar: «Oh, wie wundervoll wird es sein, wenn du völlige Freiheit erreichen kannst, wie es den dreizehn amerikanischen Kolonien im Unabhängigkeitskampf gegen Großbritannien gelang», aber nach und nach klärte sie mich über die Tatsachen meiner körperlichen Abhängigkeit von anderen auf. «Ich habe Hör- und einiges Sehvermögen mitbekommen, womit ich arbeiten kann», sagte sie, «aber selbst unter diesen Umständen brauche ich meiner schlechten Augen wegen ständige Hilfe. Besser, man schaut nur zu, wenn man noch heranwächst, und verliert nicht seinen Weg im Labyrinth des Lebens. Folge dem Faden der Ariadne, von dem du mir erzählt hast, achte sorgfältig auf alle Möglichkeiten, die du hast, und mache das beste aus ihnen. Denke daran, egal was geschieht: Die wahre Unabhängigkeit, die du erreichen kannst, liegt in deinem Geist und in deinen Gedanken.»

«Ich kann lesen, und ich will jedes Buch verschlingen, das ich zu fassen bekomme», erklärte ich.

«Das ist ein großartiger Weg, unabhängig zu sein, aber es ist noch nicht genug», antwortete sie. «Wenn du dich zu einem Bücherwurm entwickelst, welchen Nutzen wirst du dann für die Welt haben? Laß uns sehen, was du tun kannst, um anderen Freude zu bereiten mit den Büchern, die du hast. Lerne Gedichte von Longfellow, ‹The Children's Hour› und ‹The Light of Stars›, und wiederhole sie so lange laut, bis die Leute dich verstehen werden.»

Dann gab mir Teacher ein treffendes Beispiel: die Geschichte von Walter Scotts kleiner, kluger Freundin, die etwa so alt war wie ich, mit klarer, begeisterter Stimme seine Gedichte oder Teile daraus rezitierte und auf diese Weise vielen Menschen Freude bereitete. Ich lernte zahlreiche Gedichte aller Art, einige waren fein und zart, andere erhaben und wieder andere humorvoll. Unzählige Male versuchten Teacher und ich, ihren Charme in meinem Vortrag erblühen zu lassen. Einmal konnte ich den größten Teil von «Evangeline» auswendig, und Teacher, die davon begeistert war, spornte mich dazu an, mir jeweils die besten Passagen, die ich in Geschichten und in anderen Gedichten finden konnte, einzuprägen. «Lies nicht nur die Geschichten, sondern suche vielmehr den goldenen Zauberschlüssel, durch den du vielleicht wie die hinkenden, aber mit lieblicher Stimme sprechenden, lichterfüllten Töchter des Zeus wirst, die die Griechen die Betenden nannten. Wer weiß? Du könntest Zuhörer gewinnen und sie durch die Erhabenheit der Gedanken fesseln, die du rezitierst», argumentierte sie. Ich versuchte es, versuchte es immer wieder – aber ach, wie verlockend waren die verbotenen Früchte für einen jungen Bücherwurm! Außerhalb meiner täglichen Unterrichtsstunden und der gewohnten Sprechübungen suchte ich nicht allzuoft die Gegenwart der Musen. Statt dessen las ich *Die letzten Tage von Pompeji* – mit schlechtem Gewissen. «Erwischt, entdeckt, gefangen!» sagte Teacher etwa, wenn sie mich mit etwas anderem als einem Klassiker in meinem Schoß ertappte, und ich bat sie, mir noch eine Chance zu geben. Bei anderer Gelegenheit saß ich still da und sog den Duft der südlichen Rosen und Buchsbaumhecken in mich ein, was ich lieber tat, als bei der Dichtkunst zu verweilen. Enttäuscht und erzürnt buchstabierte sie: «Schäm dich! Du hast Bücher voller erlesener Worte und interessanter Gedanken, und hier sitzt du wie ein Kalb ohne jeden Funken von Ausdruck im Gesicht.» Dann redete sie bis zum nächsten Tag kein Wort mehr mit mir.

Anschließend strahlte sie übers ganze Gesicht und sagte: «Komm, laß uns die langen Wörter üben, die du gern hast; du sprichst sie besser aus als kurze, und ich will herausfinden, warum das so ist.» Ich entsinne mich an einige der langen Wörter in meinen Übungsstunden: «attitude» (Haltung), «altitude» (Höhe), «considerable» (beträchtlich) und «petrified» (versteinert). An das letzte Wort – versteinert – erinnere ich mich, weil ich Teacher unabsichtlich erschreckte, als ich meine Kehle und zugleich meine Zunge steif machte, und sie daraufhin ausrief: «Oh, hör auf, Helen! Du siehst aus, als ob du *versteinert* wärest.» Wenn wir eine Weile geübt hatten, sagte Teacher: «Versuch, ob du nicht solch einen Ton und solch ein Interesse in das Gedicht legen kannst, wie es dir gerade bei diesen langen Wörtern gelungen ist.» Manchmal glückte es, manchmal auch nicht. Teacher war froh über jeden meiner Fortschritte; oft allerdings war sie streng, wenn mir die Übungen mißlangen. Ich fürchte, daß die unaufhörlichen Höhen und Tiefen in meinen Bemühungen, eine zweite Marjorie Daw –

das war der Name von Walter Scotts junger Freundin – zu werden, über meine Kräfte gingen. Es brachte mich wirklich aus der Fassung, wenn Teacher mein Gesicht und meine Lippen mit solch einer Spannung beobachtete, als ob sie fürchtete, sie könne jeden Augenblick blind werden. Es bereitet mir Entzücken, wenn ich darüber nachdenke, wie ihre Ideen, ihr keltisches Feuer und auch ihr Temperament aus der Poesie «ein Boot aus Bronze und Kristall» für meinen Geist schmiedeten, das mich rasch über die Barrieren meiner Sinne befördern sollte – doch ebensosehr schmerzt es mich, wenn ich mir die Sehkraft und die Energie vorstelle, die sie dabei verschwendete, das Unmögliche zu erreichen.

Könnte ich nur Worte weben mit der Zartheit der herrlichen Spitzen, die ich in der Bretagne und in Irland sah, so fiele es mir leichter zu berichten, wie ein anderer Traum, den Teacher für mich hegte, zerstob. Bei einem unserer Besuche in Boston sagte mir ein befreundeter Künstler, Albert H. Munsell, der mein Porträt gezeichnet hatte: «Ich weiß, daß es Ihnen Freude bereitet, Statuen zu betasten. Sie haben empfindsame Künstlerhände. Warum sollten Sie nicht versuchen herauszufinden, ob Sie ein Talent für die Bildhauerei entwickeln können?» Seine Worte versetzten Teacher und mich in Aufregung; sie eröffneten eine Aussicht auf neue Entdeckungen. Teacher sagte mir übrigens zu der Zeit nichts über jene Statue, die sie aus Schnee geformt hatte, kurz nach ihren Operationen, welche ihr so viel an Sehkraft wiedergaben, wie sie nie zuvor oder danach besaß; und erst Jahre später erfuhr ich, daß sie eine Begabung zur Bildhauerei hatte, die man hätte schulen können. Der Gedanke war für sie Musik, daß ich, wenn ich nur eine besondere Empfindsamkeit in meinem Tastsinn entwickeln könnte, schöne und bedeutsame plastische Kunstwerke zu schaffen vermöchte. Sie fragte sich, ob es möglich sei, Blinden mit einem Sinn für Ästhetik beizubringen, Skulpturen von hohem künstlerischen Wert zu formen. Ihr unersättliches Verlangen, die Möglichkeiten zu erforschen, die in jedem menschlichen Wesen angelegt sind, führte sie auf diesem Pfad der Schönheit. Sie malte sich sogar aus, wie meine Übungen in anderen Bereichen auf mein künstlerisches Empfinden und meine Freude am Schöpferischen ausgerichtet werden könnten. Wir nahmen beide Unterricht, zuerst in Wachsmodellieren, dann in Modellieren mit Ton. Anfangs war ich fasziniert von der Fülle der Gegenstände, die ich formen konnte: Tassen und Untertassen, Körbe, Früchte und so weiter. Teacher schaute hoffnungsvoll zu und hegte große Träume, während ich einen herkömmlichen Farn oder das Modell eines Vogels kopierte: «Berühre alles so, wie du eine Blume befühlen würdest – leicht, zärtlich; beobachte, beobachte immer wieder, so wie du es bei meiner Stimme tust, und bilde es mit Sorgfalt in deinen Tonmodellen nach», pflegte sie mich zu ermahnen. Um ihr Freude zu machen, arbeitete ich, bis meine Hände erlahmten. Sie las mir Biographien von Bildhauern vor, um mir zu verdeutlichen, mit welch eiserner Entschlossenheit sie gearbeitet hatten, bis sie ihr Ziel erreichten, und ich probierte es von neuem.

Aber an einem großen, künstlichen und mir uninteressanten Farn scheiterte ich. Er glich nicht den anmutigen Farnen, die ich in den Wäldern berührt hatte. Teacher bestand darauf, daß ich es weiterhin versuchte, ihn genau zu kopieren, aber ich brachte die von ihr gewünschte Ausdauer nicht auf – leider! Ich zog es vor zu lesen. Das wollte sie nicht erlauben und setzte mich einer qualvollen Schinderei aus. Aber es kamen keine zufriedenstellenden Ergebnisse zustande. Da loderte eines Morgens ihr Zorn auf, und sie klatschte mir den kalten, nassen Ton an die Wange. Doch Teacher hatte im Grunde ein unbeschreiblich liebenswertes Wesen, so daß sie gewöhnlich ihr falsches Benehmen schnell bereute und sich selbst mit den schlimmsten Schimpfwörtern bezeichnete, die sie sich ausdenken konnte. Bald nachdem sich der Sturm gelegt hatte, kam sie zu mir und sagte: «Helen, vergib mir. Ich kann mir dich nie taubblind vorstellen – dafür liebe ich dich zu sehr. Aber ich sollte daran denken, daß du ein menschliches Wesen bist, und ich sollte nicht so ehrgeizig sein und dich ab und zu ausruhen lassen.» Was kann bewegender sein, als wenn eine weise, aber reizbare Frau ein Kind um Vergebung bittet, so wie König Lear vor Cordelia kniete und Verzeihung erflehte?

Aber diese zärtlichen Worte mildern nicht die Tragik, daß sie mir nicht die Zauberkraft verleihen konnte, mit der sie – früher selbst ein halsstarriges Kind wie ich – ihre eigene innere Wandlung errungen hatte. Nicht weniger bedaure ich, daß es mir nicht gelungen ist, mich mit ganzem Herzen in dieses wunderbare Abenteuer zu stürzen, vielleicht «mit Augen und Sternen und Flügeln gewappnet». Später in meinem Leben habe ich Büsten geformt, die einem oder zwei befreundeten Künstlern die geistigen Ideale wenigstens andeuteten, denen ich folgte, und wäre ich damals frei gewesen, so hätte ich intensiv gearbeitet, nur Teacher zuliebe und der Befriedigung halber, etwas zustande zu bringen, das die Taubblinden noch nicht versucht hatten. Nicht Teacher war es, die für meine Zukunft die Würfel warf, sondern das Schicksal oder besser: ich selbst – eigensinnig, mit der unbewußten Grausamkeit eines willensstarken Kindes.

5

Teacher war neunundzwanzig und ich fünfzehn Jahre alt, bevor ich mir allmählich eine Vorstellung von ihrer Persönlichkeit bilden konnte – abgesehen von ihrem ausgesprochenen Sinn für Schönheit, der sie sich begeistert widmete. Als ich innerlich reifer wurde, konfrontierte sie mich mit all ihren wechselhaften Stimmungen; aus diesem Grund wurde ich nicht unvorbereitet von den Stürmen des Lebens überrascht. Mit fünfzehn, als ich sie näher beobachten konnte, erfuhr ich, daß ihre Stimmungen beständig wechselten. «Sag es nicht weiter, was ich dir jetzt erzählen werde», bat sie mich manchmal, und dann lauschte ich ihren Berichten von dem Überdruß, den Frauen ihr bereiteten, die sie mit ihren geistlosen, banalen Tragödchen und den gesellschaftlichen Belanglosigkeiten belästigen wollten. Gemeinsam lernten wir das Leben in all seinen verschiedenen Aspekten kennen. Wir weilten oft in der Gesellschaft der Großen, der Begabten, der Einflußreichen, unter denen sich auch Frauen befanden, die mit beidem ausgestattet waren: mit Schönheit des Geistes und des Körpers, und deren Unterhaltung Teacher faszinierte. Was sie am meisten ärgerte, waren gedankenloses Geschwätz sowie Verhaltensformen und Handlungen, denen der Reiz des Individuellen fehlte. Sie entschuldigte die Armen, die vom Unglück verfolgt waren, und die Behinderten ohne Ausbildung, aber niemals jene, die die Mittel hatten, sich zu bilden und weiterzuentwickeln.

Ebenso litt Teacher bisweilen an Melancholie und konnte

dann vorübergehend nicht einmal die herzliche Zuneigung ihrer engsten Freunde erwidern. Sie floh vor ihnen in die Wälder oder verbarg sich, wenn sie sich gerade in der Nähe des Wassers befand, stundenlang unter einem Boot am Ufer. Doch dann kehrte sie zu ihren Freunden zurück und bat um Verzeihung. Eines Tages, als sie an einer Wundrose litt, hielt sie sich den ganzen Tag lang vor jedem versteckt, sogar vor mir. Erst zur Abendessenszeit fand Mutter sie still in ihrem Bett liegen. Leider habe ich manche unverständigen Leute getroffen, die über solche menschliche Leiden nicht aufgeklärt werden wollen, und deshalb kann ich nicht die ganze Wahrheit sagen, obwohl ich nichts berichte, das nicht wahr ist. Zweifellos hatten diese düsteren Stimmungen in Annies Jugend im Perkins-Institut ihren Anfang genommen, und sie quälten sie in Abständen bis zu ihrem Tod. Auch auf ihr Sehvermögen wirkten sie sich ungünstig aus. Tapfer nahm Teacher sich jedesmal zusammen, und obwohl sie nervlich oft angegriffen war, verfügte sie stets frei über ihre geistigen Fähigkeiten und entließ sie nie aus ihrem Dienst – außer wenn sie schlief und das Gehirn, dieser unnachgiebige Zuchtmeister, das Ruder übernahm und nach seinem eigenen Willen lenkte. Wenn sie dann aber aufwachte, analysierte sie ihre Schwierigkeit mit diamantener Klarheit, und bald kam ihr lebhaftes, natürliches und zum Spaßen aufgelegtes Wesen wieder zum Vorschein. Aus der Vielzahl der Briefe, die sie aufsetzen mußte und die ich für sie mit der Schreibmaschine schrieb, ersah ich, wie gut sie sich auf Angelegenheiten konzentrieren konnte, die genaue Aufmerksamkeit erforderten, und wie sie solche weitreichenden Pläne aufstellen konnte wie jene, die meine Ausbildung am College möglich machten.

Viele Jahre später machten Teacher und ich gemeinsam eine Reise nach Irland, und jetzt sehe ich sie in meiner Erinnerung vor dem Hintergrund dieses Landes – ihres Heimatlandes, von dem ich meine Lehrerin erhalten habe: ein Land voller Feuchtigkeit und harter, schimmernder Felsen, von Sonnenlicht umspült und von märchenhaftem Blühen und Grünen erzitternd, ein Land, das von tatkräftigen, phantasievollen, kämpferischen und ironischen Menschen bewohnt wird, ein Hauch von Phantastischem, der über allen Dingen liegt, und alle diese Eigenschaften einmal vereint, dann wieder einander verdrängend, entsprechend dem Rhythmus eines erstaunlich wechselhaften Klimas.

Teacher dachte nicht logisch. Dennoch war sie die einzige der mir näher bekannten Frauen, die sich in eine rauhe und hitzige Debatte stürzen und siegreich daraus hervorgehen konnte. Man mußte sich vor ihren heftigen Erwiderungen in acht nehmen, wenn sie allzu optimistisch oder begeistert diese oder jene Angelegenheit befürwortete. Nichtssagende Bemerkungen zu einem Thema – ob aus dem Bereich der Erziehung, der Politik, der Religion oder aus irgendeinem anderen Gebiet des sozialen Lebens – langweilten sie. Eine Unterhaltung über Wissenschaft oder Philosophie, die sich in die Länge zog, stellte ihre Nerven auf eine harte Probe, aber die Kunst ausgezeichneter Redner, wie Mark Twain oder Alexander Graham Bell, genügte, um ihre Gedanken so lange an ein tiefgründiges Thema zu fesseln, daß sie sich danach erfrischt und aufgerichtet fühlte. Bloße Rhetorik mißbilligte sie; doch sie war für jeden Ausdruck der höheren Fähigkeiten eines Menschen empfänglich.

Ich bemühte mich, nicht mit ihr zu diskutieren – was mir allerdings nur selten glückte –, denn ich wußte, daß sie mich verblüffen und sprachlos machen konnte, besonders dann, wenn ihre Phantasie sprühte oder wenn sie zornig war. Ihre Kommentare kamen spontan herausgeschossen, waren anschaulich und prägnant und ließen mich zugleich «geblendet, entzückt und verblüfft» zurück. Sie sprach nicht poetisch mit mir, außer wenn sie mir atemberaubende Naturschönheiten beschrieb. Doch heimlich notierte sie kleine Gedichte, wie sie ihr gerade einfielen. Die meisten von ihnen sind in dem Feuer verbrannt, das unser erstes Haus in Arcan Ridge heimsuchte; nur wenige blieben erhalten, zum Beispiel das folgende:

Wenn Gott die Pforten des Lichtes öffnet,
Sitzen wilde kleine Phantasien am Rande des Mondes
Wie die Geister der Vögel.
Der dunkle Strom des Lebens fließt
Sorglos durch Zeit und Raum;
Niemand erkennt das Licht,
Das eintritt in die weitgeöffneten Augen, dicht an ihrem
Verhängnis.
Alle Dinge bewegen sich in einem großen Meer;
Gedanken einer anderen Stille strömen heraus
Wie Blumen, die sich in der Nacht öffnen.
Sie fallen in den Raum wie Regen im April,
Gefärbt und geformt vom Selbst
Wie die Perle in der Austernschale.

Dann tauchen unsichtbare Hände in kleine Seen des
Hier, dann wieder dort, [Himmels;
Die Hände des Geistes sind feucht
Von silbernen Regentropfen,
Mit all seinen Wunderfühlern spürt der Geist
Des Windes wechselnde Flucht,
Perlen träufelnd auf die Mauern der Nacht,
Die Regentropfen durch Dunkel treibend,
Nähert er sich der Welt des Lichts.

Ich bin sicher daß Teacher, wären ihre Augen gesund gewesen, darin geschwelgt hätte, das Weltall, die Sterne und Planeten zu betrachten, ein gewaltiges, immer wechselndes Schauspiel. Doch wie die Dinge lagen, zog sie das Universum der Bücher vor – und welch erbärmlich kleinen Teil davon konnten ihre unzuverlässigen Augen aufnehmen! Dichtung und Musik waren ihre Verbündeten. In ihren Fingern klangen die Worte; sie plätscherten, tanzten, schwirrten und summten. Sie brachte in meinem Geist jedes Wort zum Vibrieren – sie wollte nicht zulassen, daß das Schweigen um mich herum auch in mir weiterhin herrschte. Sie übermittelte meinen Gedanken die sichtbaren, hörbaren und die anderen Eigenschaften eines jeden Gegenstandes, den ich berühren konnte. Sie brachte mich mit allem, was wir erreichen oder erfühlen konnten, in unmittelbare, sinnliche Berührung: mit der sonnendurchfluteten Sommerruhe, dem Zittern der Seifenblasen im Licht, dem Singen der Vögel, mit der Wut des Sturmes, dem Summen der Insekten, dem Murmeln der Bäume, dem Klang geliebter oder ungeliebter Stimmen, mit den Schwingungen in der Ecke des heimischen Kamins, dem Rauschen der Seide, dem Knarren einer Tür und mit dem Pochen des Blutes in meinen Adern.

Hier folgt ein anderes ihrer Fragmente:

Hände, verstehende Hände,
Hände, die streicheln wie zarte grüne Blätter,
Hände, eifrige Hände –
Hände, die Wissen aus großen Büchern sammeln,
Braillebüchern –
Hände, die den leeren Raum mit lebenswerten
Gegenständen füllen,
Hände, so still, auf einem Buch gefaltet –
Hände, die Worte vergessen, die sie die ganze Nacht
gelesen haben,
Hände, im Schlummer auf der geöffneten Seite,
Starke Hände, die Gedanken säen und reifen lassen,
Hände, die zitternd und begeistert der Musik lauschen,
Hände, die dem Rhythmus von Gesang und Tanz folgen.

6

In meinen Jugendjahren gab es weitere Ereignisse, die mir mehr von Teachers vielschichtiger Persönlichkeit enthüllten. Während der Winter- und Frühlingsmonate 1897/98 wohnten wir bei unseren Freunden Mr. und Mrs. Joseph E. Chamberlin in dem schönen alten Dorf Wrentham in Massachusetts. Wir hatten sie schon seit Jahren öfters besucht und mit ihnen fröhliche Tage verbracht, in ihrem rebenbewachsenen, weiträumigen Haus Red Farm oberhalb des King Philip's Pond, doch erst nachdem sie uns in ihrem Heim aufgenommen hatten, kam für mich Teachers Individualität mit neuen, faszinierenden Zügen zum Vorschein. Annie pflegte zu sagen, daß diese acht Monate zu den glücklichsten Zeiten ihres Lebens zählten. Zum ersten Mal, seit sie mich betreute, genoß sie wirkliche Freiheit; ein schöneres Geschenk hätte es für mich nicht geben können, die ich mich so sehr danach sehnte, daß Teacher ihr eigenes Leben lebte.

Seit ungefähr sieben Jahren, seit der unglücklichen Episode mit «König Frost», die uns unsagbares Leid gebracht hatte, war Teacher durch ein stetes Gefühl der Unfähigkeit gehemmt. «König Frost» war eine kleine Erzählung, die ich mit zehn Jahren schrieb. Ich dachte wirklich, sie sei «meinem eigenen Kopf» entsprungen und schickte sie Mr. Anagnos, dem Direktor des Perkins-Instituts, als Geburtstagsgeschenk. Er freute sich an ihr so sehr, daß er sie veröffentlichte. Dann stellten wir fest – zu Teachers und meinem großen Entsetzen –, daß ich sie nach einer Geschichte in Miß Margaret Canbys Buch *Birdie und seine Märchenfreunde* geschrieben und damit ein Plagiat begangen hatte! Offensichtlich hatte ich sie zwei oder drei Jahre zuvor gelesen, oder jemand – nicht Teacher – hatte sie mir vorgelesen, und ich hatte sie völlig vergessen, bis sie wieder so lebendig vor mir stand, daß ich dachte, sie stamme von mir selbst. Miß Canby zeigte sich sehr verständnisvoll und großzügig, und viele unserer Freunde hielten zu uns. Stolz und empfindlich in allen Fragen, die mein Glück betrafen, bemühte sich Teacher, mein Interesse an literarischen Versuchen neu zu beleben, indem sie mich ermutigte, eine kurze Geschichte meines Lebens für die Zeitschrift *The Youth's Companion* zu schreiben, doch wagte ich es nicht, mich frei auszudrücken, so sehr fürchtete ich, daß ich unabsichtlich etwas von jemand anderem kopieren könnte und mir erneut vorgeworfen würde, ich schriebe ab. Es verletzte Teacher, daß meine Ehrlichkeit angezweifelt wurde – von Leuten, die nicht erkennen wollten, daß es ein Prozeß der Nachahmung und Anpassung ist, mit dem alle Kinder, ob blind oder sehend, lernen, ihre Vorstellungen in Worte zu fassen. Zugleich war sie, wie so oft, peinlich berührt von dem Gedanken an ihre eigene mangelhafte Bildung.

Bisher war sie sich über ihr Vorgehen bei der Förderung meiner Entwicklung sicher gewesen, doch nun schien ihr diese Sicherheit, aus der sie schöpfte, verlorenzugehen. Trotzdem hielt sie an ihrer Überzeugung fest, daß ich, ungehindert von Furcht, innerlich weiterwachsen müsse. Sie spürte, daß es für mich an der Zeit war, unter Anleitung von Fachlehrern zu studieren. Nach der Untersuchung meines «Plagiats», bei der ich allein einem Prüfungsrat im Perkins-Institut gegenüberstand, wollte ich dort nicht mehr bleiben. Doch wohin sollte ich gehen, und bei wem konnte Teacher für ihr bahnbrechendes Experiment Rat suchen?

Freunde versuchten, uns abzulenken, indem sie interessante

Ausflüge planten, beispielsweise eine Fahrt zur Teilnahme an der Amtseinführung von Präsident Cleveland und einen aufregenden Tag inmitten der Wunder der Niagarafälle. Alexander Graham Bell besuchte mit uns die Weltausstellung in Chicago. Teacher wurde getröstet durch die stetige Flut neuer Wörter, die mich anregten und meine Vorstellungen von der Welt bereicherten, doch wohin nur sollte sie mich bringen, damit mir fähige Lehrer Wissen auf bestimmen Gebieten vermitteln konnten?

Im Herbst 1893 besuchten wir die Familie von Mr. William Wade in Hulton in Pennsylvania, und Teacher entdeckte dort eine Möglichkeit für mich, die ihr günstig erschien. Ein Nachbar der Familie Wade, Mr. Irons, der ein guter Lateinlehrer war, willigte ein, mich als Schülerin anzunehmen. Die regelmäßigen Unterrichtsstunden waren für mich eine angenehme Erfahrung, und die geschickte Art, wie Mr. Irons lehrte, brachte in mir die wahre Studentin zum Vorschein, die Teacher sich erhofft hatte. Er half mir auch in der Mathematik, und ich las mit ihm kritisch Alfred Lord Tennysons *Freundes-Klage*, das ich in Blindenschrift besaß. Ich begann, Caesars *De Bello Gallico* zu lesen, und ich schwebte in einem Traum fremder Sprachen, die meine liebsten Fächer waren. Aber wir blieben nur drei Monate in Hulton, und als die Unterrichtsstunden eingestellt wurden, fühlte sich Teacher wieder wie ein Schiff ohne Ruder. Angespannt und nervös drehte und wendete sie sich und suchte nach einem Kurs, der zu meinen Fähigkeiten, worin auch immer diese bestehen mochten, passen könnte.

Seit mehreren Jahren war mein Vater nicht imstande gewesen, ihr das Gehalt zu zahlen, doch erwähnte sie das mir gegenüber nie. Sie war eine der mittellosesten Personen, die ich gekannt habe. Es war ihre feste Überzeugung – das wurde mir mit den Jahren klarer –, daß man dem nächsten Tag mit erhobenem Haupte entgegensehen und bis ans Ende des Regenbogens reisen sollte, selbst wenn man keinen Pfennig Geld besaß. Ihr Wunsch, daß ich erzogen und ausgebildet würde, damit ich für andere ein Mundschenk des Guten sein könnte, war stärker als jede Angst vor finanziellen Schwierigkeiten. Nichts konnte der Mischung aus Würde und Kühnheit widerstehen, mit der sie sich für mich einsetzte. Es würde mich nicht überraschen, wenn ich erführe, daß möglicherweise ein so verständnisvoller Freund wie Dr. Bell die finanziellen Hindernisse für uns aus dem Weg geräumt hat, so daß wir Kongresse für Gehörlose besuchen konnten. Teacher hatte die ungetrübte Vision, daß ich Bewohner einer Welt mit normalen Menschen sein könnte, und dieses Idealbild hinderte sie daran, die Sonderexistenz eines Tauben oder Blinden für mich zu akzeptieren. Sie fuhr mit mir zur «Wright-Humason-Sprachschule für Gehörlose» in New York und hoffte, daß dort mein Reden Flügel bekommen möge und so verbessert würde, daß ich den Worten der Ermutigung oder des Trostes, die ich auszusprechen wünschte, einen lieblichen Klang zu verleihen vermöchte. Doch im Verborgenen wartete die Enttäuschung auf uns. Auch wenn mein übriger Unterricht interessant war und ich die große Freundlichkeit, mit der mir die Lehrer an der Schule höheres Wissen vermittelten, in glücklicher Erinnerung bewahren werde: lediglich durch den edlen Charakter eines Menschen, der an Teacher und mich glaubte – Mr. John Spaulding aus Boston –, konnten wir diesen Teil meiner Ausbildung überstehen.

Inzwischen war ich sechzehn Jahre alt und hatte den Entschluß gefaßt, aufs College zu gehen. Mit Teachers stets bereiter Hilfe hatte ich den geschickt und nachdrücklich vorgetragenen Ratschlägen von Freunden widerstanden, die meinten, ich solle «die Dinge leicht nehmen», in Radcliffe meinen Studien der englischen Literatur oder eines anderen Faches als Teilnehmer mit Sonderstatus nachgehen und mich auf diese Weise darauf vorbereiten, nur ein fest umrissenes Gebiet zu bearbeiten. Doch fühlte ich in mir keineswegs die Regungen eines Genius oder eines außergewöhnlichen Talents, das solch eine sorgfältige Vorbereitung auf einem oder zwei Gebieten gerechtfertigt hätte. Auch mochte ich es nicht, daß mir Leute sagen wollten, was ich zu tun oder zu lassen habe, nur weil ich nun einmal anders war als andere Menschen. Ich zog es vor, mir im Wettbewerb mit sehenden und hörenden Mädchen eine Allgemeinbildung anzueignen und erst anschließend genauer die Arbeitsmöglichkeiten – wie auch immer sie aussehen mochten – auszuloten, die sich mir in der Landschaft meines Geistes zeigen würden. Wenn ich auf diese schicksalhafte Zeit zurückblicke, wundere ich mich über die Selbstbeherrschung, mit welcher sich Teacher den Schwierigkeiten und Ungewißheiten des Weges unterwarf, den ich wählte. Sie sagte mir niemals ihre Meinung, ob ich recht oder unrecht hatte. Ihr unversiegbarer Abenteuergeist zeigte sich der Lage gewachsen. Es war nach den vielen unruhigen Tagen, die sie damit verbracht hatte, über meine Zukunft zu brüten, eine Erleichterung für sie, daß ich selbst meine Entscheidung getroffen hatte. Während der Jahre meiner Vorbereitungszeit in Cambridge konnte sie sich darauf freuen, ein Haus oder eine Wohnung anzumieten, wo wir gemeinsam mit Bridget Crimmins als Haushälterin leben würden, einer Irin, die wir beide mochten.

Teacher hoffte, daß man meine Absicht respektieren werde, das College zu den gleichen Bedingungen zu besuchen wie andere Mädchen und daß gewisse Leute, die es gut meinten, aber sich überall einmischten, mich meine Pläne ohne Belästigung ausführen ließen. Sie hoffte auch, daß böse Zungen, die ihr Vorgehen bisher mit ungerechter Kritik bedacht und Mißtrauen hinsichtlich meiner Fähigkeiten geäußert hatten, zum Schweigen gebracht würden. Wie ich bereits an anderen Stellen in meinen Büchern bemerkte, geschah dies nicht. Hier möchte ich einen Dienst, den Teacher mir erwies, besonders hervorheben, weil er in seinen Auswirkungen mein ganzes weiteres Leben bestimmt hat.

Teacher betrachtete die Blinden nicht als eine abgesonderte Klasse, sondern als Menschen mit dem Recht auf Bildung, Unterhaltung und auf eine Arbeit, die ihrem Geschmack und ihren Fähigkeiten so gut wie möglich angepaßt sein sollte. Deshalb widerstand sie Mr. Anagnos' Plänen, uns beide im Perkins-Institut für Blinde zu behalten. Mr. Anagnos war mir ein wunderbarer Freund, und ich liebte ihn besonders, weil er mir Teacher als Retterin geschickt hatte. Das Perkins-Institut hätte mir durch seine in Reliefdruck geprägten Bücher und die liebevolle Gesellschaft der blinden Kinder, die mir in die Hand buchstabieren konnten, beträchtliche Vorteile geboten. Aber Teacher war dagegen, ein behindertes Kind in einer speziellen Anstalt unterzubringen, wenn es auch in normaler Umgebung unterrichtet werden konnte, und Mr. Anagnos zeigte kein Interesse mehr für uns, als wir das Perkins-Institut verließen, um uns auf die Suche nach anderen Möglichkeiten zu begeben. Auch mit der Wright-Humason-Sprachschule für Gehörlose war Teacher nicht zufrieden, obwohl sie sah, daß ich dort glücklich war. Aus diesem Grund schickte sie mich in die Gilman-Schule in Cambridge, eine Mädchenschule, die auf das College vorbereitete; hier war sie sich sicher, daß ich völlig unter normalen Menschen leben würde. Die Zeit hat für die Weisheit ihrer Entscheidung gesprochen. Doch eine energische, selbstsichere Haltung Teachers war erforderlich, um mich gegen Einmischungen und gegen den Eifer fremder Menschen zu schützen, die meine Geschicke lenken wollten. Es scheint unglaublich, daß in der Gilman-Schule absichtlich der Versuch unternommen wurde, uns ohne irgendwelche Beachtung unserer Wünsche zu trennen, nachdem Teacher sich zehn Jahre aufopferungsvoll für mich eingesetzt hatte. Der Bruch entstand aufgrund der Frage, wie lange ich auf der Schule bleiben müsse. Anfänglich war geplant, daß der Lehrgang fünf Jahre dauern sollte; aber als ich in meinen Studien Fortschritte machte, glaubte der stellvertretende Direktor, man könne ihn auf drei Jahre verkürzen. Mir gefiel das, und Teacher war derselben Meinung. Doch waren sie und Mr. Gilman sich nicht einig über die Art und Weise, wie ich behandelt werden müsse. Durch bittere Erfahrungen belehrt, hatte Teacher viele Leute, die uns ihre Hilfe anboten, im Verdacht, mich in Wirklichkeit für ihre eigenen Zwecke mißbrauchen zu wollen; von diesem Vorwurf konnte man, wie ich die Geschehnisse beurteile, auch Mr. Gilman nicht freisprechen.

Es war erneut eine grausame Qual für mich, mit ansehen zu müssen, wie jemand, dessen erster und letzter Gedanke es war, meinen Anteil an Schönheit, Wissen und Selbstverwirklichung zu vergrößern, ungerecht behandelt wurde. Während sich um sie herum unerfreuliche Intrigen abspielten, saß Annie im Unterricht neben mir, buchstabierte mir die Anweisungen eines jeden Lehrers in die Hand und überanstrengte ihre Augen, um mir alles, was nicht in Brailleschrift gedruckt war, vorzulesen und in deutschen und französischen Wörterbüchern nach den Ausdrücken zu suchen, die ich benötigte. Meine Hilfsmittel für die griechische Schrift trafen verspätet ein. Problemstellungen aus der Physik und Algebra schrieb sie für mich in Blindenschrift ab. Sie stach geometrische Figuren aus steifem Papier aus. Und trotzdem gab es dunkle, verschlagene Kräfte, die es wagten, uns in meinem ersten Schuljahr unter normalen Mädchen zu behindern! Dieses traurige Kapitel habe ich schon irgendwo beschrieben, doch die Erinnerung daran wird erst aufhören, mein Herz zu bedrücken, wenn Gott meine Seele heimruft.

In dieser schrecklichen Nacht, als Teacher erfuhr, daß Mr. Gilman Maßnahmen ergriffen hatte, um sie von mir zu trennen, machte sie sich auf den Weg zu unseren wahren Freunden, Mr. und Mrs. Richard Derby Fuller in Boston. Sie war völlig verzweifelt. Als sie sich dem Charles River näherte, wurde sie von einem nahezu unwiderstehlichen Drang ergriffen, sich ins Wasser zu stürzen. Aber da schien es ihr, als berühre sie ein Engel mit einhaltgebietender Hand und sage: «Noch nicht.» Das gab ihr die Kraft, am nächsten Morgen nach Cambridge zurückzukehren und sich der Aufforderung zu widersetzen, mich freiwillig zu verlassen. Sie wollte nicht eher fortgehen, als bis sie mich und meine Schwester Mildred gesehen hatte. Es war eine herzzerreißende Zeit, doch Teacher und ich errangen einen Sieg, indem wir bewiesen, daß ich nach zwei weiteren Jahren imstande war, das Radcliffe-College zu besuchen.

Noch nachdem wir Cambridge verlassen hatten, wurde viel Aufhebens über meine Gesundheit gemacht, und ich war wütend, weil Teacher ermahnt wurde, mich nicht zu hart arbeiten zu lassen. Wie mir im nachhinein klar wurde, war dies die Auseinandersetzung zwischen einem gesunden Empfinden den Behinderten gegenüber und der albernen Sentimentalität, die sie von der Notwendigkeit des Arbeitens überhaupt verschonen wollte. Wenn ich an die zahllosen Gelähmten, die Tuberkulosekranken und andere Opfer von Krankheit und Entbehrung denke, die sich zu einer hervorragenden Leistung durchgerungen haben, bin ich innerlich tief beschämt, daß für mich Mitleid vergeudet werden sollte, wo ich doch gesund und kräftig war. Teacher und ich wußten genau, was ich aushalten konnte. Es war mein eigener Wunsch, hart und ausdauernd zu studieren, und Teacher folgte mir nur auf dem Weg, den ich gehen wollte. Sie konnte meinen Drang nach Bildung, den ihre Gegner als «absolute Schinderei» bezeichneten, gar nicht aufhalten, ohne mir die Freude zu nehmen, die die normale Jugend erfährt, wenn sie etwas zustande bringt. Die Tatsache, daß sie mein Streben auch unter wachsendem Druck von außen nicht unterband, ist einer der unzähligen Gründe, weshalb ich ihre verständnisvolle Liebe ehre und segne.

Wenn ich von energischem Bemühen spreche, möchte ich eine künstlerische Eigenschaft Teachers erwähnen, die nicht genug betont werden kann. Egal, welche zusätzlichen Arbeiten ich gerade erledigte, nie vernachlässigte sie die Disziplin, die ihrer Liebe zur Dichtung und zu gepflegtem Englisch entsprang. Meine Korrespondenz mit allen möglichen Leuten wurde schwieriger und die Notwendigkeit, sich mit ihnen individuell auseinanderzusetzen, immer dringlicher. Wenn meine Briefe oder Aufsätze ihren Ansprüchen in bezug auf guten Geschmack oder Klarheit nicht gerecht wurden oder wenn sie meine Persönlichkeit nicht deutlich zum Ausdruck brachten, wies Teacher mich auf die Mängel hin, und ich schrieb die Briefe wieder und wieder, bis sie sie nicht nur als korrekt bezeichnete, sondern auch als hilfreich und gut formuliert. Es war für mich ein außergewöhnlicher Vorteil, englische Literatur mit einer Sprachkünstlerin an meiner Seite zu studieren, die mir im Stilistischen immer das Bestmögliche abverlangte und auf den Tag zuarbeitete, an dem ich imstande sein würde, Bücher zu schreiben. Doch schließlich waren Teacher und ich uns bewußt, daß wir auch auf Erden weilten, um

> «vergängliche Sorgen, einfache Ränke,
> Lob, Tadel, Liebe, Küsse, Tränen und Lächeln»

zu erfahren.

Zu jener Zeit war ich mit einigen ihrer Sorgen über die öffentliche Darstellung unseres Lebens und deren kommerzielle Verwertung vertraut, und auch das Auf und Ab in ihren finanziellen Angelegenheiten war mir bekannt. Als ich eine erwachsene Frau wurde, schüttete sie mir ihr Herz aus, ohne fürchten zu müssen, mißverstanden zu werden. Nicht immer konnte sie Nerven bewahren – ihr «körperliches Selbst», wie sie zu sagen pflegte –, und es gelang ihr nicht, sich in einen inneren Bereich zurückzuziehen. Sie vermochte weder ihre Ansprüche zurückzuschrauben noch ihren Ehrgeiz zu zügeln – ich ziehe es vor, ihn Liebe zur Vollkommenheit zu nennen –, noch ihre von Träumen erfüllten Pläne für mich zu begrenzen. Sie wurde von Ruhelosigkeit verzehrt, und Mäßigung zu entwickeln lag nicht in ihrer Macht. Sie konnte sich keinem Geschick unterwerfen, das eine Niederlage für uns bedeutet hätte. Es fehlte ihr das, was ich als eine «Religion des Blindseins» bezeichnen möchte: ein Glaube, der einem Menschen Friede in Licht wie in Dunkelheit garantiert, etwa wie eine Substanz, die Feuer und Wasser gleichermaßen widersteht und daher doppelt geschützt ist. Sie dachte von ihrer Aufgabe so groß, daß sie immer damit beschäftigt gewesen wäre – hätte nicht unsere Liebe sie daran gehindert –, sich ihren Weg durch Hindernisse zu bahnen und der rauhen Außenwelt die Stirn zu bieten. Jeden Morgen pflegte sie sich mit dem Vorsatz anzutreiben, daß der Tag für uns beide glücklich werden müsse, und oft, wenn sie den Sonnenuntergang beobachtete und ihre Augen die lieblichen Farben in sich einsogen, war ihr Herz mit der Gewißheit erfüllt, gute Arbeit geleistet zu haben. Doch manchmal, wenn ihr ein Aufsatz, den ich schrieb, nicht gefallen wollte oder ich ein geometrisches Problem nicht lösen konnte oder sie eine andere Dummheit ärgerte, schien es, als zöge eine Gewitterwolke über mir auf.

Wenn ich an die außergewöhnliche Belastung denke, der Teacher in der Gilman-Schule ausgesetzt war, kann ich der Familie Chamberlin nicht dankbar genug sein, daß sie uns aufnahm. Wir zogen zu ihnen, damit ich studieren konnte – nicht bloß, damit ich mich bei Schlittenfahrten, Schneeballschlachten und Spaziergängen über den gefrorenen See vergnügen konnte. Die Bedingungen waren ideal für mich. Alle Familienmitglieder sprachen so klar, daß ich von ihren Lippen ablesen konnte, und Betty, eines der älteren Mädchen, vermochte mit den Fingern zu buchstabieren. Ebenso wie Mildred war sie eine wunderbare Spielkameradin, und sie interessierte sich auch für Bücher, die weit über ihr Alter hinausgingen, beispielsweise Nathaniel Hawthornes *Das Haus der sieben Giebel.* Sie wußte, wie sie mich im Freien führen mußte, und dachte sich kluge Spiele aus, bei denen die anderen Kinder mitmachen konnten. Zwischen den Unterrichtsstunden tollte ich mit ihnen herum. Wenn wir innehielten, um Luft zu schöpfen, bestürmten mich die Kleinen und bettelten um eine der vielen Geschichten, die ich im Gedächtnis hatte, besonders «Der Kobold, der sich im Haushalt einnistete» und Oscar Wildes Geschichte vom Prinzen und der Schwalbe. Teacher war erleichtert, daß mein Leben so natürlich verlief, und erholte sich in einer geistvollen und herzlichen Atmosphäre, wo sie sich angenommen fühlte. Sie war umgeben von Einfachheit und reiner Güte, eingebettet in eine gesunde, ländliche Umgebung. Als es Frühling wurde, hatte sie eine jahrelang aufgestaute Last der Enttäuschung von sich geworfen und ihre alte Spontaneität wiedergewonnen. Es war bewegend zu erleben, was ein bißchen Takt, Geduld und Humor ausrichten konnten, um die Falten ihrer Seele zu glätten. Als der Mai kam, fühlte sie sich neu gestärkt, voller Freude und Intensität. Sie genoß es, das sie durchflutende allumfassende Leben zu spüren, das wie eine Zwiesprache mit Gott ist. Wie der Saft in den Pflanzen stieg das Blut in ihren Adern empor, und sie befand sich wieder einmal in ihrem so geliebten Wolkenpalast.

Red Farm lag, wie gesagt, am Ufer des King Philip's Pond, und Teacher bereitete es Entzücken, sich bei schönem Wetter unter den Bäumen aufzuhalten und die Farbenharmonie der Blätter und die goldenen Spuren der sinkenden Sonne auf dem See zu betrachten. Es war verblüffend, welch eine Vielfalt von Szenen, Umrissen und Ausblicken sie in einigen Baumgruppen, ein paar Felsen und dem in eine Landschaft von niedrigen Hügeln eingebetteten See zu erblicken vermochte. Sie war gefesselt vom Zauber einer keltischen Märchenwelt. Weiter entfernte Teile dieses Feenlandes, wie fliegende Vögel, konnte sie erst erkennen, wenn sie ein Opernglas benutzte, doch war es das reine Glück für sie, ihrem Gesang zu lauschen. Sie verlor sich in dem Zauber von See, Himmel und Hügel. Eine große Anspannung bedeutete es für ihre Augen, Kanu fahren und rudern zu lernen; daß es ihr aber möglich war, sich an anderen Freizeitbeschäftigungen außer Spazierengehen zu erfreuen, versetzte sie in einen Rausch. Sie überanstrengte dabei ihre Augen wie sonst nur beim Lesen. Sie war regelrecht verrückt vor Freude und sammelte neue Erfahrungen aus den unerschöpflichen Schätzen der Natur.

Mr. Chamberlin war Mitarbeiter des Bostoner *Transcript*. Deshalb kamen alle möglichen Leute zu Besuch nach Red Farm: Schriftsteller, Dicher, Maler, Philosophen und Schauspieler. In ihrer Gesellschaft fühlte sich Teacher wie ein Vogel in die Lüfte emporgehoben. Sie wurde durch ihre anregende Unterhaltung mitgerissen, und neue Gedanken taten sich ihr auf – so wie nach einem Regenschauer neue Blumen aufsprießen. Mary Wilkins, Louise Guiney und ein hübsches indianisches Mädchen, das faszinierende Geschichten über ihr Volk, die Sioux, schrieb, gehörten zu dem Kreis. Wir trafen dort auch Bliss Carmen, Richard Hovey, Edward Holmes, den späteren Erfinder des «Master-Kompaß», Louis Mora, der großartige Bilder für die Weltausstellung in Chicago malte, und den kanadischen Dichter Frederic Lampson. Wenn Teacher den endlosen Diskussionen lauschte, kam ihr jugendliches Temperament zum Vorschein und funkelte. Man sagte mir, daß sie geistige Beweglichkeit, Intelligenz und Humor ausstrahle. Es bereitete ihr Freude, Gedanken mit jungen Männern und Frauen auszutauschen, die gerade begannen, neue Kontinente des Lebens zu erforschen. Poesie im Lichte der zauberhaften Natur, neue Freundschaften und das Gefühl, von Menschen verstanden zu werden, die ihre Feinheit des Geschmacks und ihre Leidenschaft für Literatur erkannten, verbanden sich, um ihrem Leben eine besondere Note zu geben, die sie nie vergaß. Hin und wieder war die Gesellschaft zum Spaßen aufgelegt, und Teacher brach in Lachsalven aus, die jene ernsten und gesetzten Personen, die vordem versucht hatten, sie zu vernichten, wahrlich in Erstaunen versetzt hätten.

Immer wieder hörte ich sagen, Annie Sullivan sei eine faszinierende Frau, deren schlagfertige Antworten unwiderstehlich geistvoll seien. Manchmal spielte sie den jungen Männern, die mit ihr flirteten, witzige Streiche – wie andere junge Frauen. Doch dürstete sie jederzeit danach, neue Ideen zu hören, und als Mr. Chamberlin – Onkel Ed, wie wir ihn alle nannten – sie mit der Dichtung Walt Whitmans bekannt machte, erschloß sich ihr eine neue Welt. Sie war voreingenommen gewesen gegen Whitman durch das Urteil von Leuten, deren Prüderie und übertriebene Bewunderung für eine verfeinerte Metrik und für Endreime sie daran hinderten, die wahre Größe dieses modernen Propheten zu erkennen. Teacher teilte später ihr Entzücken mit mir, als wir zusammen im College «My Captain, O My Captain», «America» und «Drum Taps» lasen, lange bevor *Leaves of Grass* in Brailleschrift gedruckt war. Sie hatte das einunddreißigste Lebensjahr überschritten und das größtmögliche Maß an Selbstbeherrschung gewonnen. Neue Hoffnung befeuerte sie. Die schwermütigen Stimmungen, die auf ihr gelastet hatten, lockerten ihren Griff. Die Zukunft war ungewiß, doch ihre Zweifel im Hinblick auf mich verringerten sich, und sie nahm das Leben wieder fester in die Hand. Ihre Kräfte und die Fähigkeit, etwas auszuführen, wuchsen. Sie hörte auf, mich wie ein Kind zu behandeln, erteilte mir also keine Befehle mehr.

Auch merkte Teacher, daß vieles in den Büchern falsch dargestellt war, wenn man es mit dem wirklichen Leben verglich. Mit einer Art Furcht erkannte sie, daß sie in einer gefährlichen Illusion gelebt hatte: daß alles, was wissenswert sei, in Büchern stehe und daß Bücher einen schneller und umfassender unterrichten. «Jede Theorie, die ich vom Leben aufstelle, ändere ich hin und wieder – das hilft, sich die Langeweile vom Leib zu halten», sagte sie eines Tages zu mir. Wie ich bereits erwähnte, dachte sie nicht streng logisch, und sie erkannte nicht, daß es schädlich ist, wenn man seine Schlüsse impulsiv beiseite wirft;

es ist, wie wenn man Samenkörner ausgraben würde, um zu sehen, ob sie keimen. Ich vermute, es war ihr Gedanke, daß wir täglich etwas von uns selbst ablegen. Unsere Illusionen zerbrechen, unsere Ideale ändern sich, Freundschaften erlöschen, und alles, womit wir vertraut sind, schlüpft uns durch die Finger. Wir werden dem gelebten Selbst so fremd, als wären wir es nicht selbst. Doch ihre unauslöschliche Liebe zu äußerer Schönheit bewahrte Annie vor gefühlsleeren Gedanken; und gegen Gefühle, die gedankenlos waren, schützten sie ihr gebieterischer Wille und ihre genauen Erinnerungen an die eigene Kindheit und Jugendzeit sowie an die Personen und Vorkommnisse, um die herum sie sich konzentrierten.

In jüngeren Jahren neigte Teacher allzusehr zu einer aggressiven Haltung in ihrer Argumentation, ob sie nun mit Südstaatlern über die alten «Konföderierten Staaten von Amerika» – die verbündeten Südstaaten während des amerikanischen Sezessionskrieges – sprach oder mit Yankees, die die Sorgen der Schwarzen nicht verstanden – «Was wollen sie mehr? Sie sind doch befreit!» –, oder mit Geistlichen, die anderen ihre eigenen Dogmen aufdrängen wollten. Sie war stets in Gefahr, Kränkungen zuzufügen und zu erleiden. Sie konnte unbeweglich und stolz sein, und es war für sie eine Frage der Ehre, den Menschen, die eine andere Ansicht hatten, ihre Argumente einzuhämmern, anstatt zu versuchen, sie mit Taktgefühl zu überzeugen. Das geschah zum Teil aus dem Grund, weil sie wirklich eine freie Frau war, stärker als die Umstände. Ich meine nicht stark in dem Sinne, daß sie zu dominieren wünschte, doch betrachtete sie Charakter als ein Geschenk, das höher einzuschätzen ist als Glück oder Macht über andere. Sie war nicht wie Alexander Graham Bell, der zu einem Gegner sagen konnte: «Vielleicht haben Sie recht. Wir wollen sehenwie weit unsere Gedanken über die Angelegenheit übereinstimmen. Möglicherweise bin ich derjenige, der Aufklärung nötig hat.» Aber Teacher war warmherzig und großzügig und entfachte bei anderen zumindest einen kleinen Funken unabhängigen Denkens. Ihr weites Herz war schnell dabei, ihren eigenen Mangel an Rücksichtnahme zu bereuen. Wenn ihr direkte Fragen gestellt wurden, versteckte sie ihre Gedanken nicht; sie war «ein Stacheltier mit Grundsätzen», aber sie haßte Zynismus. Die große Güte und die teilnahmsvolle Sympathie, mit der sie später jedem Menschen begegnete, mußte sie sich erst noch erwerben. Als sie älter war, entdeckte sie manchmal auch an jenen, die ihr sehr unscheinbar vorkamen, unvermutete Schätze an Güte oder eine seltene Beobachtungsgabe, Bestrebungen, von denen sie wußte, daß sie sie verwirklichen würden, oder Freude und Sorgen, die so erzählt wurden, daß sie ein Echo in Teachers Seele auslösten. Sie konnte zu mir sagen: «Helen, ich weiß, daß die meisten Menschen leben, ohne einander zu kennen, und ich weiß auch, wie unduldsam ich gegenüber Allgemeinplätzen bin, gleichwohl gibt es Millionen von Menschen, unfähig, sich auszudrücken, deren Gedanken durch die Welt hallen würden, wenn sie von einem Dichter gesungen oder von einem genialen Lehrer interpretiert würden. Wenn dein Glaube an die Neue Kirche aufrichtig ist, wirst du lange und gründlich Gottes Handschrift in ihren Individualitäten anschauen.»

Mit diesem Zug schließe ich das geistige Porträt ab, das ich von Teacher auf Red Farm gezeichnet habe. Seit meiner Kindheit gab es für mich fast nichts Schöneres, als meine Hände auf ihr Gesicht zu legen. Es war so außerordentlich ausdrucksvoll, einfühlsam und lebendig aus Interesse an Menschen und Dingen. Obwohl ihre Augen ständig krank waren, sagten mir Freunde, daß es nicht unangenehm sei, sie anzuschauen, wie es sonst bei vielen Menschen mit Sehschwäche der Fall ist. Ihr Gesicht war hübsch, und seine Konturen setzten sich in dem ganzen Körper mit reizender Anmut fort. Eine entzückende, versonnene Süße verlieh ihrem Mund Liebreiz, und meine häufigen kindlichen Küsse sowie ihre heftige Erwiderung darauf wärmen mich in der Erinnerung wie Funken, die in der Asche weiterglühen. Ihre Stirn war glatt wie die von Pallas Athene, und die Haltung ihres Kopfes war bezaubernd. Meine Mutter sagte, sie sei sehr hübsch, und John Macy, selbst ein Liebhaber von Schönheit, bestätigte meine eigene Vorstellung von Teachers Anmut. Das halb melancholische, halb humorvolle Gefühl von Ungeduld gegenüber der Dummheit der Welt und die unaufhörliche Qual, die ihre Augen ihr bereiteten, hinterließen Spuren in ihrem Gesichtsausdruck. Doch lag in ihm immer ein spontanes, glückliches Strahlen, das sich erst nach der Trennung von John verlor, und selbst dann hatte ihr Antlitz noch ein gewinnendes Lächeln für jene Menschen, deren Zuneigung und Unterstützung sie schätzte.

Teachers Stimme, die so gewissenhaft versuchte, meiner eigenen mit viel Geduld zur Natürlichkeit zu verhelfen, war selbst ein Geschenk der Götter. Sie hatte, soviel ich weiß, keinerlei spracherzieherischen Unterricht gehabt, und dennoch war ihre Aussprache wunderbar klar – kein Wort war undeutlich, keine Betonung an der falschen Stelle. Oft erklärte sie, daß sie sich wünsche, Sängerin zu sein – wegen der Freude am Gestalten einer Melodie und weil das Singen ihr vermutlich auch finanzielle Vorteile verschafft hätte.

Während unseres Aufenthaltes auf Red Farm erklärten die Vereinigten Staaten Spanien den Krieg, und Teacher bewarb sich für den Posten einer Krankenschwester in der Armee. Sie und ich waren uns einig; wir wollten beide, daß sie diesen Dienst absolvierte, doch als sie erfuhr, daß ihre Ausbildung für diese Arbeit genausolang dauern würde wie der Bau eines Schiffes, gab sie den Gedanken auf. Dann hatte sie einen Einfall, der ihr wie eine Inspiration erschien: «Laß uns nach Kuba oder auf irgendeine andere Insel der Karibik gehen und Orangen oder Zitronen anbauen. Wir können dort wenigstens in Frieden alt werden, und du wirst vielleicht schreiben wollen.» Bei der Aussicht auf solch ein Abenteuer machte mein Herz einen Sprung. Doch wies ich darauf hin, daß es keine Möglichkeit gab, finanzielle Hilfe für ein Unternehmen dieser Art zu erhalten, und wir nicht das Recht hatten – selbst wenn wir in der Lage gewesen wären, Obst zu züchten –, Teachers Sehvermögen aufs Spiel zu setzen, indem wir uns so weit von jeder kompetenten ärztlichen Hilfe entfernten. Ich denke allerdings, daß es ihr damit nicht ernst war, denn nach einigen Tagen hatte sie ihren Tagtraum vergessen. Wir waren schon dabei, Red Farm zu verlassen und in ein Camp zu ziehen, das Teacher am Wollomonapoagsee gemietet hatte und wohin wir jeden Sommer fuhren, bis wir uns in unserem ersten Heim in Wrentham niederließen.

7

Im Camp fühlte sich Teacher noch freier. Wenn ich in der Erinnerung in die Tiefe ihres reichen Herzens schaue, erblicke ich weitere Opale und Rubine, die mir ihr aufgeschlossenes, gastfreundliches Wesen zeigen. Obwohl sie kaum die finanziellen Mittel hatte, um unsere Ausgaben zu bezahlen, lud sie Mutter, Mildred und meinen kleinen Bruder Phillips ein, den Sommer und einen Teil des Herbstes mit uns zu verbringen. Die Fülle an Ferienfreuden, mit denen wir überhäuft wurden, hätte nicht größer sein können. Teacher liebte meine Familie wie ihre eigene, und nach Vaters Tod gab es nichts, das diese mehr erfreut hätte, als bei uns zu sein, inmitten der Seen und Hügel von Wrentham. Außer meinem kleinen Boot, der «Najade», hatte Teacher ein Kanu, ein Floß und Schwimmflügel besorgt. Gäste aller Art besuchten das Camp, bedeutende und einfache Menschen, intelligente junge Leute aus Onkel Eds Bekanntenkreis und alle Chamberlins. In einem der Sommer, als in Boston gerade eine Tagung von Menschen stattfand, die für Gehörlose arbeiten, tauchte eines Morgens eine große Zahl dieser Teilnehmer im Camp auf und überraschte Teacher. In bester Laune erschienen sie und hatten sich auf einen erholsamen Tag mit Schwimmen und Picknick eingestellt. Ihre unerwartete Ankunft war keine geringe Zumutung für Teacher und Bridget, die gerade das Frühstücksgeschirr abgeräumt hatte. Es bedurfte Annies ganzer Wendigkeit, ihrer Energie und ihres Humors, um die Schwimm- und Ruderaktivitäten im einzelnen zu organisieren und die fröhlichen Eindringlinge zu beköstigen. Doch sie meisterte die Situation mit ihrem einnehmenden, herzlichen Wesen, sorgfältig darauf bedacht, anderen ein Vergnügen zu bereiten. Als die unerwartete Gesellschaft das Camp wieder verließ, war sie mit dem Ausflug hochzufrieden und erfreut über Teachers liebenswürdiges Interesse an ihren Erziehungsmethoden für Gehörlose, die Annie allerdings für zu konservativ hielt. Sobald sie jedoch gegangen waren, bat sie mich inständig, mich in keinerlei Aktivitäten für Blinde oder Gehörlose oder irgendeine andere Gruppe hineinziehen zu lassen, bevor ich nicht volljährig sei und selbst entscheiden könne. Dies war nämlich ein weiteres der zahllosen Probleme, mit denen sie zu kämpfen hatte: zu verhindern, daß das öffentliche Interesse mich auffraß oder mein Leben in eine falsche Richtung lenkte, bevor ich mir eine gründliche Kenntnis der Hilfsmöglichkeiten für Behinderte erworben hatte.

Teacher sprühte vor Einfallsreichtum, ihre Unternehmungslust wirkte ansteckend. Unsere Tage waren ausgefüllt mit aufregenden Abenteuern, von denen auch ich einige mitmachen konnte. Wir schwammen oder tauchten, wobei ich mir ein langes Seil, das mit einem Ende am Ufer oder am Boot befestigt war, um die Taille band, so daß ich mich frei bewegen konnte. Kanurennen, bei denen wir jungen Leute uns am Ende gegenseitig die Boote umkippten, Wasserpolo und Laternenfeste zwischen Kiefern und Tannen wurden veranstaltet; wir unternahmen lange Wanderungen rund um den See oder erkundeten die vielen Teiche, die wie verzauberte Augen in der Landschaft von Wrentham leuchteten. Und wenn wir uns mit Teacher unterhielten, hatte man in keinem einzigen Augenblick das Gefühl, daß sie nicht mehr die Jüngste war.

Teacher glaubte, daß Gesundheit die höchste Form von Freiheit ist, und daß ich aus dem, was mir an Lebenskraft zur Verfügung stand, Nutzen zu ziehen vermochte, hatte mir gewiß eine neue Form von Freiheit ermöglicht. Zu der Kraft, die die Grundlage für Gesundheit ist, kam größere Sicherheit in bezug auf den eigenen Körper hinzu, die ich mir durch Schwimmen und Tandemfahren erwarb. Dieses Vorgehen Teachers, mit dem sie mich auf neue Art glücklich machte, erweiterte mir buchstäblich mein Dasein und verdoppelte die Intensität meines Lebens. Auch für uns, die wir sie so gut kannten, war es immer wieder eine Offenbarung zu erleben, wie sie sich freuen konnte – wie empfänglich sie war für den Zauber der Apfelblüte im Frühling oder die Heiterkeit der vom Heuduft durchtränkten Sommerabende, wenn sie oder ich das Boot ruderten. Selbst wenn sie niedergeschlagen war, war sie stets bereit, Hoffnung auf die steinigen Pfade des Daseins zu streuen. Wie sehr ihre Stimmungen auch schwankten, glaubte sie daran, daß die Menschen, im ganzen gesehen, mehr Freude als Leid erfahren; andernfalls wäre die menschliche Gattung längst ausgestorben.

Obwohl Teacher als Kind mit dem Element des Wassers kaum in Berührung gekommen war, wurde sie eine ausgezeichnete Schwimmerin. Ich liebte es, ihre sicheren Bewegungen zu fühlen, wenn wir weit vom Ufer entfernt duch das Wasser glitten. Eines Nachmittags aber, als Phillips und ich badeten, packte er meine Hand – er konnte nicht mit den Fingern buchstabieren –, und seine Gesichtszüge waren vor Schreck verzerrt, als ich von seinen Lippen die Worte las: «Ich sehe Teacher nicht.» Wir rannten am Kai entlang und riefen aufgeregt nach Mutter. Sie stürzte herbei, schlug Alarm, und mehrere Männer ruderten bis zur Mitte des Sees, ehe sie Teacher endlich erblickten. Leichtsinnig und zu optimistisch hatte sie versucht, allein eine Insel zu erreichen. Ihre Kräfte waren nahezu erschöpft, als die Männer sie ins Boot zogen und zurückbrachten. Als Annie sah, wie beunruhigt wir alle waren, lächelte sie und sagte, während sie etwas Heißes trank: «Keine Sorge, es ist alles in Ordnung. Du weißt doch, Helen, wie die Sirenen einen locken.» Am nächsten Tag ging sie wieder zum Schwimmen – nicht gerade eingeschüchtert, aber doch vorsichtiger.

Auch beim Reiten war Teacher äußerst geschickt. Pferde aller Art übten eine große Anziehungskraft auf sie aus: Kutschpferde, die sie lenken konnte, vorausgesetzt, sie fuhr auf einsamen Wegen, und Zugpferde, die für sie ein unergründliches Maß an Geduld und Energie verkörperten. Wären ihre Augen verläßlicher gewesen, dann, so glaube ich, hätte sie wie Atalanta ein Rennpferd geritten und das Feuer ihrer Seele mit dem Feuer des Pferdes gemessen. Einmal bestieg sie ein kleines, halbwildes Pferd, im Vertrauen darauf, daß sie es durch ihre freundliche Stimme und durch zärtliches Streicheln unter Kontrolle halten könnte. Doch unerwartet warf es sie auf einer harten Straße ab. Sie schlug derart heftig mit dem Hinterkopf gegen einen scharfen Stein, daß ihr das Blut den Nacken herunterrann. Es ist mir ein Rätsel, wie sie ihren Schwindelanfall überwand, doch redete sie dem Tier gut zu, so daß es sich – furchtlos und unberechenbar wie sie selbst – bis nach Red Farm führen ließ, wo Mrs. Chamberlin und ein eilig herbeigerufener Arzt sich um Teacher kümmerten. Man befürchtete eine schlimme Infektion, doch zu jedermanns Erstaunen blieb die Entzündung aus, und wenige Tage später saß Teacher schon wieder auf einem Pferd, diesmal auf einem ruhigen und einfühlsamen Tier. «Siehst du», lachte sie mir zu, «es war kein geflügelter Pegasus – bloß ein kleiner Wicht, ein Wirbelwind aus Fleisch und Blut, der mir neulich diesen Streich spielte.»

Einige Zeit später stellte unser Freund, Mr. Sanders aus Haverhill in Massachusetts – Vater eines tauben Jungen, den Dr. Bell unterrichtete – Teacher das kostbarste Pferd zur Verfügung, das sie je besaß. Wir nannten es «Lucky Star», und es trug Segen mit sich, wo immer es hinging. Es war so zuverlässig, liebevoll und flink wie das arme, unglückliche Rennpferd in Donn Byrnes *The Hangman's House*.

Bei ihm gebrauchte Teacher nie die Peitsche. Sie war stolz, wie sie Mrs. Laurence Hutton schrieb, es zu striegeln und zu füttern, und es wieherte ihr all seine Wünsche zu. Bevor sie auf seinen edlen Rücken stieg, pflegte es ihren kräftigen Arm zu lecken, dann trabten oder galoppierten sie einen weichen Feldweg entlang, der mit bunten Blumen oder den prächtigen Federbüscheln von Goldruten gesäumt war. Seine stolze Kopfhaltung, der Glanz seines kastanienbraunen Halses, die gleitende Bewegung seiner Schultern, die sie direkt vor sich wahrnahm, und sein schneller Schritt, bei dem sie ein Gefühl von Gesundheit und Leichtigkeit in sich spürte, entzückten sie. Sie verheimlichte mir, daß sie beim Ausritt ein Buch mitnahm und, wenn sie ein kühles Plätzchen unter Bäumen mit ausreichend viel Licht fand, abzusteigen pflegte. Dann setzte oder legte sie sich hin, die Zügel lose um ihren Fuß geschlungen, und erntete die verbotenen Früchte einer ausgiebigen Lektüre, während Lucky Star Gras knabberte oder sich umdrehte und vorsichtig die Blätter an einem nahen Busch abrupfte. Was für ein reizendes Bild müssen die beiden abgegeben haben: Teacher in ihrer pflaumenblauen Reitkleidung und Lucky mit seinem sorgfältig gestriegelten, kastanienbraunen Fell und der fliegenden Mähne! Es brach Annie fast das Herz, als sie nach Cambridge zog und sich von dem Tier, das wie für sie geschaffen war, trennen mußte. Doch es war mein letztes Jahr im College, und wir hatten uns in große Unkosten gestürzt, weil wir unser neugekauftes Haus für den folgenden Sommer umbauen ließen.

8

Ein Gefühl von Schrecken verdunkelt meine ersten Eindrücke vom Radcliffe-College. Ich denke dabei nicht an die glücklichen Beziehungen zu den Mädchen, mit denen ich zusammentraf, oder an die Studien, die ich gerne betrieb, sondern daran, daß mir Teachers Augenleiden zunehmend bewußt wurde. Es war mir nicht möglich, im vorhinein herauszufinden, welche Bücher ich tatsächlich für die Collegekurse benötigte, und folglich verzögerten sich die Braille-Übertragungen beträchtlich. Für Latein bekam ich glücklicherweise die Aeneis, die Eklogen und Lucretius' philosophische Gedichte – die unserem Atomzeitalter erschreckend nahe kommen –, aber es dauerte eine Weile, bis ich Catull oder Plautus oder Ciceros Briefe in Braille erhielt. Ich hatte die Anabasis gelesen, und eine Brailleabschrift von mehreren Büchern der Ilias fand ich bei meiner Ankunft bereits vor. Aber es gab keine Wörterverzeichnisse in Blindenschrift, und Teacher mußte in normalen Wörterbüchern nach den vielen Vokabeln suchen, die ich benötigte. In den Kursen über englische Literatur wimmelte es regelrecht von Büchern, die nicht in Reliefdruck vorhanden waren, angefangen von Chaucer und die ganze Periode hindurch, die in Palgraves *Golden Treasury* behandelt wird, ein Werk, das noch viele Jahre nicht in erhabenem Druck vorlag. Aus der Elisabethanischen Zeit waren nur Shakespeares Stücke und Sonette und Spencers *The Fairy Queen* in Braille vorhanden. Das bedeutete, daß Teacher mir eine Menge Bücher mittelalterlicher Autoren sowie Bücher in modernem Französisch und Deutsch vorlesen mußte. Oft streikten ihre Augen, und sie war genötigt, Dr. Morgan zu konsultieren, einen berühmten Augenarzt, den Mrs. Hutton empfohlen hatte. Als er erfuhr, daß Teacher mir täglich fünf Stunden oder länger vorlas, rief er aus: «O mein Gott! Das ist der helle Wahnsinn, Miß Sullivan. Wenn Miß Keller ihr Studium zu Ende bringen soll, müssen Sie ihre Augen ganz schonen.» Wie sehr haßte ich Bücher in diesem Augenblick! Aber auf Anhieb ließ sich niemand finden, der mir helfen konnte, und Teachers Augen, diese «zarten Ariels», rackerten sich weiterhin ab, während ich unsagbare Qualen litt. Wenn Teacher mich fragte, ob sie bestimmte Stellen nicht ein zweites Mal vorlesen solle, log ich und erklärte, daß ich sie mir wieder ins Gedächtnis rufen könne. Doch in Wirklichkeit waren sie mir entfallen. Endlich jedoch übernahm es Leonore Kinney, die gerade Philip Smith, einen Geologen an der Harvard-Universität, geheiratet hatte und die das Fingeralphabet beherrschte, mir vorzulesen. Ich habe nie aufgehört, sie dafür zu segnen, daß sie mir meinen Seelenfrieden zurückgegeben hat. Ohne ihr von meinen Lügen zu berichten, bat ich sie, die Stellen zu suchen, die ich vergessen hatte, und auf diese Weise konnte ich genügend wieder wettmachen, um im Sommer meine Semesterprüfungen zu bestehen.

Natürlich war es zu der Zeit für Teacher fast unmöglich zu schreiben. Sie konnte nicht viel weiter als bis zu ihrer Nasenspitze sehen und mußte sich mühsam auf den Stift konzentrieren und auf das Wort, das sie gerade schrieb. Das stellte ihr Temperament auf eine harte Probe und machte alles zunichte, was sich an Inspiration, Freude oder Gedankenfluß einstellen wollte. Nachdem ich das Maschineschreiben beherrschte, tippte ich all ihre Berichte, Notizen und Briefe für sie ab. Nun konnten ihre Gedanken frei heraussprudeln, und es war ein tröstliches Gefühl, daß ich ihr wenigstens ein klein wenig nützlich sein konnte.

All unsere Freunde, die von unseren Schwierigkeiten erfuhren, ebneten uns den Weg, so gut sie es vermochten. Unter ihnen war John Macy. Abgesehen davon, daß er die *Geschichte meines Lebens* herausgab, die ursprünglich eine Sammlung von Collegeaufsätzen gewesen war, schlug er für die letzten zwei Jahre meines Studiums in Radcliffe solche Kurse vor, die Teachers Augen bis zu einem gewissen Grad schonen würden, und er las mir vor, wann immer er sich von seiner Unterrichtstätigkeit freimachen konnte.

An dieser Stelle möchte ich auch Dr. Goldthwaite aus Boston meine Dankbarkeit bezeugen. Seit langer Zeit schon mußte Teacher ihre Füße bandagieren, was vielleicht daher rührte, daß sie als Kind viel zu kleine Schuhe hatte tragen müssen. Während meines letzten Studienjahres am College humpelte sie stark, und John Macy überredete sie, zu Dr. Goldthwaite zu gehen. Nach einer eingehenden Untersuchung teilte ihr der hervorragende Chirurg mit, daß eine Operation unumgänglich sei. Ohne Zögern erklärte sie ihm, sie werde sich keiner Operation unterziehen, solange ich nicht meinen Studienabschluß gemacht hätte. Er aber antwortete entschieden: «Miß Sullivan, Ihre Gesundheit ist wichtiger als Helen Kellers Ausbildung.» Ich hätte ihn umarmen können für diese Worte. Für einen Krankenhausaufenthalt hatten wir jedoch kein Geld. Deshalb kam Dr. Goldthwaite in die Wohnung, in der Teacher und ich lebten, und brachte eine Krankenschwester sowie die Operationsinstrumente mit. Bridget schrubbte die Küche bis zum Umfallen; ein zusätzlicher Tisch wurde aufgestellt, und der Arzt und die Krankenschwester verabreichten ihr das Betäubungsmittel. Ich werde nie vergessen, wie groß, kräftig und stattlich Dr. Goldthwaite mir erschien, als er Teacher in seinen Armen ins provisorische Operationszimmer trug. Er bewahrte sie vor einer lebenslangen Gehbehinderung, und schon einen Monat später ging sie wieder neben mir – besser als je zuvor. Man müßte einmal

Carlyles *Heroes and Hero-worship* lesen, um sich die Verehrung für Ärzte vorstellen zu können, die Teacher nach dieser Erfahrung empfand.

In meinem Buch *Mitten im Strom* habe ich ausführlich einen anderen Versuch beschrieben, der mich von meiner Ausbildung ablenken sollte – den Plan, in meinem Namen eine Schule für taubblinde Kinder zu gründen. Er packte mich an der mitfühlenden Seite meines Wesens. Ich verspürte den Wunsch, ungebunden zu sein und mithelfen zu können, diese Kinder aus dem doppelten Kerker von Seele und Körper zu befreien, in dem ich einst selbst gelebt hatte. Doch gleichzeitig war es mein Recht wie meine Pflicht, mein Collegestudium zu beenden, um damit zu beweisen, wie weit mehrfach behinderte Kinder in ihrer Entwicklung gefördert werden können. Teacher war entschlossen, mich von keinem Schulprojekt dieser Art ablenken zu lassen. Ich erwähne das bloß, weil es eines der vielen Ereignisse war, die Unruhe in unser Leben brachten; sie waren letztlich die Ursache für Teachers Enttäuschung, wenn ich nicht in jedem Fach, das ich studierte, die höchsten Auszeichnungen bekam. Sie war voller Erregung und überreizt angesichts meines scheinbaren Mangels an Arbeitseifer, das summa cum laude zu erreichen. Ein völlig ungewohntes Gefühl, vor riesigen Hindernissen zu stehen, bemächtigte sich ihrer und machte sie zutiefst ratlos. Es bedurfte viel liebevollen Verständnissses, bis sie wieder Mut faßte und die vielen Möglichkeiten erblickte, die das Leben bot. Teachers strenger Schule schließlich ist es zu verdanken, daß Polly Thomson und ich, nachdem Annie die Welt verlassen hatte, in der Lage waren, uns den Plänen von Leuten zu widersetzen, die über unser Leben bestimmen wollten, und uns als freie, selbständige Frauen zu behaupten.

9

Nachdem wir uns in Wrentham niedergelassen hatten, war Teacher ein ganzes Jahr lang ständig im Zweifel, ob sie John heiraten solle; insgeheim dachte ich an den Ausspruch: «Der Lauf der wahren Liebe ist nie gerade.» Ich freute mich darüber, daß sie einen guten Mann gefunden hatte, der, wie ich dachte, die Aufgaben und Bürden mit ihr teilen würde. So faßte ich mich in Geduld. Eines Abends – wir waren gerade von einer Zusammenkunft in Boston zurückgekommen, wo ich zugunsten der Blinden gesprochen hatte und John als mein Dolmetscher aufgetreten war, und saßen in ihrem Zimmer – erzählte sie mir, wie hübsch und anmutig ich ausgesehen habe, als ich vor dem Publikum stand. Im selben Atemzug kündigte sie an, daß sie niemals heiraten werde. «O Teacher», rief ich aus, «wenn du John liebst und ihn gehen läßt, werde ich mich wie ein abscheuliches Hindernis fühlen.»

Wenn ich versuche, die Schwankungen in jener entfernten Vergangenheit zu ergründen, überfällt mich häufig das Gefühl, daß Annie innerlich nie ganz in die Tatsache ihrer Heirat einwilligte. Sie erwarb sich eine größere Selbstbeherrschung, sie hatte ihre düsteren Stimmungen, wie ein Tierbändiger, gut unter Kontrolle, aber dann und wann hörte sie sie knurren und versicherte, daß sie mich brauche, um ruhig und vernünftig zu bleiben. John war wundervoll: wie er mich in meiner literarischen Arbeit beriet, wie er ihr eine Fülle entzückender, geistreicher oder genialer Bücher vorlas und damit ihre melancholischen Stimmungen verscheuchte. Er hatte ein waches Auge für die Herrlichkeit der Natur, auch wenn er sich nichts aus den Rauhheiten eines einfachen, genügsamen Lebens machte, wie Thoreau es kannte; aber er bereicherte die Freuden, die er mit uns teilte, mit seinem unbeschreiblichen Charme.

Dennoch gab es einen Riß in dem harmonischen Leben der beiden, der sich auch in meinem eigenen, beschützten Leben bemerkbar machte. Einfachere Gemüter waren oft irritiert von dem Schillernden, Unberechenbaren in Teachers Temperament, das durch ihre überreizten Nerven noch zusätzlich verstärkt wurde, und auch kluge Leute konnten die Strömungen ihres Naturells nicht immer richtig einschätzen. Nur ihre besten Freunde waren durch echte Zuneigung in der Lage, einige Licht- und Schattenseiten ihres Charakters zu verstehen. Stets suchte sie nach einem Ventil für ihre Ruhelosigkeit. Sie glaubte oft, irgendwohin gehen und sich etwas Neues anschauen zu müssen. Damit will ich ihr keine triviale Vergnügungssucht unterstellen, ich meine damit vielmehr ein Bedürfnis nach Selbsterneuerung. «Wir sind viel zu sehr Gewohnheitsmenschen», pflegte Annie zu sagen, und heute wünschte ich, ich hätte ihren Vorschlägen mehr Beachtung geschenkt. Sie scheute keine Mühe, um mich mit jungen Leuten zusammenzubringen, so daß ich ungewöhnliche Erfahrungen machen konnte; auf diese Weise brachte sie ständig ein Element der Abwechslung in mein Leben. Heute denke ich, daß wir uns selbst bewahren müßten durch einen Prozeß, der etwa der Mauserung bei Vögeln entspricht. Eine Veränderung in der richtigen Art und Weise hilft uns, unsere Ideen neu zu prüfen, so daß unsere Seelen sich erholen und mit kühneren Schwingen in eine höhere Region vorstoßen können. Dann vermögen wir andere Interessen in uns lebendig zu machen. Wer weiß? Das könnte Probleme im sozialen Bereich lösen. Wenn man anderen Menschen zu Ausgeglichenheit und Harmonie verhelfen würde, könnte man Pflicht und Freude, das

Gute und das Schöne, vereinen. Wie hatte ich gewünscht, mit Teacher bis ans Ende der Welt zu reisen! Doch zu der Zeit hatte ich mich für die schriftstellerische Arbeit einspannen lassen. Der ungebändigte Ochse in mir hatte zuerst gestampft und gestoßen, sich aber schließlich dem Joch unterworfen. Ich wollte mich davon nicht losmachen, bevor ich nicht ein gewisses Maß an Arbeit zustande gebracht hatte. Teacher ärgerte sich ziemlich über mich, doch da sie meine Individualität ebenso respektierte wie ihre eigene, legte sich unser Sturm im Wasserglas.

Ein weiteres Mal schlug sie vor, auf die Bermudas zu fahren. Nachdem ich unsere Ausgaben durchgegangen war, sah ich, daß wir einfach nicht genug Geld hatten, um solch eine Reise zu unternehmen – ja nicht einmal genug für unsere unmittelbaren Ausgaben; und ich wußte nicht, ob ich für eine sorglose Fahrt genügend Geld verdienen könnte, indem ich Artikel über diese Reise schrieb. Teacher tobte wie der große Gott Pan und war dann urplötzlich wieder voller keltischer Heiterkeit. Trotzdem kann ich es nicht vergessen, daß ich ihr diese Enttäuschungen zufügte.

Nur um mich an ihrem köstlichen Leichtsinn zu erfreuen, war ich stets bereit, alles stehen und liegen zu lassen – das Putzen, Staubwischen oder Maschineschreiben – und mit ihr in dem Kiefernwald in der Nähe unseres Hauses spazierenzugehen und zu picknicken oder schnell hinauszulaufen, um Holz und Papierabfall für die großen Freudenfeuer zu sammeln, in deren Anblick sie schwelgte, wenn sie die herrlichen Flammen höher und höher steigen sah, ehe sie wieder zu Boden sanken. Oder wir befanden uns am See, nur mit Badeanzügen bekleidet, während ein Sturm wütend die Wellen peitschte und die Blitze um uns zuckten. Schwere Regentropfen durchnäßten uns, doch wenn dann der Himmel aufklarte, sprangen wir ins Wasser und schwammen. Erregung war der Atem von Annies Seele.

Wenn ich diese bewundernswerten Züge in Teachers Temperament bedenke, habe ich das Gefühl, daß der eigentliche Grund, weshalb sie uns unbedingt dem ewigen Geklapper meiner Schreibmaschine entreißen wollte, in der bösartigen Anschuldigung der Gilman-Schule von Cambridge lag – in dem Vorwurf, sie bürde mir zuviel Arbeit auf. Nach diesem Vorfall mochte ich keine Ärzte mehr konsultieren, solange ich im College war, damit keine falsche Aussage gegen Teacher gerichtet werden konnte. Jeden Tag litt ich an Kopfschmerzen, die mir das Studieren schwermachten, und vor Verzweiflung fastete ich ein oder zwei Tage und frühstückte kaum oder überhaupt nicht, bis ich sie los wurde. Teacher war ein Schatz: Sie sagte kein Wort. Die Konsequenzen meines Eigenwillens mußte ich selbst tragen. Die Kopfschmerzen verschwanden, aber das Schicksal bestrafte mich, weil ich zu weit gegangen war. Ich litt an Anämie und an einer langwierigen Neuralgie. Man kann sich nun vorstellen, wie erregt Teacher war, als sie herausfand, was mir seit meinem achtzehnten Lebensjahr eine solche Angst bereitete.

Doch gab es einen anderen Umstand, der Teacher und mich sehr glücklich machte: die völlige Freizügigkeit, mit der sie zu mir sprach, wie sie es auch anderen gegenüber zu tun pflegte. Unsere unguten Erfahrungen an der Schule von Cambridge hatten sie darin vorsichtig werden lassen, mir ihre Ansichten über öffentliche Angelegenheiten mitzuteilen. Denn es war, wie sie gehört hatte, offen behauptet worden, daß sie meinem jugendlichen Verstand ihre Meinung aufoktroyiere. Ein Freund aus Kanada, der stets und oft mit Erfolg versuchte, Bildungsmöglichkeiten für die Unterprivilegierten zu schaffen, schrieb mir einen wirklich weisen Brief. Er versicherte mir darin, daß ich ein junges Mädchen sei, das trotz Taubheit und Blindheit Unterricht erhalten habe und durch eine glückliche Kindheit geleitet worden sei, und daß Bildung ein demokratisches Prinzip sei, das für jeden gelte, der lesen könne. Dann wies er mich darauf hin, daß ich mich oft in der Gesellschaft großer, begabter und einflußreicher Persönlichkeiten befinde, und schlug mir vor, ich solle irgendeinem einflußreichen, wohltätigen Menschen seinen Plan unterbreiten, in Kuba eine Schule für Mädchen zu eröffnen – ohne seinen Namen dabei zu erwähnen.

Sein Vorhaben war geschickt umrissen, es enthielt alle nötigen Informationen, und Teacher sah nichts Unrechtes darin, daß ich einen Brief an Mrs. Hutton schrieb. Mrs. Hutton war interessiert und zeigte ihn verschiedenen bekannten, vermögenden Persönlichkeiten, mit denen sie in Verbindung stand. Wie Teacher hielt sie die Idee für gut und war der Meinung, daß sich jemand ihrer annehmen sollte. Aus den Samen solch günstiger Gelegenheiten sind schon weltweite Bewegungen hervorgegangen. Doch wie schmerzlich war unsere Überraschung, als Mrs. Hutton uns mitteilte, ihre Freunde wollten nicht glauben, daß ich den Brief geschrieben hätte! Teacher war von dieser Haltung, die jegliche Phantasie und jegliches Verständnis für gesellschaftliche Angelegenheiten seitens der Gebildeten und Begüterten vermissen ließ, so verletzt, daß sie sich nach diesem Vorfall mir gegenüber über keinerlei Themen mehr äußerte, die sie tiefer berührten – seien es pädagogische oder politische, soziale oder religiöse. Auch im College war sie gehemmt worden durch eine «Tyrannei der Gesellschaft», wie sie die öffentlichen Aussagen bezeichnete. Man hatte erklärt, ich sei ein Automat, ein Sprachrohr, das nur ihre Gedanken und Gefühle wiedergebe. Doch nach ihrer Heirat änderte sich dies erfreulicherweise. Ihre Finger – um nicht zu sagen ihre Zunge – waren gelöst, und ich war begeistert von der neuen Art der Kameradschaft. Hier, in unserem eigenen Heim, buchstabierte mir Teacher völlig offen ihre Meinung in die Hand, wann immer uns John über kontroverse Fragen etwas vorlas. Es war für sie wie für mich gleichermaßen unterhaltsam, sich in aller Genüßlichkeit zu streiten.

Sie war, im Gegensatz zu mir, keine Frauenrechtlerin. Zu

jener Zeit war sie sehr konservativ. Niemals trug sie die revolutionäre Fahne voraus, außer in dem Sinn, daß sie alle von Menschen geschaffenen Beschränkungen als Verbrechen ansah und Freiheit des Denkens, des Gewissens und der Forschung für heilig hielt. Je mehr wir miteinander sprachen, um so weniger dachten wir gleich, außer daß wir uns nach dem Guten sehnten und von Herzen hofften, daß die Intelligenz zu einer allgemeinen Eigenschaft der Menschheit werde. Wie Mark Twain war sie, was Fortschritt anbelangt, sehr pessimistisch. Sogar die Arbeit für die Blinden bildete hierin keine Ausnahme. Sie war reichlich belohnt worden von außergewöhnlichen blinden Menschen, die ihr unglückliches Schicksal bezwungen und ihr Gefängnis in ein Königreich der tätigen Nächstenliebe verwandelt hatten, doch sie zweifelte an der Fähigkeit eines durchschnittlichen blinden Menschen, ein erfülltes Leben zu führen. Es ist eine Freude für mich, heute beweisen zu können, daß sich die Aktivitäten zugunsten der «durchschnittlichen» Menschen ohne Augenlicht in diesem Land und in Großbritannien in den letzten dreißig Jahren so entwickelt haben, daß eine stetig steigende Zahl von ihnen, einige Taubblinde eingeschlossen, Selbständigkeit und wahres Glück erlangen. Jedesmal, wenn ich meine Gedanken Teacher zuwende, bete ich, daß sie in ihnen die Schätze erkennen möge, von denen sie nicht erwartete, daß man sie aus dem Dunkel befreien könne. Wahrhaftig, als ich Annie in der ganzen Fülle ihrer Persönlichkeit erkennen konnte, schien sie mir ein Gewebe ineinander verflochtener Flammen zu sein, und ich kam mir wie ein bevorzugtes Wesen vor, das sich in dem nie versengenden Feuer ihrer raschen Eingebungskraft und ihrer stets vorwärtsstrebenden Gedanken bewegen durfte. Die wenigen Jahre, in denen sie das Glück der Ehe erfuhr, waren in gewisser Hinsicht die fruchtbarste Zeit unseres gemeinsamen Lebens.

Doch lag es in der Natur der Dinge, daß Teacher ihre Ungeduld nicht genügend zu bezähmen vermochte, um in einem

Dorf leben zu können, in dem sich nichts ereignete, und sich selbst mit Hausarbeit abzugeben – Thoreau hätte ihren Standpunkt begriffen. Wann immer sich eine Gelegenheit fand, suchte sie das Abenteuer auf dem Pferderücken. Unglücklicherweise hatte sie sich ein tückisches Pferd ausgesucht; doch weil es schön und klug war, hing sie an ihm, und ich hoffte, daß ihre Freundlichkeit und ihre liebkosende Stimme es gefügig machen würden. Eines Morgens war ich in den Feldern spazierengegangen, und als ich wieder das Haus betrat, sagte jemand zu mir: «Dieser Teufel von einem Pferd hat versucht, Teacher umzubringen. Er schleuderte sie ab und warf sie ins Gras. Jetzt mußte sie sich zu Bett legen.» Ich fragte, ob sie schwer verletzt sei. «Nein, aber schwer erschüttert.» Plötzlich packte mich der Zorn. Seit sechzehn Jahren hatte sie jede erdenkliche Gelegenheit ergriffen, es mit jedem Pferd zu versuchen, von dem sie glaubte, es würde sie schon tragen, und dabei alle Warnungen mißachtet, wenn man bei einem Tier nicht sicher sein konnte. Mit ihren Eskapaden hatte sie meine Geduld immer wieder auf die Probe gestellt; nun war ich am Ende mit meiner Weisheit. Scharf stellte ich sie zur Rede. Da lachte sie nur bitter und sagte: «Ist das das Mitleid, mit dem ich rechnen kann, wenn es mir schlecht geht?» Einige Stunden vergingen, und siehe, Teacher beugte sich. «Es tut mir leid, Helen. Ich habe versucht, vor der Küchenarbeit und all dem, was einen alt macht, davonzulaufen. Küsse mich, und ich werde mich ändern.» Nie wieder vernahm ich von ihr eine Klage über die Hausarbeit. Erst nach vielen Jahren entdeckte ich den Grund für Teachers außergewöhnliches Betragen. Doch das ist eines der tragischen Geheimnisse, welche in den Herzen von Männern und Frauen verschlossen sind, die tief in die Geheimnisse des Lebens schauen.

10

Voller Sorge stellte ich fest, daß Teachers robuste Gesundheit schwächer wurde. Schuld daran waren zum Teil ihre Perioden nervöser Anspannungen, das andauernde Augenleiden und ihre ungeheure Enttäuschung, daß sie kein Kind bekam. Weitere gesundheitliche Probleme kamen hinzu: eine größere Operation, der sie sich vor Beginn unserer Vortragstournee unterziehen mußte, häufige ernste Erkältungen unterwegs sowie ein Unfall, bei dem sie die Treppe hinunterfiel, sich den Arm brach und das Schlüsselbein ausrenkte. Diese Verletzungen wurden nie richtig behandelt, bis sie in das Krankenhaus ging, das Dr. Goldthwaite leitete.

Doch mitten in den dunklen Wolken ihrer Sorgen zeigte sich wenigstens ein Stückchen strahlendblauer Himmel. John nahm sie und mich mit nach Wolfeboro, New Hampshire, zu Dr. Bradford, der dort starker rheumatischer Anfälle wegen zurückgezogen lebte. Er hatte vor Jahren die Operationen durchgeführt, die Teacher ein gewisses Maß an Sehvermögen gegeben hatten. Äußerst liebenswürdig empfing er uns. Er erinnerte sich an jede Einzelheit der Operationen und wunderte sich, daß Annies Augen sich so gut gehalten hatten, obwohl sie sie so mitleidlos strapaziert hatte. Um die Körnung zu beseitigen, die langsam wieder auftrat und ihre Augen wie mit einem Schleier bedeckte, verschrieb er ihr Augentropfen. Für eine Weile konnten wir wieder aufatmen.

Während dieser hoffnungsvollen Tage meiner Jugend, in der

ich so viele anregende Entdeckungen machte und in der Beweglichkeit meiner Gedanken gefordert wurde, damit ich in meiner geistigen Entwicklung vorankam, diskutierte ich manchmal religiöse Themen mit Teacher. Sie hatte den richtigen Zeitpunkt abgewartet, bis ich in meiner individuellen Persönlichkeit herangereift war, um mit mir so offen wie mit anderen Menschen zu sprechen. Wie Robert Ingersoll konnte sie mit den verschiedenen Glaubensbekenntnissen und Dogmen, deren mißtönender «Lärm» von den Kanzeln der Welt widerhallte, wenig anfangen. «Religion», sagte sie beispielsweise, «ist eine Frage der Lebensführung und nicht nur des Glaubens. Was dir wahr erscheint, solltest du lieber mit Taten als mit Worten bezeugen. Seit Jahrhunderten haben sich die Menschen ihrer religiösen Überzeugungen wegen gegenseitig in Stücke gerissen – und hat das etwas Gutes bewirkt? Weit besser ist es, anderen zu helfen, daß sie ein erfülltes Leben führen können. Versuche, keinem Herzen Kummer zu bereiten und keine Seele in ihrem Bemühen zu stören, klar zu denken und edel zu handeln.»

Ich hatte ihr gesagt, wie hilfreich Emanuel Swedenborg für mich gewesen sei, um die Bibel als eine Hilfe zur Lebensführung zu verstehen. Sie schien darüber betrübt zu sein, daß ich diese alten Abhandlungen aus dem achtzehnten Jahrhundert oder die irgendeines anderen Theologen gewählt hatte, statt meine eigene Meinung dazu herauszufinden. Da sie über ausführliche Erklärungen leicht ungehalten wurde, sagte ich ihr nicht, daß Swedenborg kein Theologe, sondern ein eigenständiger Gelehrter war, der es sich zur Aufgabe gemacht hatte, Liebe und Vernunft beziehungsweise Hilfsbereitschaft und klares Denken zu vereinen – zwei Grundsätze, die in vielen Religionsgemeinschaften durch die Lehre geschieden wurden, daß allein der Glaube gerechtfertigt sei. Ebensowenig erinnerte ich sie daran, was sie nur zu gut wußte: daß die meisten Menschen ihre Gedanken in erster Linie von anderen empfangen und daß unsere eigene Originalität nur darin liegt, wie wir sie zum Ausdruck bringen. Statt dessen erklärte ich ihr, wie froh ich darüber war, daß Swedenborg mir die Fesseln meiner Vorstellungskraft gelöst hatte, so daß ich sie über die Gipfel und Täler der Unsterblichkeit des Menschen wie der Materie schweifen lassen konnte.

«Ich glaube nicht an Unsterblichkeit», entgegnete Teacher. «Etwas widerstrebt mir innerlich, wenn ich das Wort höre. Außerdem ist das Leben auf der Erde schön und unterhaltend genug, um die kurze Zeit auszufüllen, die mir hier vergönnt ist.»

«Auch ich liebe bewundernswürdige Ideen», antwortete ich, «und keine ist köstlicher für mich als der Gedanke an ein menschliches Wesen, das mit dem Glück einer Unsterblichkeit versehen ist, die durch edle Gedanken und durch gütige Taten aufgeblüht ist und Früchte getragen hat.»

«Es ist Balsam für mich, daß du mit Freude auf eine Welt hoffen kannst, die herrlicher sein wird als diese. Natürlich sage ich zu verschiedenen Zeiten vielleicht dies oder jenes und scheine zu wünschen, daß du anders denkst, doch nichts liegt mir in Wirklichkeit ferner. Ich interessiere mich nicht für Religion; du dagegen interessierst dich dafür. Einigen wir uns also darauf, daß wir uns nicht einigen können und daß wir nach besten Kräften versuchen, unseren Idealen entsprechend zu leben. Ja, meine Liebe, ich bin deine Mutter im Herzen und im Geist, aber du gehörst mir nicht. Ich möchte, daß du dir deine Ansichten unabhängig bildest. Nur halte dich fern von wetteifernden Sekten und Glaubensgemeinschaften, und laß dich nicht in irgendeinen Fanatismus hineinziehen. Sei stets gerecht und großzügig gegenüber jenen, die andere Ansichten haben als du.»

Gemeinsam sahen Teacher und ich das Leben in seinen vielen verschiedenen Facetten, den guten wie den schlechten, so daß die Charaktere, über die ich in meinen Büchern las, lebendig und überzeugend vor mir standen. Teachers Kommentare waren kurz, hilfreich und aussagekräftig. Auch die bösartigsten Menschen, denen sie begegnete, hatten für sie noch nützliche Eigenschaften, wenn ihr Ärger sich gelegt hatte und sie weit von ihnen entfernt war. Eine große Unschuld lebte in ihr, die sich weigerte zu glauben, irgend jemand könne wirklich das Böse lieben. «Ein Grund, weshalb ich nicht an ein zukünftiges Leben glaube», sagte sie, «liegt darin, daß ich mir keinen weisen, gerechten Gott vorstellen kann, der seine Geschöpfe im ewigen Feuer schmoren läßt, weil sie nicht seinem Willen gefolgt sind. Außerdem: Wenn sie sich ihrer Schändlichkeit bewußt wären, hätten sie Gewissensbisse, die das Leben unerträglich machten. Und Gott wäre genötigt, sie zu töten – damit hebt sich die Göttlichkeit selbst auf!» Ich entgegnete, daß sich in Wirklichkeit das Böse in diesem und in dem nächsten Leben selbst bestrafe – ich hatte damals Ralph Waldo Emersons schönen Essay «Ausgleich», der diesen Gedanken hervorhebt, noch nicht gelesen – und Gott barmherzig einen Schleier über die Augen der unbelehrbar Bösen lege und sie in eine gesonderte Sphäre setze, die ihren pervertierten Neigungen entspreche und wo ihre unheilvollen Lüste und Vergnügungen andere nicht anstecken oder zerstören könnten. «Auf jeden Fall», ergänzte ich noch, «nimmt das Böse durch sie nicht zu, und auf wunderbare Weise, wie wir sie nicht erträumen können, sind sie notwendig, um jene zu stärken, die das Rechte zu tun wünschen.»

«Dem Himmel sei Dank», rief sie mit bewegter Gestik aus, «du hast Religion in freudiger Haltung aufgenommen und mit der Absicht, die Erde wenigstens zeitweilig zu einem wärmenden Zuhause für die Menschheit zu machen, anstatt diese schon jetzt den Zwängen eines zukünftigen Lebens zu unterwerfen. Ich kann deinen Glauben achten, weil du ihn nicht wie ein Schwächling dazu benutzt, dich über deine Blindheit und Taubheit hinwegzutrösten, sondern als einen Teil des Glücks ansiehst, das Gott für uns alle erschaffen will.»

Sie verabscheute jene Glaubensbekenntnisse, die den Menschen die Vorstellung aufdrängen, Gott wolle nicht, daß sie glücklich sind. Ebenso stellte sie fest, daß es in der Welt etwa ein Dutzend religiöse und ethische Gesetzessammlungen und Tausende von kleineren Sekten und Glaubensgemeinschaften gibt und daß trotz dieser vielen verschiedenen Bekenntnisse die Schwächen der menschlichen Natur überall die gleichen sind. Sie konnte überhaupt keinen Unterschied zwischen einem bösen Moslem, einem bösen Christen und einem bösen Buddhisten sehen. Jeder von ihnen lebt gemäß seinen Überzeugungen, für die er sein Leben willig hingeben würde, und gleichzeitig verhindert er sein eigenes Vorwärtskommen, weil er sich nicht um eine grundlegende Ethik bemüht. Wenn er sich einer der größeren, erfolgreicheren wissenschaftlichen oder theologischen Gemeinschaften anschließt, erwirbt er sich damit nur eine neue Möglichkeit, über die Tugenden zu reden, die er nicht ausübt.

Ich glaube, daß Teacher – mit ein oder zwei Vorbehalten vielleicht – offen gewesen wäre für Mahatma Ghandis Methode zur Entwicklung der Persönlichkeit: passive Nichtbeteiligung an Sitten und Einrichtungen, die eine Beleidigung gegenüber dem Prinzip des richtigen Handelns sind. Um einen eigenen Fortschritt zu erreichen, wäre es nicht nötig, gegen die Aktivitäten anderer anzugehen. Wir könnten einfach stillschweigend davon Abstand nehmen, uns an schlechten Systemen oder Einrichtungen zu beteiligen. Doch dürfen wir nicht außer acht lassen, daß Individuen nur in dem Maße an Kraft gewinnen, wie auch ihre eigene geistige Entwicklung voranschreitet. Wir glaubten beide daran, daß es möglich ist, sich selbst zu verbessern, wenn man die Notwendigkeit dazu mit dem eigenen Verstand einsieht und erkennt, daß die Erfahrung von Bewußtsein und Willensstärke dazu erforderlich ist. Mein geliebter Pflegevater, Mr. John Hitz, bestärkte mich in dieser Sicht des Problems und gab Teacher zur Antwort, was sie im Grunde bereits selbst erkannt hatte: daß ethische Grundsätze, die einem Individuum von außen aufgezwungen werden, sein inneres Wachstum hemmen und ihm eine außerordentliche Last aufbürden, indem sie den spontanen Ausdruck gerade seiner edelsten Impulse einschränken.

«Du siehst also, Helen», bestätigte Teacher, «weshalb du dich nicht durch die strengen Theologien früherer Zeiten beeinflussen lassen oder selbstgerecht werden solltest. Jedes menschliche Wesen ist ein Geheimnis. Du kannst ebensowenig wie jeder andere Sterbliche die endlosen Wendungen seines Geistes nachvollziehen. Nur Gott hat diese Weisheit, und wenn es ein Jenseits gibt, so findet er vielleicht noch in den schlimmsten seiner Kreaturen einen Schimmer reinen Geistes, der sie aus der Hölle hinaufziehen kann.»

Manchmal, dachte ich, konnte Teacher ziemlich uneinsichtig sein, wenn sie nicht geneigt war, offen mit mir – wenn auch nur für wenige Minuten – über meinen schicksalsbestimmenden Glauben zu sprechen. «Sei einfach und nett und unkompliziert, füge dich in die Umstände und ...» – ich kann nicht aufzählen, was sonst noch alles. Es stand, so kam es mir wenigstens vor, im Widerspruch zu dem, was sie gewöhnlich zu sagen pflegte über mein Recht, mich frei zu äußern, und ihre Erregtheit ließ mich ahnen, daß es da noch verborgene Geheimnisse gab.

Fünfundzwanzig Jahre später, nachdem ich die meisten meiner Bücher geschrieben hatte und die Arbeit für die «Amerikanische Blindenstiftung» ein fester Bestandteil meines Lebens war, erfuhr ich die Wahrheit über Teachers Leben im Armenhaus von Tewksbury. Nella schrieb ein Buch über sie. Ich war dafür dankbar, daß solch eine treue und kluge Freundin diese Aufgabe übernommen hatte. Polly hatte Urlaub und befand sich im Ausland. Teacher und ich waren daher allein in unserem kleinen Haus in Forrest Hills auf Long Island. Bevor sie mir ihre Geschichte erzählte, gewährte Teacher dem Hausmädchen für den Nachmittag Ausgang. Sogar ihren Shetland-Collie Dileas, ihren köstlichen «Windbeutel aus der Konditorei des Himmels», schickte sie in einen abgelegenen Winkel. Dann setzten wir uns nebeneinander, und das schreckliche Drama ihrer Kindheit und Jugend begann sich in meiner Handfläche zu enthüllen. Da saß sie an meiner Seite, hübsch, vornehm und einfühlsam, eine Lehrerin, die in der ganzen Welt bekannt war, eine Persönlichkeit, der große und begabte Menschen in meiner Gegenwart hohe Ehrungen hatten zuteil werden lassen – und nun strömte aus ihr die Geschichte einer tragischen Kindheit, die sie unter menschlichen Geschöpfen verbracht hatte, welche in Elend, Unwürde und Krankheit herabgesunken waren.

Lange Zeit schon hatte ich mich mit den Problemen elementarer Armut beschäftigt, und deshalb vertraute Teacher darauf, daß ich verstehen könne. Ich versetzte mich in die wißbegierige Seele des halbblinden, einsamen Kindes, das in dieser abscheulichen Umgebung lebte, und bei dem fürchterlichen Schluchzen, mit dem sie – nach einem halben Jahrhundert des Schweigens – von dem Tod ihres Bruders Jimmy im Armenhaus sprach, war ich außer mir vor Erregung. In jener Nacht konnte ich nicht schlafen, der Schmerz schnitt mir in die Seele. Ich versetzte mich ganz in die Liebe Teachers zu ihrem Bruder, bis ich sie als meine eigene empfand. Es schien sie zu trösten, daß wir beide mit gleicher Zärtlichkeit sein Bild bewahrten. Nun verstand ich auch ihre trostlosen Erinnerungen, die es ihr bitter gemacht hatten, über Tod und Unsterblichkeit mit irgend jemandem zu sprechen. Immerhin entspannte sich die Situation, nachdem sie mir ihre Geschichte erzählt hatte. Manchmal versuchte sie, so wie ich das Beglückende des Gedankens zu empfinden, daß ein geistiges Leben das irdische umfaßt. Und im Grunde war dies derjenige Aspekt meiner Erziehung, der mir die meisten neuen Kräfte zuführte – daß am Firmament meines Bewußtseins neue Sterne aufgingen:

> «Ein Lebenswort, aus Gottes Mund gesprochen
> sichtbarer Ton, hörbares Licht» –

ein Wort, das Zeit und Raum und Ewigkeit für mich erleuchtete.

Eine weitere Folge von Teachers Erzählung war das Gefühl von Ausgeglichenheit, das ich dadurch erlangt hatte. Vorher, als ich noch nicht viel über diesen Teil ihres Lebens wußte, hatte ich mich gelegentlich durch einige ihrer Eigentümlichkeiten allein gelassen und verwirrt gefühlt. Um nichts in der Welt hätte ich versucht, in das Geheimnis einzudringen, das über diesem Leben lag. Nichtsdestoweniger war das Gefühl der Fremdheit da. Etwas, das zu subtil für Worte ist, fehlte in unseren Beziehungen zueinander. Doch nachdem ihre tapfere, überlastete Seele unverhüllt vor meinem inneren Auge lag, spürte ich in mir eine neue Qualität von Mut, der mir durch die Tatsache zuströmte, daß Teacher quer durch diese schreckliche Wüste der Vernachlässigung gewandert war, bis sie zu einer Oase der Zivilisation und Bildung gekommen war und die Möglichkeit gefunden hatte, ihr Leben mir zu widmen, wie sie sich Jimmy gewidmet hatte während der wenigen Monate, als er ihr Gefährte in Tewksbury gewesen war.

Doch zurück zur ersten Zeit in Wrentham. Es gab noch einen anderen Zug in Teachers Wesen, über den ich mich wunderte. Wir waren für einen kurzen Sommerurlaub nach Cape Cod gefahren. Dort wohnten wir in einem kleinen Häuschen, das nahe bei einer Pension lag, wo wir unsere Mahlzeiten einnahmen. Teacher war außerordentlich glücklich, weil sie allein sein konnte. Wir waren gerade schwimmen gewesen, und Annie hatte ein Feuer im Kamin entfacht, weil es plötzlich kalt geworden war. Da erschrak ich, als sich ein durchdringender Geruch von brennendem Papier ausbreitete, und ich rief: «Teacher, was machst du?»

«Ich habe mein Tagebuch verbrannt», verkündete sie ruhig, «und ich bin erleichtert.»

Als ich neun Jahre alt gewesen war, hatte ich einmal Teacher berührt, während sie gerade etwas auf ein Blatt Papier kritzelte, das Gesicht dicht darübergebeugt, und ich hatte gefragt: «Was schreibst du da?»

«Ach, sei nicht so naseweis», hatte sie lachend geantwortet. «Niemals läßt du mich allein! Auch ich lerne Englisch, und ich schreibe ein Tagebuch. Geh fort und unterbrich mich nicht.»

Ich sah das Tagebuch nie. Als es verbrannt war, machte ich ihr Vorhaltungen. «Warum hast du es vernichtet? Gewiß enthielt es originelle Gedanken und deine eigenen Ideen über Erziehung.»

«Davon weiß ich nichts, und es ist mir auch egal», sagte sie ruhig. «Es erschien mir abscheulich, nachtragend und einseitig. Ich habe versucht, es noch einmal durchzulesen, weil vielleicht etwas darin hätte enthalten sein können, was du dir für deine Biographie über mich hättest notieren können. Aber allein daß ich es überflogen habe, war schon eine Verschwendung meiner Sehkraft. Ich sah so viele streitsüchtige Stellen, die sich über Seiten hinzogen, daß ich das Zeug in die Flammen warf. Ich hätte keinen Augenblick Frieden gehabt, wenn es von dir oder John gelesen worden wäre.» Sie wollte mir nicht sagen, wann sie es angefangen und wie lange sie es geführt hatte. Sie hielt das Thema für gänzlich erledigt und erklärte, das Buch habe seine Nützlichkeit überlebt – falls es überhaupt je eine gehabt habe.

Darüber, daß das Tagebuch der möglicherweise zu strengen Selbstkritik Teachers zum Opfer gefallen war, half mir nur der Gedanke hinweg, daß auch Samuel Johnson einige seiner Papiere vor seinem Tod verbrannt hatte. Ich ehrte die Seelengröße, die ihn und Teacher davor bewahrt hatte, ihre Zeitgenossen unnötig mit den eigenen Gefühlsausbrüchen zu belästigen, die vielleicht einen Beigeschmack von Haß oder Rache gehabt hätten. Es war eine von Teachers liebenswerten Eigenschaften, daß sie jedes Wort der Selbstkritik, das ihr in den Sinn kam, wenn sie sich an eine haßerfüllte Stimmung erinnerte oder an einen heftigen Drang, einem aufdringlichen Störenfried den Hals umzudrehen, aufgriff und niederschrieb. Daher stellte ich mir vor, daß sie, wie Henri Frédéric Amiel, das Tagebuch als eine Art mittelalterlicher Selbstkasteiung benutzt hatte, um dann wieder freundlich und mitleidsvoll zur Welt zurückzukehren. Zweifellos hatte sie ihm ihre tragischen Kindheitserlebnisse anvertraut, das, was ihr jene Frauen, die mit ihren kleinen Kindern allein in Tewksbury leben mußten, über «die gräßlichen Männer» erzählt hatten und was sie mit Entsetzen von dem Leben der Erwachsenen in diesem Inferno, dem sie entronnen war, begriffen hatte. Vielleicht hatte sie ihre eigenwilligen Launen im Perkins-Institut erwähnt, die Kritik ihrer Lehrer, die an ihrem Selbstbewußtsein genagt hatte, und das gedankenlose Gelächter der Schüler, das sie rasend gemacht hatte. Vermutlich hatte sie flüchtig ihre Vorlieben und Abneigungen sowie ihre glühende Liebe zu den Benachteiligten des Schicksals angedeutet. Außerdem hatte sie wohl versucht, ihre innere Entwicklung aufzuschreiben – ein natürlicher Schutz gegen die zerstörerische Tendenz ihres unbarmherzigen intellektuellen Analysierens und die Mißverständnisse, die ihr immer zu schaffen machten. Jedenfalls weiß ich, daß das Tagebuch für Teacher großen Wert gehabt haben muß, wenn auch vielleicht für niemanden sonst. Ich bin überzeugt, daß Teacher, indem sie das Tagebuch schrieb, ihre frühen Erinnerungen in dem raschen Fluß der Zeit lebendig und genau festhielt – Erinnerungen, die ihr niemand sonst ins Gedächtnis hätte rufen können. Sie erlaubte es sich gewiß nie, in solche Einsamkeit zu versinken, in der sie, wie sie wußte, gegen eine menschenverachtende Haltung anzukämpfen gehabt hätte. Mir gegenüber verneinte sie stets, daß sie «gut» sei, und zum Beweis führte sie ihr Tagebuch und ihr oft unvernünftiges Benehmen

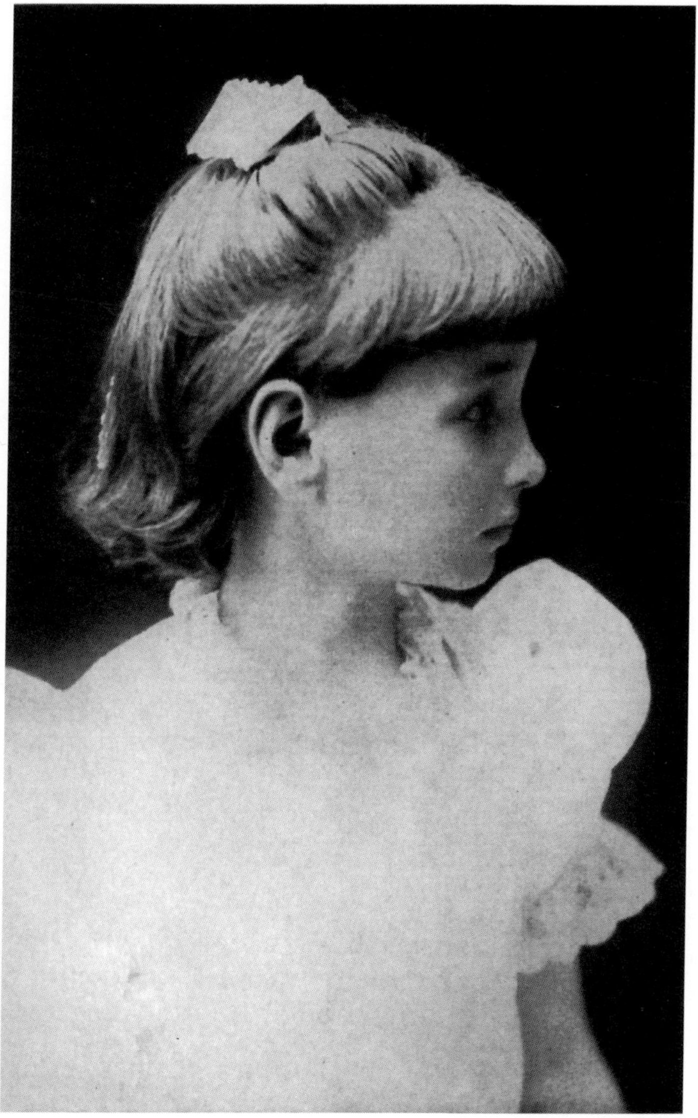

Helen Keller im Alter von sieben Jahren

Helens Elternhaus in Tuscumbia

Helen Keller und Anne Sullivan

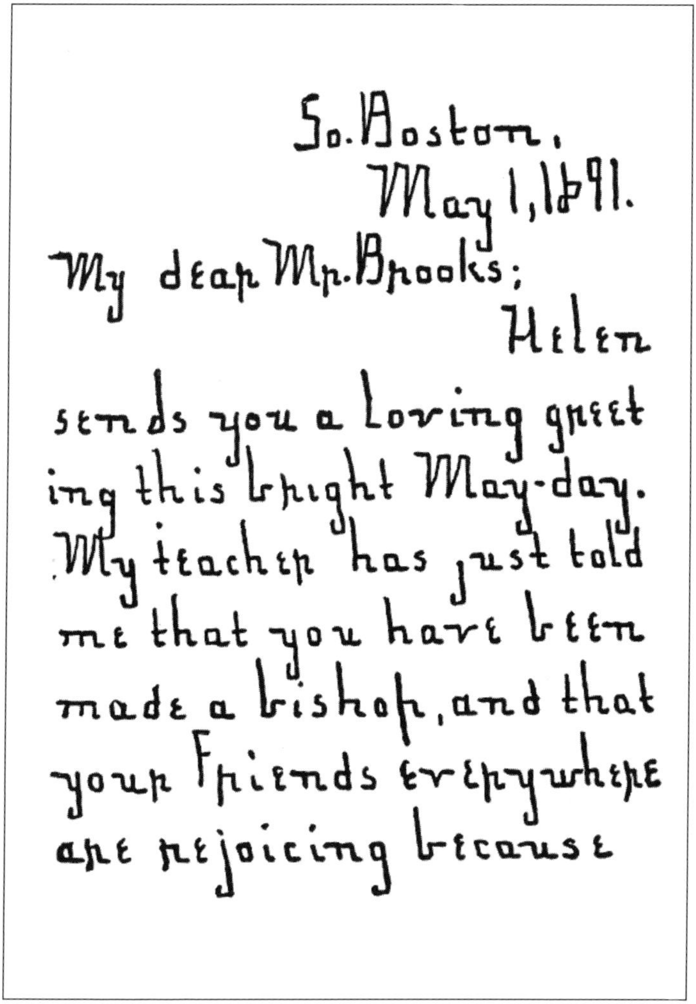

So. Boston,
May 1, 1891.

My dear Mr. Brooks;

Helen sends you a loving greeting this bright May-day. My teacher has just told me that you have been made a bishop, and that your friends everywhere are rejoicing because

Auszug aus einem handgeschriebenen Brief
Helen Kellers an Phillips Brooks

Helen Keller und Anne Sullivan im Jahre 1893

Helen und ihre Schwester Mildred

Helen als Studentin

Helen liest ein Buch in Blindenschrift

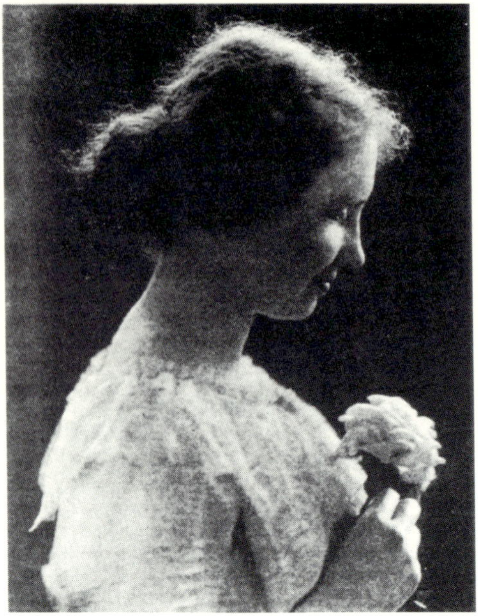

Helen Keller als junge Frau

Helen «lauscht» den Tönen des Klaviers

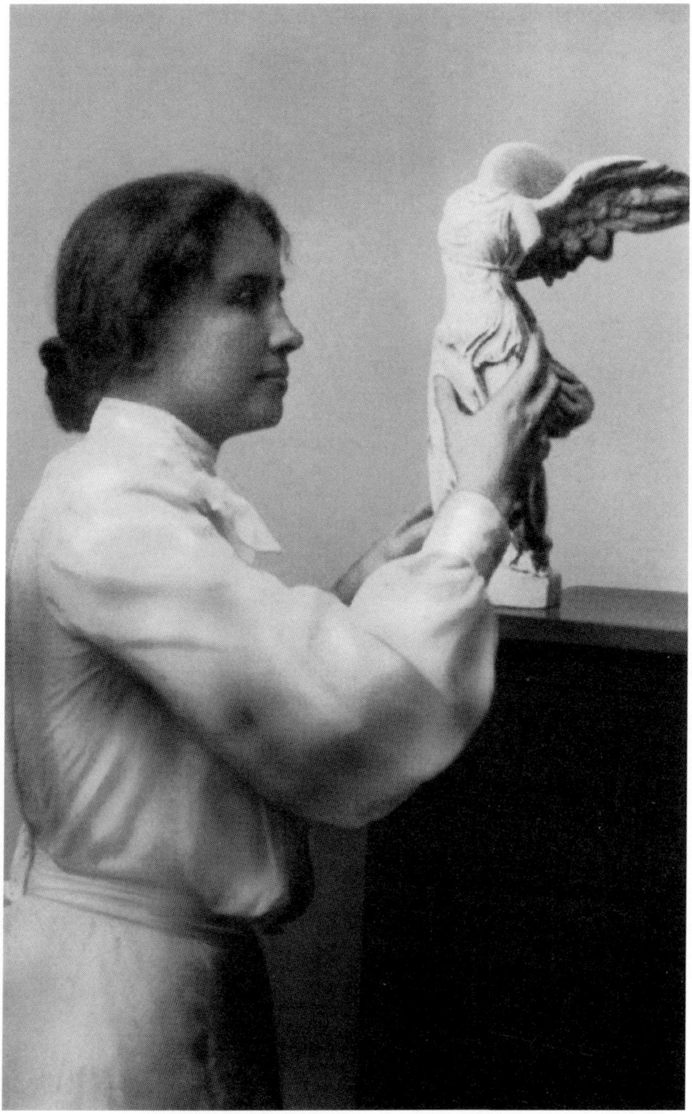

Beim Betrachten einer Nike-Statuette

Helen Keller und Alexander Graham Bell

John Hitz, Helens Pflegevater

Mark Twain

Helen Keller, Anne Sullivan unc Dr. Edward Everett Hale

Charles Chaplin besucht Helen Keller (Mitte)
und Anne Sullivan (rechts) in Hollywood

Helen Keller, Anne Sullivan und der Schauspieler Joseph Jefferson

Helen Keller und Anne Sullivan im Gespräch mit Calvin Coolidge, einer engagierten Taubstummenlehrerin

Helen Keller und Anne Sullivan im Jahre 1918

Anne Sullivan in Kalifornien, 1918

Anne Sullivan liest Helen Keller vor

Photographie von Anne Sullivan (unbekanntes Datum)

Im Jahre 1931 erhält Anne Sullivan von der Temple-University den Titel eines Ehrendoktors

Helen Keller lauscht dem Geigenspiel von Jascha Heifetz

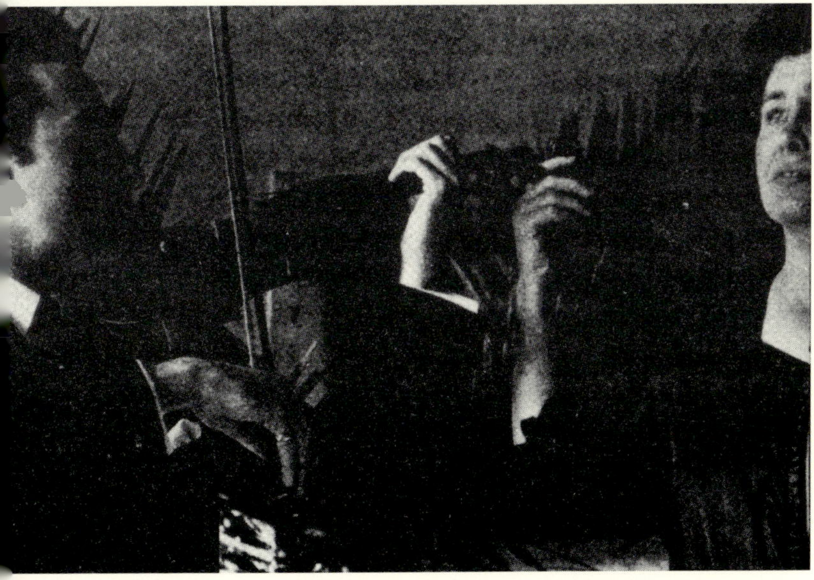

Anne Sullivan (Anf
der dreißiger Jahre)

Helen Keller und Polly Thomson (rechts) während ihrer Japanreise

Helen Keller und Polly Thomson beim Abflug nach Indien

Während eines Besuchs in Melbourne

Helen Keller. Um 1940

an. Je hartnäckiger sie darauf bestand, um so mehr begriff ich es als eine langsam sich formende innere Haltung: eine echte Selbstverleugnung, die Freude daran hat, Gutes nur um seiner selbst willen zu tun. Sie hatte weder für Selbstgefälligkeit etwas übrig noch für eine Rechtschaffenheit, die sich wichtig tut, weder für den Sünder mit einer zerknirschten Miene noch den Spötter auf anderer Leute Kosten, auch wenn sie Abwechslung brachten in die Monotonie der alltäglichen Charaktere. Unglücklicherweise übersah sie in ihrer edlen Begeisterung, daß man gute Werke oder kluge Ideen nicht direkt durch schlechte Menschen verwirklichen darf, weil sie sie früher oder später entstellen. Doch keine Macht der Welt konnte sie von einem hohen Ziel abbringen, wenn sein Glanz sie erst einmal gefesselt hatte.

Einmal, als ich im College eine Ode von Horaz in englischer Übersetzung rezitierte, muß Teacher an ihr Tagebuch gedacht haben, denn sie sagte: «Horaz hat recht, Helen! Es gibt nur wenige Dinge, die man absolut als weiß oder schwarz bezeichnen kann. Die Stoiker behaupten, daß man Fehler als solche nicht rechtfertigen könne, daß es bei vielen Einzelpersönlichkeiten aber auch Fehler gebe, die eine gute Seite hätten, was auch stimmt. Zum Beispiel ist da jemand, den du als geizig bezeichnen möchtest, doch in Wirklichkeit spart er nicht für sich selbst, sondern um anderen gute Dienste zu leisten. Oder es gibt einen Menschen, der für boshaft gehalten wird, tatsächlich aber ist er über die Gemeinheit und Selbstsucht seiner Mitmenschen empört und nicht über sein eigenes Schicksal. Dann wieder gibt es diejenigen, die ehrgeizig zu sein scheinen, aber in Wahrheit Gelegenheiten suchen, anderen zu helfen, und dabei nichts für sich selbst erwarten. Glaubst du, man könnte also, ohne zu provozieren, behaupten, daß eine Tugend manchmal einem Fehler entspringt, der der menschlichen Natur innewohnt?»

Ich antwortete ihr, daß es mir so vorkomme, als ob es im täglichen Umgang und in der Literatur sehr viel mehr Wörter der Kritik und Nörgelei gebe als Wörter, die Gutes bezeichnen.

«Das nenne ich eine Sprache, die im Sumpf endet», sagte sie. «Warum können wir nicht Veränderungen herbeiführen, indem wir Bezeichnungen neuer Tugenden schaffen und sie benutzen, um mit der Gewohnheit zu brechen, daß immer wieder bloß die Übel der trägen menschlichen Natur genannt werden?» Wir waren hocherfreut, als wir erfuhren, daß Dr. Edward Everett Hale von der Unitarischen Kirche in Boston alle die Wörter und ihre neuen Bedeutungen aufgelistet hatte, die erst seit fünfundzwanzig oder fünfzig Jahren existieren, unter anderen Altruismus und Solidarität. Er prophezeite, daß viele Wörter geprägt werden würden, um die Liebe in ihrer Tiefe und die Kräfte des Geistes zu benennen, für die es jetzt noch keine Bezeichnung gibt.

Ich war wie Teacher der Überzeugung, daß die Selbstverständlichkeit und die Aufrichtigkeit fehle, wenn man «versuche», gut zu sein, und so versuchte ich es gerade nicht. Ich war bloß glücklich mit ihr und schob die Ungeduld oder irgendeinen anderen Fehler einfach aus meinem System; oder ich fuhr fort, immer wieder Fehler zu machen, bis ich den Feind packte und niederzerrte, wie der Wolf einen Elch bezwingt. Dann dachte ich nicht mehr an die Sache, außer daß ich Gott und Teacher dafür dankte, daß sie mich dazu ermutigt hatten. Wie Thomas Hood fühle auch ich, daß ich weiter vom Himmel entfernt bin, als ich es als Kind war. Doch durch den Gedanken an Gott, der auch Teacher durch schreckliche Not und Elend geleitet hat, bin ich in der Lage, in meinem Bemühen weiterzukämpfen, mein Leben auf der Erde zu durchgeistigen.

Teacher liebte die Menschen wirklich und sehnte sich danach, sie mit sich zu ziehen, fort von ihrem gewöhnlichen Selbst, und doch bereiteten sie ihr Qualen. Es kostete sie immer viel Mühe, beschränkten Menschen gegenüber freundlich zu sein. Bei deren endlosem Geplapper kam sie sich vor wie in einem Tiergarten, und sie wünschte inständig, entfliehen zu können. Doch in ihrem Wohlwollen setzte sie einen Schalldämpfer auf ihr dümmliches Schnattern, oder sie malte sich in ihrer Vorstellung kleine Phantasiebilder über sie aus, indem sie eine interessante Einzelheit aufgriff, die sie erwähnten, oder eine ungewöhnliche Bemerkung, die sie fallenließen, einen bestimmten Ausdruck, den sie auf ihren Gesichtern wahrnahm, oder eine Anekdote, die sie über ihre Familie oder über ihre bürgerlichen Pflichten berichteten. Teachers Intellekt war wie eine Geige mit vielen Tönen, doch die meisten Menschen, die wir kennenlernten, waren nicht feinsinnig genug, um das zu bemerken. Ihre beschränkte Intelligenz langweilte Annie, doch hätte sie ihnen gegenüber nie eine olympisch überlegene oder eine allzu subtile Haltung eingenommen. Auch wenn die Phantasievorstellungen, die sie sich von ihnen machte, sich nicht an der Wirklichkeit überprüfen ließen, wurden die Leute unter dem Zauber doch erträglich, amüsant und sogar reizvoll. Es gab Zeiten, da war ich fasziniert zu sehen, wie eine Gesellschaft aus eintönigen Gedanken gerissen wurde, wenn Teacher sie mit ihrem Witz oder mit dem Feuer ihrer Äußerungen zu politischen Themen ansteckte, so daß die Leute plötzlich lebendige Gedanken äußerten und mit einem Können ihre Argumente vorbrachten, das sogar einem Treffen hochgebildeter Menschen zur Ehre gereicht hätte. Auf diese Weise beteiligte sich Teacher über viele Stunden an den Besuchergesprächen, die in unserem Heim stattfanden und sich unverhältnismäßig in die Länge zogen.

Eine andere angenehme Erinnerung aus jener Zeit sind die anregenden Diskussionen, die ich mit Teacher und John über Psychologie führte, und das begeisterte Interesse, mit dem sie in meinem Buch *Die Welt, in der ich lebe* die Darstellung meines Lebens lasen, bevor ich unterrichtet wurde. Durch mein Philosophiestudium auf dem College hatte ich erkannt, daß ich diesen Zustand in der *Geschichte meines Lebens* nicht genau genug geschildert hatte. Als ich in das Radcliffe-College eintrat, war ich zwar schon so alt, daß meine Lebensgeschichte bereits viele Male erzählt worden war, doch hinsichtlich meiner persönlichen Entwicklung war ich noch sehr jung und unreif. So sehr war das Mädchen Helen darauf bedacht, wie andere junge Leute zu erscheinen, daß sie sich einfach vorstellte, alle ihre geistigen Entwicklungsschritte glichen denen der anderen. Sie schrieb ihre Aufsätze aus Freude an der Verwendung der Worte und nicht, weil sie sorgfältig alles darstellen wollte, was in den Jahren vor ihrer Erziehung lag. Als ich im nachhinein *Die Geschichte meines Lebens* durchlas, war ich erschrocken über diesen Mangel an Genauigkeit in den Einzelheiten. Ich bemerkte, daß ich zu dogmatisch eine zusammenhängende Art des Denkens geschildert hatte, das es in der Nichtwelt Phantoms nicht geben konnte – in dieser unbewußten und doch zugleich bewußten Zwischenzeit der Nichtpersönlichkeit. Als ich dann an dem Buch *Die Welt, in der ich lebe* arbeitete, beschloß ich, im elften Kapitel, «Vor der Morgendämmerung der Seele», meine frühere Darstellung neu zu fassen. Was ich hier anführe, versetzte die Familie ziemlich in Aufregung:

«Ich wußte nicht, daß ich etwas wußte oder daß ich lebte oder handelte oder etwas wünschte. Ich hatte weder Willen noch Intellekt. Ich wurde von einem gewissen blinden, tierischen Impuls den Gegenständen und Handlungen entgegengetrieben. Und ich hatte ein Empfindungsvermögen, das mich befähigte, Ärger, Zufriedenheit und Verlangen zu fühlen. Diese beiden Tatsachen verleiteten die Menschen in meiner Umgebung zu der Annahme, ich hätte einen Willen und könne denken. Ich kann mich an all das erinnern, nicht weil ich weiß, daß es so war, sondern weil ich eine Tasterinnerung daran habe. Es ermöglicht mir, mich daran zu erinnern, daß ich nie die Stirn runzelte und dabei nachdachte. Weder sah ich etwas im voraus noch wählte ich es aus.»

Als meine Mutter diesen Absatz las, war sie äußerst besorgt und wollte, daß ich ihn strich. Bevor Teacher nach Tuscumbia kam, hatten einige Leute meiner Mutter gesagt beziehungsweise es indirekt zum Ausdruck gebracht, daß ich schwachsinnig sei. Nun fürchtete sie, meine Worte könnten andeuten, daß ich geistig nicht völlig normal sei. Es bedurfte viel Takt und Überzeugungskraft seitens Teachers, um Mutter zu beruhigen und ihr zu versichern, daß der Absatz harmlos war, da er ihr früher so geplagtes Kind nur als ein schlafendes Wesen schilderte, und daß es nicht mit den wirklich Schwachsinnigen zu vergleichen war, die Teacher selbst gesehen hatte. Meine Schilderung erfüllte Teacher mit unverhohlenem Stolz. Es beglückte sie nicht nur, daß ich mir persönliche Freiheit errungen hatte, indem ich selbständig dachte und den Lesern die Welt so darstellte, wie sie meinen drei Sinnen erschien und wie sie sich in ihrem Glanz vor meinem inneren Auge entfaltet hatte; darüber hinaus bedeutete diese Angelegenheit für sie, wie sie mir versicherte, daß wir von jetzt an in der Literatur wahre Gefährten waren. Und schließlich war es ihr eine Befriedigung, daß ich den Hafen freier, selbständiger schriftstellerischer Ausdrucksmöglichkeit erreicht hatte. Es erleichterte mir mein Ringen mit den Engeln und Dämonen der Schriftstellerei, daß ich mich mit ihr austauschen konnte und sie dadurch meinen Gedanken Klarheit verschaffte.

Es war wunderbar, daß ich für meine Bücher nicht nur einen, sondern zwei Kritiker hatte: Teacher und John. Bald nachdem ich den Hochschulabschluß bestanden hatte, brach Teacher gesundheitlich zusammen. Auch mir ging es nicht gut; meine Nerven spielten mir übel mit und jagten mich für längere Zeit durch Höhen und Tiefen. Aber die Bitten um Artikel über die Blinden und über Präventivmaßnahmen gegenüber Erblindung – zwei Themen, über die die Öffentlichkeit dringend informiert werden mußte – waren zahlreich, und es wurde mir versichert, daß das, was ich schrieb, eine echte Hilfe darstellte, so daß ich nicht widerstehen konnte und mich dem Wunsch fügte. Ich verfaßte die Manuskripte in Brailleschrift und tippte sie anschließend noch mit der Schreibmaschine ab; zusätzlich mußte ich mich jeden Tag durch eine Flut von Briefen durcharbeiten und sie beantworten, bis meine Hände fast den Gehorsam verweigerten. Wegen der unglücklichen Schwankungen in ihrem Sehvermögen war es Teacher völlig unmöglich, mir meine Bücher vorzulesen. Daher schlug sie vor, daß John die Manuskripte laut lesen sollte; zudem sah er sie mehrmals durch, nachdem ich meine Korrekturen eingefügt hatte.

Ein weiteres Buch, das ich mit großer Freude verfaßte, war *Das Lied von der Steinwand*. Eines Tages zogen Teacher und ich, ganz erfüllt vom Zauber eines lieblichen Maimorgens, eine alte Steinmauer in die Höhe, damit ich auf unserer Wiese weiter umherstreifen konnte. Während wir einen Stein auf den anderen legten, befühlte ich unaufhörlich die verschiedenen Formen, Strukturen und Größen, und mir wurde bewußt, daß eine Schönheit in ihnen liegt, die ich vorher nicht erfahren hatte. Da ich kurz zuvor ein Buch über Geologie gelesen hatte, interessierten mich gerade die Steine, über die ich gelegentlich stolperte: glatte oder gefurchte, große oder kleine, einige voller Risse und mit gezackten Kanten, einige von der Kälte poliert und andere ganz bröckelig von der Hitze, wiederum andere mit scharfen und gebogenen Ecken. Trotz ihrer Grobheit und Unregelmäßigkeit besaßen sie eine seltsame Eigenschaft, die meine Phantasie stark beschäftigte. Durch die Ritzen der Mauer konnte ich fühlen, wie sanfte Brisen sie seufzend umgaben und Sonnenstrahlen hindurchfielen und verschiedene Düfte der Pflanzen rund um die Steine weckten. «O Teacher», rief ich, «man müßte ein Gedicht über diese Steinmauer schreiben. Wenn ich doch nur das Zeug zu einem Dichter hätte, um solch ein Werk zustande zu bringen!»

«Warum nicht?» antwortete Teacher eifrig. Am meisten beglückte sie das Spiel der Worte, die laut den Zauber der Natur besangen. Sie beobachtete, wie sich die Schätze der Freude in der Reichweite meiner Finger anhäuften, und wünschte leidenschaftlich, daß ich ihnen in der Poesie, die eine höhere Form der Wahrheit darstellt, Ausdruck verleihe. Sie setzte sich hierhin und dahin, schaute sich die Mauer von nahem an, beschrieb die Wirkungen von Licht und Schatten und das Geflecht von Blumen und Gestrüpp, das ihre Fläche zum Teil bedeckte. Ein keltischer Klang war in einigen ihrer Worte, als ich sie später mit meinen eigenen verflocht.

«Die Mauern bewegen sich …
Sanftes Wispern von Regengüssen und Blüten
Ist mit dem Frühlingsgesang der Mauern gemischt …

Die Mauern singen das Lied vom scheuen Vogel,
den Hufschlag des Hirsches,
Das Murmeln der Kiefer und Zeder, das Plätschern
vieler Ströme …»

Ich sprach mit ihr, Arbeit und alles andere vergessend, lange Zeit darüber, wie sehr ich wünschte, in den Versen die Steinmauern in Beziehung zu den Puritanern, ihrem tapferen Leben und ihrem wagemutigen Idealismus setzen zu können. Am nächsten Tag führte uns John zu dem alten Friedhof, damit ich die moosbewachsenen Gräber und die Inschriften, «schmucklos wie der Tod», doch voll unerschütterlichen Glaubens, befühlen konnte. Wochenlang verbrachte ich viele Stunden damit, Chroniken und Balladen von Neuengland zu lesen und nach den Worten zu suchen, die poetisch meine Gedanken über die puritanischen Siedler widerspiegeln konnten – die Siedler, die die Wildnis Zoll um Zoll bezwangen, um Häusern, Kirchen und Schulen Platz zu machen. Wann immer Teacher ein wenig Muße hatte, las ich ihr vor, was ich gerade schrieb, und bat sie, meine Zeilen laut zu sprechen und sie mich von ihren Lippen ablesen zu lassen, so daß ich mich vergewissern konnte, ob meine ungehobelten Verse irgend etwas Wertvolles enthielten. Oft beruhigte mich ihr freudiges Lächeln, ein andermal kritisierte sie meine Fehler schonungslos, bis ich einen Rhythmus einfing, der ihr gefiel. Als das *Century Magazine* mein Gedicht annahm, bereitete ihr dies eine unaussprechliche Genugtuung. «Nichts hätte mich stolzer machen können», erklärte sie, «als daß du, wenn auch noch so unvollkommen, einen Beitrag leistest zu jenem großen Gedicht, wie Shelley es nennt, das alle Dichter seit Weltenbeginn aufgebaut haben wie die zusammenwirkenden Gedanken eines großen Geistes.»

So eröffnete Teacher mir unvorstellbare Ausdrucksmöglichkeiten für die Gaben, mit denen Gott mich ausgestattet hat: Lieben, Denken, Handeln und Sprechen, worunter ich alle Arten von Mitteilungsmöglichkeiten verstehe. Vier verschiedene Lebensweisen. Und sieht man einmal von mir ab, war Teacher auch für andere eine Quelle der Ermutigung, ihr höheres Selbst zu entfalten. In ihren besten Stimmungen umhüllte sie jeden mit ihrer Sympathie. Sie betrachtete alle Menschen, die sie traf, als eine ungeahnte Fundgrube voller Freuden, Sorgen, Zärtlichkeiten und schöpferischer Kräfte, und oft waren sie ihr gegenüber aufgeschlossen. Sie war in der Tat der bewegende Geist bei vielen Treffen in unserem Heim in Wrentham. Stets dachte sie sich etwas Außergewöhnliches aus, um ihre Gäste glücklich zu machen, und bemühte sich, allen gegenüber liebevoll zu sein. Sie zeigte sich sehr verschwenderisch bei der Verschönerung und Vergrößerung unseres Hauses, doch dies war nur ein weiterer von jenen Fehlern, die eine gute Seite haben – ein Ausdruck ihres «schöpferischen Temperaments» und ihrer Entschlossenheit, fortzufahren mit einem Unternehmen, das die Wohltätigkeiten rechtfertigen würde, mit denen wir überhäuft worden waren.

Es gefiel mir sehr, Artikel über die Blinden in meine Schreibmaschine zu hämmern und die Öffentlichkeit über die richtigen Methoden zu informieren, wie ihnen wenigstens zum Teil die Möglichkeit zum eigenen Unterhalt und zu Unabhängigkeit zurückgegeben werden könnte. Auch freuten wir uns, wenn wir blinde Männer und Frauen in unserem Heim aufnehmen und ihnen in jeder Weise behilflich sein konnten, doch brachte uns das persönlich überhaupt nicht weiter. Angesichts ihrer außerordentlichen Fähigkeiten wollte ich Teacher nicht dazu drängen, sich irgendeiner sozialen Sache zu widmen, die gering und von kurzer Reichweite war. Einerseits bereitete es mir Sorgen, daß ihr Leben bei der Haushaltsführung, die sie so verabscheute, verkümmern sollte. Auf der anderen Seite war ich darum bemüht, ihr eine materielle Sicherheit zu verschaffen, wie ich es mir schon mit sechzehn Jahren vorgenommen hatte, als wohlmeinende, aber ziemlich aufdringliche Freunde sie dazu gebracht hatten, mir zu sagen, sie arbeite wie eine Sklavin. Es bedurfte allerdings vieler Jahre quälender Geduld, bis ich diesen Wunsch erfüllen konnte.

11

Gegen Ende des Jahres 1914 stand Teacher vor ihrem größten Kummer. Sie verlangte ununterbrochen nach meiner Liebe in einer Weise, die einem das Herz brach. Tagelang konnte sie sich einschließen, vor Schmerz beinahe betäubt, und über einen Plan grübeln, der ihr John zurückbringen würde; oder sie weinte, wie nur Frauen weinen können, die nicht mehr geliebt werden. Mutter, die gerade bei uns weilte, sagte, es tue ihr unendlich weh, mit ansehen zu müssen, wie Teacher litt. «Helen, ich glaube nicht, daß das Schicksal eine hübsche, geistreiche Frau, die in eine Ehe hineingezogen wurde, sanfter behandelt als andere Frauen. Bestimmt hatte Teacher glühende Pläne, und ein Mann wie John mit seinen vielseitigen Fähigkeiten hätte ihr bei ihrer Verwirklichung gewiß sehr hilfreich sein können, und nun bricht das Leben, von dem sie träumte, über ihr zusammen.»

Das glückliche Leuchten in Teachers Gesicht verschwand. Doch sie war zu zurückhaltend, um ihren Schmerz offen zu zeigen, und lehnte es ab, getröstet zu werden. Mit niemandem, außer mit mir in der Stille der Nacht, sprach sie von ihren Qualen oder von den schrecklichen Träumen, die sie verfolgten. Mit ihrer Gesundheit stand es nicht gut. Früher hatte sie sich viel bewegt, doch jetzt bereitete ihr die Neigung zu Übergewicht, eines ihrer größten gesundheitlichen Probleme, außerordenliche Beschwerden. Ihre Sehkraft wurde immer schlechter, und so konnte sie sich nicht mehr durch selbständiges Lesen, nicht einmal für kurze Zeitspannen, trösten. Doch hielt sie unerschütterlich an ihrem Vorsatz fest, daß die gesunde Entwicklung, durch die sie mich geleitet hatte, nicht an irgendeiner Schwäche oder an einem falschen Verhalten ihrerseits scheitern sollte.

Anfang 1914 hatte uns meine Mutter auf unserer ersten Vortragstournee in den fernen Westen begleitet. Jetzt, am Ende des Jahres, führte Teacher unsere neue Gefährtin, Polly Thomson, ein lebhaftes Mädchen aus Schottland, in ihre Aufgaben ein. Polly hatte wenig Kenntnis von der Welt, war aber begierig darauf, die Vereinigten Staaten in all ihrem Glanz und in ihrer natürlichen Schönheit zu sehen, und großherzig, wie sie war, verlangte sie nach keinem anderen Gefallen, als uns dienen zu dürfen. Bereits nach wenigen Monaten der Einarbeitung ging sie mit uns auf unsere zweite Reise quer durch den Kontinent. Und nie ist ein Erforscher der Arktis, der Antarktis oder der dunkelsten Regionen Afrikas mit einem entschiedeneren Willen den Abenteuern und Gefahren entgegengetreten als Polly in ihrem Streben nach Vollendung und ihrem Bemühen, die Wunderlichkeiten in Teachers Wesen zu begreifen – eine Fähigkeit, die unentbehrlich ist, um herausragende Resultate zu erreichen.

Zu dieser Zeit stürzte Teacher die Melancholie, die sie sonst nur hin und wieder ergriffen hatte, in eine Verzweiflung, die ihr das Leben zur Qual machte. Eine Zeitlang fürchtete sie tatsächlich, wahnsinnig zu werden; aber ihr Urteilsvermögen wurde nicht in Mitleidenschaft gezogen, und sie hörte nie auf, mit dem Verstand oder mit den Händen zu arbeiten. Ihre Vorstellung war durcheinandergeraten, nicht ihr Verstand. Doch diese unruhige Vorstellungskraft brachte eine wachsende Abneigung gegen feste Gewohnheiten mit sich. Daher stellte Teacher für ihre Tätigkeiten und ihre Freizeitbeschäftigung Pläne auf, um diese Besessenheit zu durchbrechen. Ihr fehlte der Schlaf, den sie gebraucht hätte; doch gegen Morgen ließen die Schmerzen in ihren Augen nach, und wenn es ihr möglich war, schlief sie lange, um sich auf diese Weise für eine Arbeit zu stärken, die ihrem geschwächten Körper stundenlange Anstrengungen abverlangte. Manchmal legte sie ihren Kopf auf meine Schulter und sagte: «Wie sehr ich doch vor diesem Tag zurückschrecke!» Doch dann richtete sie sich auf und erklärte überzeugt: «Unsere Zuhörer haben nichts mit meinen persönlichen Problemen zu tun. Immerhin kann ich deine Geschichte erzählen, und es mag sein, daß du einigen Menschen den Mut gibst, Bürden zu tragen, die sie sonst erdrückt hätten. Denke an all das, was für uns getan wurde, und hilf mir, diese Wohltaten mit Hilfsdiensten zu erwidern. Denk an Shelleys Verse, Helen:

‹Ein Mutstrahl für die Armen und die Unterdrückten,
Ein Funke, der auch nur im Herd der Hütte glimmt –
Doch durch die goldne Kuppel des Tyrannen steigen wird,
Ein leuchtend Feuer in der Dunkelheit der Erde,
Ein Sonnenglanz, der über den verjüngten Plan
Sich breiten wird wie Wahrheit, wo noch Falsch gewesen.›»

So reisten wir und hielten Vorträge, und noch immer war mein Wunsch, für Teacher sorgen zu können, nicht erfüllt.

Wir hatten gemäß unseren Ansichten über wirtschaftliche Fragen und darüber, wie Reichtum unter den Menschen verteilt sein sollte, beschlossen, von unseren Vortragsreisen zu leben, und wann immer es möglich war, verdiente ich durch das Schreiben von Artikeln zusätzlich Geld. Andrew Carnegie, unser wundervoller Freund, half mir, indem er eine Pension gewährte, die mich für Blindheit und Taubheit entschädigen sollte, und erleichterte so meinen Aufstieg zu den steilen Höhen finanzieller Selbständigkeit, das höchste Glück für mich. Ohne sein Verständnis, das er sich durch die in der eigenen Kindheit erlebte Not erworben hatte, hätten wir zwei behinderten Frauen kein Haus in Wrentham oder auf Long

Island halten können, und ebensowenig hätte ich Teacher einen kurzen Urlaub in Puerto Rico ermöglichen können, damit sie, wenigstens für eine Zeitlang, ihre Gesundheit wiederherstellen konnte.

Zunächst, zu Beginn des Winters 1916, war Teacher zur Behandlung ihres hartnäckigen Hustens, den sie sich durch einen allgemeinen Erschöpfungszustand zugezogen hatte, nach Lake Placid gefahren. Polly begleitete sie, während ich mit Mutter nach Alabama fuhr. Polly schrieb, Teacher sei unglücklich und langweile sich. Sie sei gereizt über eine anstrengende Kombination von trübem Wetter, Einsamkeit, einem Gefühl der Erschöpfung, das wie Blei auf ihr laste, und den «älteren, trübseligen Leuten», von denen sie umgeben war. Ich hatte ja auch nie erlebt, daß sie sich zahm unterordnete, auch nicht unter die Autorität der Ärzte, wenn sie die Lage als allzu unangenehm empfand, und so war ich nicht überrascht, als sie mir die Nachricht zukommen ließ, sie segle nach Puerto Rico. Nie hat mein Herz dankbarer für einen Wohltäter geschlagen als für Mr. Carnegie, als ich ihre Briefe erhielt, die sie selbst mit einem Braille-Stift ausgestochen hatte und die voller Entzükken waren über ihre «Freudeninsel», wie sie sie nannte. Der erste Brief verschlug mir richtiggehend den Atem. Sie erzählte mir, wie sie und Polly elf Tage lang fortgesegelt waren – fort vom Schnee, fort von den schneidenden Winden und dem bleiernen Himmel der Adirondocks. «Es schien unglaublich, Helen! Ich mußte mich selbst zwicken, um zu sehen, ob ich wache oder träume. Dort, jenseits dieses schmalen Streifens plätschernden, sonnenbeschienenen Ozeans lag Puerto Rico wie ein großes Schiff, das in gewaltigen Fluten schwamm!»

Sie schwärmte von der paradiesischen Schönheit der Insel: «Eine regelrechte Orgie von Farben, blühenden Bäumen und Sträuchern, Rosen, Geißblatt, baumartigen Lilien, Weihnachtssternen und vielen wunderschönen Blumen, die ich nie zuvor gesehen habe. Sogar die Telegraphenstangen sind mit einer prächtigen Schmarotzerpflanze geschmückt. Doch das beste von allem ist das herrliche Klima, warm, nicht heiß, ich meine, nicht unerträglich heiß, weil stets eine liebliche Brise vom Ozean her weht. Die Häuser haben keine Fenster, und die Eingeborenen tragen fast keine Kleidung. Die kleinen schwarzen Kinder laufen tatsächlich nackt herum. Die Häuser sind in allen Regenbogenfarben gestrichen, was den Straßen ein malerisches Aussehen verleiht.»

Diese Briefe machten mich selig. Als ich die Worte in der altmodischen amerikanischen Brailleschrift entzifferte, wurde mir klar, wie viele Jahre vergangen waren, seit Teacher sie für meinen Unterricht benutzt hatte. Allein wie sie geschrieben waren – für sie ein langwieriger, ermüdender Prozeß – hätte genügt, um mir diese Briefe lieb und teuer zu machen; doch war in ihnen viel mehr enthalten: ihre wiedergewonnene Lebensfreude, die Verzückung, mit der sie den Frieden und die Poesie von Puerto Rico in sich aufsog, ihre Begeisterung über die Schönheiten, die sie sah, und der freie Fluß ihrer Erzählung, der mich in meiner Kindheit immer angespornt hatte. Ihr Glück bedeutete mir mehr als mein eigenes, und es tröstete mich, an sie wieder als an die Annie Sullivan aus vergangenen Tagen zu denken, wie sie munter, voller Durst nach Abenteuer und Spaß, die Fülle des Lebens genoß, alles beiseite schob, was sie zügeln wollte, und wieder las – mit Mühe zwar, wie ich zugeben muß, aber sich dadurch mit einem Eldorado der Freude bereicherte. Es bereitete ihr ein köstliches Vergnügen, wenn sie versuchte, sich mit den Eingeborenen durch Zeichensprache zu verständigen, wenn diese ihr im Chor mit «Si, si, Seniora» antworteten, und wie bestürzt sie waren, wenn sie den Kopf schüttelte. Das erinnerte mich daran, daß ich mich einmal darüber wunderte, weshalb Teacher keine Neigung zeigte, fremde Sprachen zu lernen. Gewiß hätte ein starkes Verlangen sie dazu getrieben, mit diesem Schatz ihre bescheidenen Kenntnisse zu bereichern, doch erkannte ich später, daß ihre Augen einer solchen Anforderung kaum gewachsen gewesen wären. Zum Beispiel war es für die Augen eine starke Belastung, wenn Teacher für mich griechische Wörter mit ihren eigentümlich geformten Buchstaben nachschlagen mußte oder wenn sie Goethes *Hermann und Dorothea*, das ich nicht in Braille erhalten konnte, in einem «barbarischen Druck» lesen mußte und die schwierigen Druckbuchstaben und Akzente in den Stücken von Molière, Corneille und Racine entziffern sollte.

In dem folgenden Auszug des Briefes, aus dem ich gerade zitiert habe, läßt sich Teachers alte Unabhängigkeit erkennen. «Ich werde mich in einer kleinen Hütte in den Bergen einrichten und den Haushalt besorgen. Das Lager, wie wir es nennen, hat vier Räume. Sonst nichts ... Ich will das Nötigste kaufen, und wir werden uns behelfen, so gut wir können. Du weißt, daß es einige Zeit dauern wird, bis ich wieder richtig auf den Beinen bin, und ich glaube, daß ich hier glücklicher sein kann als an jedem anderen Ort, den ich mir leisten könnte. Die Hütte liegt hoch, genau in der Mitte zwischen einem Orangen- und einem Grapefruit-Hain, und vor dem Haus gibt es einige Ananaspflanzen.»

Teachers Entschluß versetzte uns alle in Angst, und Briefe voller Vorhaltungen und dringender Bitten eilten zu ihr. Doch hatte sie so oft ihren eigenen Weg gewählt und gleichzeitig die Klugheit ihres Handelns bewiesen, daß ich gegen ihr Vorhaben nicht viel einwandte. Irgendwie brachte ihr nächster Brief, der von ihrem unverbesserlichen Charme und ihrer schalkhaften Ausgelassenheit erfüllt war, Erleichterung in mein Herz:

«Nun muß ich ein letztes Wort zu Mutters Vorurteil gegen Puerto Rico sagen. Ich wüßte gern, woher sie solche festen Ansichten über einen Ort haben kann, den sie gar nicht kennt. Ich möchte, daß Du ihr auf eine freundliche Weise klarmachst, daß ich hier bis Ende April zu bleiben gedenke. Ich würde lieber direkt in die Höhle des Löwen gehen als nach Placid zurückzukehren. Mit Emersons Worten könnte ich sagen, daß die Zimmer des ‹Clubs› Gefängniszellen sind. John Bunyan ging lieber ins Gefängnis als in die Pfarrkirche. George Fox ging lieber ins Gefängnis, als daß er seinen Hut in Gegenwart des Magistrats abnahm, und ich müßte irgendwie gemartert werden, ehe ich in die Adirondacks zurückkehrte.

Wenn alle Menschen wüßten, was gut für sie ist, und entsprechend handelten, wäre diese Welt eine ganz andere, wenn auch längst nicht so interessant. Aber wir wissen nicht, was gut für uns ist, und ich verbringe meine Tage mit Experimentieren. Die Experimente sind unterhaltend und manchmal kostspielig, aber es gibt keinen anderen Weg, um Wissen zu erlangen ...

Ich bin froh, daß ich nicht das Gewissen der Neuengländer geerbt habe. Wenn das der Fall wäre, würde ich mir darüber Sorgen machen, welche Art von Sünde ich begangen habe, daß ich gerade das Leben in Puerto Rico genieße. Man muß hier einfach glücklich sein, Helen, glücklich und untätig und ziellos und heidnisch – alles Sünden, vor denen wir gewarnt werden. Jeden Abend gehe ich vollgesogen mit Sonnenschein und dem Duft der Orangenblüten zu Bett und schlafe bei dem eintönigen Geräusch der Ochsen ein, die Bananenblätter mampfen.»

Zu der Zeit hatten Teacher und Polly die Hütte schon wohnlich eingerichtet, und ich kann mir Annies Heiterkeit gut vorstellen, als mehrere Ochsen feierlich in ihr Zimmer marschierten und sie mit Augen anstarrten, die tiefen, ruhigen Seen glichen, während Bayamon wütend bellte, ein herrenloser Hund, den sie aufgenommen, aufgepäppelt und gebadet hatte, bis er wieder ansehnlich war ...

In dem Brief heißt es weiter: «Jeden Abend sitzen wir auf der Veranda und beobachten den Sonnenuntergang, der von einer leuchtenden Farbe zur anderen übergeht: Rosa, Asphodel (weißt Du, was das für eine Farbe ist? Ich dachte es sei Blau, doch ich habe gelernt, daß es Goldgelb ist, die Farbe des schottischen Ginsters), Violett, dann tiefes Purpurrot. Polly und ich halten den Atem an, wenn die Sterne am Firmament erscheinen – sie hängen tief am Himmel wie bunte Laternen – und Myriaden von Glühwürmchen aus dem Gras aufsteigen und in den dunklen Bäumen funkeln ...

Der Ort hat mich verzaubert. Etwas, das in mir geschlafen hat, ist aufgewacht und aufmerksam geworden. Als wir in San Juan von Bord gingen, hatte ich das Gefühl, als betrete ich nach langer, leidvoller Abwesenheit wieder den Heideboden meiner Heimat.»

Wie sehr muß es Teacher ermüdet haben, sich mit der kleinen Braille-Schiefertafel abzumühen und ihre wundervollen Beschreibungen zu buchstabieren, besonders da sie mit den zahllosen Vereinfachungen und Abkürzungen nicht vertraut war, die notwendig sind, um den Blinden das Lesen und Schreiben zu erleichtern. Außer mit Briefeschreiben war sie im Haushalt beschäftigt und brachte Polly das Kochen bei. Sie bereitete sie darauf vor, daß sie uns in jeder Notlage unseres privaten Lebens und unserer öffentlichen Aktivitäten zur Seite stehen konnte. Als wir unterwegs waren, hatte sich Polly um unsere Korrespondenz und unsere Garderobe gekümmert und bei Interviews geholfen. Nun ermutigten sie ihr Herz, das goldener war als Gold, und ihr Stolz, Teachers Anstrengungen teilen zu dürfen, darin, ihre eigenen Fähigkeiten zu verbessern, damit sie helfen konnte, die Lasten zu tragen, die damals und noch viele Jahre auf unseren Schultern ruhten. Aus dem, was Teacher mir schrieb, konnte ich entnehmen, daß es ihr bei weitem noch nicht gutging, und so war ich dankbar dafür, daß Polly bei ihr war und es ihr ermöglichte, sich auszuruhen und ihr ganzes Wesen in die heilsame Stille ihrer «Freudeninsel» zu tauchen.

In einem anderen Brief, den Teacher mir sandte, schien ihre Seele vor Entzücken überzuquellen:

«Die Sonne schleudert goldene Pfeile über den Boden. Die Luft ist durchtränkt vom süßen Duft der Orangenblüten, und die Erde ist entflammt von den langen, bandförmigen Ananasblättern. Von der Veranda sieht es aus wie ein persischer Teppich, nur noch leuchtender und überhaupt nicht dazu einladend, sich darauf auszustrecken. Die Ananas ist lieblich anzusehen, aber die Berührung ist so angenehm wie bei einem Igel.

Wenn ich nur ein Körnchen vom Verstand der Kolibris hätte, die wie eine Kette von Feueropalen die Bananenstauden umkreisen, so hätte ich nicht soviel Zeit und so viele Kräfte mit Gedanken über den Krieg vergeudet. Sind wir nicht dumm, daß wir unser Denken mit den Teufeleien der Menschen ausfüllen anstatt mit der Schönheit der Natur? Aber wir müssen einander helfen, so gut wir es vermögen, und wir müssen versuchen, vernünftig zu bleiben; dies um so mehr, wenn wir davon überzeugt sind, daß die Welt verrückt geworden ist.»

Es war für Teacher und Polly eine erfreuliche Nachricht, daß die Unterhaltskosten für ein Auto in Puerto Rico nicht sonderlich hoch seien, und Teacher berichtete mir, wie Harry Lamb, unser Chauffeur, mit geringem Aufwand unseren Wagen dorthin gebracht hatte. «Harry wird uns in vielerlei Hinsicht das Leben erleichtern. Oh, wie werden wir uns freuen, daß wir hier das Auto haben! Nebenbei, wir benötigten es wirklich, da wir nicht die Mittel hatten, irgendwohin zu fahren, und darum auf die Freundlichkeit weit entfernt wohnender Nachbarn angewiesen waren, die uns mit Vorräten versorgten. Ach, komm doch zu uns, ich will Dir jede Nische und jeden Winkel meines Paradieses zeigen.»

Einmal berichtete mir Teacher von einer sehr seltsamen Erfahrung, die sie in Puerto Rico machte:

«Es scheint, daß ich mich beständig an Dinge erinnere, manchmal schattenhaft, dann wieder ganz lebendig, als ob ich schon früher hier oder an einem ähnlichen tropischen Ort gewesen wäre. Das Gefühl der heißen Sonne nach einem Regenguß bewegt mich und regt mich auf. Das Grün des Zuckerrohrs auf den Hügeln ist mir fast beängstigend vertraut, und der blaue Schatten, den ein Bergrücken auf die Stelle wirft, wo die Straße eine scharfe Kurve macht, läßt mich – wie soll ich es sagen? – ja, sie läßt mich meinen Kopf schnell zur Seite drehen, als erwartete ich, jemand Bekanntes zu sehen. Ist das nicht sonderbar? Die Stechpalme weckt in mir das Bedürfnis davonzulaufen, und ich bin sicher, daß ich den Stich ihrer langen, scharfen Spitzen in meinem Fleisch fühle! Der Eindruck ist so stark, daß ich mich selbst dabei ertappe, wie ich die Stelle abtaste!

Als wir neulich nachts von San Juan nach Hause fuhren, brachte uns eine Straßenkehre dicht an ein dunkles Gewässer. Ein gelber Mond glitt am Osthimmel dahin. Harry sagte: ‹Schauen Sie sich das einmal an!› Polly lehnte sich aus dem Wagen, um zu sehen, was dort los war. Ich dagegen konnte nicht hinschauen, mein ganzer Körper war steif vor Angst. Ich wußte so sicher, als hätte ich es mit meinen physischen Augen gesehen, daß in diesem dämmrigen Licht zwei nackte Männer hitzig miteinander kämpften. Und genau das war tatsächlich der Fall. Als Polly und Harry mir sagten, was sie erblickten, fror ich am ganzen Körper und war von einem verzweifelten Gefühl der Einsamkeit erfüllt. Ist das nicht phantastisch? Was auch der Grund sein mag, diese Eindrücke kommen mir vor wie alte Erinnerungen. Wer weiß – vielleicht hat einmal ein irisches Mädchen aus der alten Linie der Sullivans einen spanischen Soldaten wider alle Vernunft sehr geliebt. Du weißt, daß die Armee, die gegen Irland kämpfte, oft aus Söldnertruppen bestand, Franzosen, Spanier und Holländer – Abenteurer aus allen Ländern.

Wenn die Tagelöhner arbeiten oder umhergehen oder auf ihren Treppenstufen sitzen, singen sie leise in klagendem Rhythmus, was sie gerade tun, so wie Du mit Dir selbst sprichst,

Helen: ‹Orangen pflücken, eine nach der anderen.› – ‹Fischen, die Leine werfen, einziehen.› – ‹Laufen, ein Schritt, dann der nächste, kurze Schritte, lange Schritte.› Genauso habe ich Dir die Adjektive beigebracht, erinnerst Du Dich?

Ich wünschte, es wäre leichter für mich, Braille zu schreiben! Bei dem langsamen Verfahren bleibt so manches Wort unausgesprochen. Doch Du weißt, daß sie in meinem Herzen so sicher ruhen wie die goldenen Narzissen, von denen Du mir schriebst, die ebenfalls während des ganzen Winters in der Erde verborgen sind. Meine Gedanken werden im Frühling unseres Wiedersehens erblühen und Dir wie die Narzissen für eine kurze Zeit Freude bereiten.»

Ihre Einladung war verlockend, doch weder Mutter noch ich waren davon überzeugt, daß wir ihr folgen sollten, denn wir glaubten, daß wir Teacher damit die Abgeschiedenheit von der Welt nehmen würden, die sie so dringend benötigte.

Einige ihrer Briefe waren ein kostbarer Strom von Ratschlägen und brachten Gedanken zum Ausdruck, die mir bis zum heutigen Tag eine Stütze gewesen sind. Als ich ihr über meine Sorgen um sie und unsere Zukunft schrieb, antwortete sie:

«Helen, Du mußt Dich nicht um die Zukunft sorgen. Noch werde ich nicht sterben – ich weiß, daß ich wieder gesund werde. Ich fühle mich kein bißchen krank …

Doch selbst wenn ich sterben sollte, gibt es keinen Grund, weshalb Du nicht weiterleben solltest … Wenn Du Dir in aller Ruhe das Leben um Dich herum und insbesondere Dein eigenes Leben ansiehst, wirst Du erkennen, daß die Zukunft unmöglich so hoffnungslos sein kann wie der Anfang, bevor ich zu Dir kam. Außerdem glaubst Du an die liebevolle Wachsamkeit eines Vaters im Himmel. Diesen Trost habe ich nicht, doch bin ich äußerst glücklich, daß Du ihn hast. Es gibt immer einen Ausweg, auch aus der schwierigsten Situation, wenn wir wirklich hinausfinden wollen.»

Bei einer anderen Gelegenheit ermutigte sie mich zu einer Methode, die ich noch heute anwende:

«Es freut mich, daß Du Dichtung liest, um Dich in die richtige Stimmung zu versetzen. Es ist eine wunderbare geistige Übung, von den Gedanken eines Dichters die äußeren Blätter zu entfernen, die Frucht der Sonne unseres eigenen Geistes auszusetzen und zu beobachten, wie ihre Strahlen den Duft verändern. Zu sehen, wie die Blüten und Früchte seines Denkens verschiedene Farbtöne, Düfte und Geschmacksrichtungen annehmen, wenn sie in ein anderes Gehirn versetzt werden, ist faszinierend.» (Sie erinnerte sich ebenso schmerzlich wie ich an die bedrückende geistige Unbeweglichkeit, die ich während der «König-Frost-Episode» erlebt hatte.)

«Das Spiel der Worte ist das einzige Spiel, das Du unter gleichen Bedingungen mit den Besten von ihnen spielen kannst. Denke daran, daß die größten Schriftsteller sich oft tagelang mühen, bevor ihnen der richtige Satz oder das passende Bild einfällt ... Du interessierst Dich für die Tagesfragen und für die Probleme der Behinderten. Du willst Dich in den Dienst des Menschen stellen. Wie könntest Du es anders tun als durch Schreiben?»

Das Kreuz, jemanden zu lieben, der zum Agnostizismus neigt, lastete schwer auf mir, als ich Teachers neuerliche Bekräftigung las, sie glaube nicht an Unsterblichkeit. Ich rief mir ins Gedächtnis zurück, wie nahe sie dem Tode gewesen war, und es bedrückte mich, daß sie nicht die wunderbare Gewißheit einer Fortdauer des Lebens hatte.

«Helen, es schmerzt mich tief, daß ich nicht imstande bin, so zu glauben wie Du. Es tut weh, an dem religiösen Teil Deines Lebens nicht teilzuhaben. Für mich ist, wie Du weißt, dieses Leben das Wichtige. Was wir hier und jetzt tun, darauf kommt es an, denn unsere Handlungen beeinflussen andere Menschen.

Die Bibel begeistert mich als ein dichterisches Werk. Ich finde Schönheit und Freude darin, doch ich glaube nicht, daß sie mehr von Gott inspiriert ist, als alle großen Werke es sind. Die Zukunft ist für mich in Dunkel gehüllt. Ich glaube, daß Liebe ewig ist und daß sie ewig selbst im Leben offenbar werden wird. Ich benutze das Wort ‹ewig› in dem Sinne, daß es so weit reicht wie meine Vorstellungskraft.

Du vertraust instinktiv auf eine Zukunft, in der das Krumme gerade gemacht wird. Der Glaube an eine bewußte Unsterblichkeit hilft Dir, das Leben trotz Deiner Behinderungen und Schwierigkeiten lebenswert zu finden. Der Gedanke, für immer an einem Ort zu leben, der Himmel genannt wird, sagt mir nicht zu. Ich bin es zufrieden, daß der Tod das Ende bedeutet, außer daß wir im Gedächtnis anderer weiterleben.»

Wie sehr wendet sich mein Geist Teacher zu, während ich diesen Abschnitt wiedergebe! Ich sehne mich danach, ihr zu versichern, daß ich das Leben um seiner selbst willen geliebt habe und weil sie zu mir gekommen ist. Ich nahm die Glaubensinhalte der Neuen Kirche freudig an und nicht wegen der «Tröstungen», die sie mir für meine Taubheit oder Blindheit oder irgendeine andere Schwierigkeit gewährte. Im Grunde habe ich stets gefühlt, daß ich in meinem Inneren alle fünf Sinne gebrauchte, so daß mein Leben erfüllt und vollständig gewesen ist. Hin und wieder weile ich in der geistigen Welt, wo mein Leben in Ewigkeit fortdauern wird, wenn ich aus diesem Erdentraum erwachen werde; deshalb hatte ich nie das Gefühl, daß Teacher und ich wirklich getrennt seien. Ich werde durch die Ewigkeit ebensowenig bedrückt wie durch das Zeitliche auf Erden. Ich werde durch den Ort, an den ich gestellt bin, nicht daran gehindert, nach neuen seelischen und geistigen Erfahrungen zu streben. Es betrübt mich, wenn ich darüber nachdenke, daß ihre Ungeduld Teacher davon abhielt, das Absolute zu begreifen, das in allen von uns wohnt, den fünf im Gehirn sitzenden Sinnen Gültigkeit verleiht und dadurch allem, was man nicht sieht, Licht schenkt und allem, was ungehört bleibt, Musik.

Nun komme ich zu einigen Briefen Teachers, die eine schöne Bedeutung für mich haben, weil sie zeigen, wie sehr sie mich als menschliches Wesen betrachtete, nicht als eine taube oder blinde Kreatur. Niemals, unter keinen Umständen, hätte sie mich gegen mein Gewissen denken, sprechen oder handeln lassen. Sie zählte zu den mir von Gott gegebenen Privilegien das Recht, meine Ansichten über politische, wirtschaftliche und religiöse Themen zu äußern und mit der gleichen Unbefangenheit das anzuhören, was andere sagten. Sie verspottete mich nie wegen meiner körperlichen Beschränkungen, und sie hörte sich aufmerksam alle Ansichten an, die ich mir gebildet hatte, wie sehr unsere Meinungen auch voneinander abweichen mochten. Sie stand mir bei in meinen Jugendjahren, während ich mir meine Ideen bildete und nach Ausdrucksformen für meine Individualität suchte.

«Meine Liebe, weißt Du, Du bist von Deinem Temperament her eine leidenschaftliche Reformerin. Wir kämpfen beide für den Frieden wie Soldaten auf dem Schlachtfeld. Wie oft habe ich nicht gesagt, wir machen beide das Leben zu sehr einem Schlachtfeld gleich! Vielleicht gäbe es mehr Frieden in der Welt, wenn wir die sanfteren Tugenden pflegen würden. Es liegt an uns, die wir meinen, im Recht zu sein, Geduld und Toleranz gegenüber jedermann anzustreben. Gott selbst vermag ohne uns diese Welt nicht freundlicher zu machen …

Es ist natürlich bedauernswert, daß Wilson mit der Ausdehnung der Welt nicht auch seinen eigenen Horizont ausgedehnt hat. Doch hat die Welt um ihn herum ihren Horizont erweitert? Es scheint eine Tatsache zu sein, daß einige Geister sich nichts von dem aneignen können, was sie nicht ganz persönlich betrifft. Sie werden alt und glauben, ihr Alter sei Weisheit.

Ich bin nicht im geringsten von Upton Sinclairs Glauben an Präsident Wilson beeinflußt. Sinclair ist einer jener Salon-Sozialisten, die Joe Ettor verachtet. Er ist gerade der richtige, um sich von Wilsons Wortschwall einfangen zu lassen. Nein,

nein! Wilson ist kein großer Humanist. Alle seine Worte und Taten sind von einer fixen Idee beherrscht. Es ist mir noch nicht klar, welche Idee das genau ist, aber sie wird sich zeigen, wenn sich die Ereignisse weiterentwickelt haben. Eines ist gewiß: Bei allem, was er tut, gibt er sich den Anschein, es werde gewiß zum höchsten Wohle der Welt sein. Ausbeutung gibt sich immer mildtätig – das ist die christliche Haltung. Ich fürchte, nichts Geringeres als eine Erleuchtung von oben wäre nötig, um mein Herz und meinen Verstand dafür empfänglich zu machen, in Präsident Wilsons Taten und seinen vielen Worten irgend etwas zu erkennen, das der Uneigennützigkeit auch nur nahekommt. Ich vermute, daß ich zu den Menschen gehöre, die sich nicht ‹ausdehnen› können!»

Ihr nächster Brief schneidet mir in Anbetracht der weiteren geschichtlichen Entwicklung ins Herz. Zu der Zeit, als die Vereinigten Staaten in den Weltkrieg eintraten, war mein Gewissen rein, und es gelang mir, meinen Pazifismus aufrechtzuerhalten. Doch als der Zweite Weltkrieg ausbrach, schien mir die Wahl klar zu sein – Freiheit oder Hitler –, und ich tat alles, was in meiner Macht stand, um Amerika und den Alliierten zu helfen, eine furchtbare Tyrannei zu stürzen. Doch ich hatte das Gefühl, als wäre ich dem himmlischen Prinzip des Friedens untreu geworden, und noch immer beunruhigt mich dieses Gefühl.

«Natürlich kannst Du die Schrecken dieses furchtbaren Krieges nicht aus dem Gedächtnis verbannen. Wir können nichts tun als warten. Ich glaube, daß wir uns erst in einigen Monaten hineinstürzen werden. Ich sehe nicht, was daraus Gutes entspringen soll, doch wir als Individuen haben alles uns Mögliche getan, um Amerika aus dem Mahlstrom herauszuhalten ...

Ja, es ist undenkbar, daß sich in dem Jahrhundert, in dem wir leben und das wir als aufgeklärt und zivilisiert bezeichnen, etwas derart Niederträchtiges ereignen soll. Jetzt kannst Du bestimmt verstehen, weshalb Bill Haywood die Idee, daß jedes Land zivilisiert sei, verhöhnte. Ich entsinne mich an seinen Ausspruch, daß unsere Kultiviertheit nichts als eine dünne Fassade sei, die Lügner, Schwindler und Mörder verberge. Ich dachte damals, er rede ziemlich wirr daher, doch nun lassen die Abscheulichkeiten dieses Krieges seine Erklärungen noch gelinde erscheinen.

Wie Du weißt, habe ich Präsident Wilson nie getraut. Er ist ein Egoist und im Innersten ein Tyrann, der ein Bismarck sein möchte, aber Bismarcks Intelligenz nicht hat. Wenn die Bankiers wegen ihrer Kredite nervös werden, zwingen sie ihn schon noch, in den Krieg einzutreten. Aber Helen, Du weißt ja, daß sich in der Geschichte die schlimmsten Ereignisse und die schrecklichsten Katastrophen als Stufen für eine neue Epoche erwiesen haben. Die Brände, Trümmer und Schrecken der Französischen Revolution waren notwendig, um die unterdrückten Völker zum Bewußtsein ihrer Menschenrechte zu erwecken. Wer weiß? Dieser Krieg mag die brutalen Dummheiten und Gemeinheiten dieser riesigen, materialistischen Geldaristokratie niederstürzen. Die Verschwendung von Kapital ist vielleicht so gewaltig, daß der Kapitalismus sich nicht mehr wird erheben können. Die Opfer werden sich nicht mehr berechnen lassen, aber vielleicht werden auch die Gewinne enorm sein. Oh, meine Liebe, was ist das für ein trostloser Brief! Und wie wenig paßt er zu meiner herrlichen Umgebung!»

Ich war in meinem Herzen wie elektrisiert, als Teacher in ihrer nächsten Mitteilung einen offenen Brief von Romain Rolland an Präsident Wilson beifügte. Nein, ich erwartete nicht, daß es irgendeine Antwort auf Rollands großherzigen Appell geben werde, aber er bestätigte von neuem meinen Glauben, daß groß denkende Menschen überall Frieden wünschten.

«Die Völker zerbrechen ihre Ketten. Es schlägt die Stunde, die Sie voraussahen und herbeisehnten. Möge sie nicht ungenutzt verstreichen! Von einem Ende Europas bis zum anderen regt sich unter den Völkern der Wille, ihr Schicksal noch einmal selbst in die Hand zu nehmen und sich zu vereinen, um Europa zu erneuern. Über die politischen Grenzen hinweg suchen sich ihre Hände, um sich miteinander zu verbinden. Doch noch immer gibt es tiefe Gräben und Mißverständnisse zwischen ihnen. Es muß eine Brücke gebaut werden über diesen Abgrund. Die Ketten des alten, verhängnisvollen Schicksals, das jene Völker in nationale Kriege treibt und sie veranlaßt, sich blindlings aufeinanderzustürzen und sich gegenseitig zu zerstören, müssen zerschlagen werden. Allein können sie dies nicht zustande bringen. Und sie rufen um Hilfe. Doch an wen sollen sie sich wenden?

Sie allein, Herr Präsident, genießen unter allen, die jetzt mit der schrecklichen Ehre belastet sind, die Politik der Völker zu leiten, noch eine umfassende moralische Autorität. Lassen Sie diese bewegenden Hoffnungsrufe nicht unbeantwortet. Ergreifen Sie die ausgestreckten Hände, und helfen Sie diesen suchenden Völkern, ihren Weg zu finden und die neuen Vereinbarungen von Freiheit und Einheit zu schaffen, deren Grundlagen sie so leidenschaftlich anstreben.

Bedenken Sie: Europa droht in einzelne Bereiche der Katastrophe zu zerfallen. Die Völker haben in allen Staaten wenig Vertrauen zu den regierenden Schichten. Zu dieser Stunde sind Sie noch der einzige, der zu den Völkern, zu den Bürgern aller Völker sprechen kann und gleichzeitig auch gehört wird. Sie sind der einzige, der heute ein Vermittler zwischen ihnen sein kann. Werden Sie dazu auch morgen noch in der Lage sein? Wenn dieser Vermittler versagt, werden die zerstrittenen Menschenmassen, weil es kein Gegengewicht gibt, in ihrem Verhängnis zu schrecklichen Ausschreitungen getrieben: die Völker zu blutiger Anarchie und die alten Ordnungsmächte zu erbarmungsloser Reaktion – Klassenkampf, Rassenkampf, Krieg zwischen den Nationen, die sich heute herausbilden, blinde soziale Schlachten, in denen nur der Haß und die gemeine Habgier befriedigt werden, die rasenden Träume einer einzigen Stunde des Lebens, die von keinem Morgen weiß.

Erbe von George Washington und Abraham Lincoln! Treten Sie nicht für die Sache einer einzelnen Partei oder eines einzelnen Volkes ein, sondern nehmen Sie die Sache aller in die Hand! Laden Sie die Vertreter der Völker zu einem Kongreß der Menschheit ein. Übernehmen Sie dort den Vorsitz mit all der Autorität, die Sie aus Ihrem hohen moralischen Gewissen und der mächtigen und großartigen Zukunft Amerikas beziehen können. Äußern Sie sich, sprechen Sie zu allen! Die Welt verlangt nach einer Stimme, die die Schranken der Nationen und Klassen überwindet. Seien Sie der Vermittler der freien Völker! Und möge die Zukunft Sie mit dem Namen des Versöhners grüßen!»

Die Briefe von Puerto Rico spiegeln den einzigen Teil von Teachers Leben, wo es keinen unaufhörlichen Konflikt zwischen äußeren Umständen und der idealen Welt gab – und sogar dort drang störend ein Weltkrieg ein. Ich wundere mich nicht über das außerordentliche Widerstreben, mit dem sie ihre «Freudeninsel» verließ, um in ihre sorgenbeladene Umgebung zurückzukehren. Sie wußte, daß es die Veränderungen und ständigen Abwechslungen, denen sie einst so gerne nachging, für sie nicht mehr geben würde. Ihr war klar, daß sie keine Möglichkeit besaß, die Lücken zu schließen, die ihr alter Feind, das schonungslose Analysieren, in ihrem Leben hinterlassen hatte. Sie fürchtete sich vor den einzelnen, konkreten Tätigkeiten, die durch die zunehmende Trübung ihrer Sehkraft eingeschränkt wurden, und sie fürchtete das Ringen mit ihrem eigenen stürmischen Temperament.

12

Es war lediglich die Hoffnung, für Teachers Unterhalt sorgen zu können, die mich nach Hollywood führte, um einen Film über meine Lebensgeschichte drehen zu lassen. Noch war Teacher nicht gänzlich wiederhergestellt, und über ein Jahr lang konnte sie keine Vorträge halten, doch die Filmarbeit gab ihr zum Teil ihr Gleichgewicht zurück und beschäftigte ihre Gedanken ganz und gar. Es war im Sommer 1918; die meisten Tage waren heiß, die Nächte kühl. Ein unerschöpfliches Entzücken bereiteten uns die Geranien, die wie Büsche wuchsen, die prächtigen Mohnblumen und die Weihnachtssterne, die Teacher, wie sie sagte, daran erinnerten, wie meine Seele neuen Horizonten entgegenwuchs. Als wir ins Studio gingen, empfing uns Unerwartetes: eine Expedition von Eskimos mit ihren Schlittenhunden, unterwegs in unbekannten Gebieten Alaskas, ein altmodischer Pony-Expreß, der durch das Land jagte, oder eine Bergsteigergruppe auf Skiern.

Zwischen den Szenen, in denen wir agierten, unterhielt sich Teacher mit dem Regisseur und den anderen Mitarbeitern und scherzte mit ihnen. Erfüllt von symbolischen Bildern, die sie mit mir teilte, stritt sie sich mit Dr. Liebfreed herum, der für das Finanzielle zuständig war, und entlockte ihm schillernde Versprechungen: Wie ein Hermes werde er sein bei unseren Bemühungen, neue Wege zu finden, wie das Interesse und die Sympathie der Menschen, die den Film sehen sollten, gewonnen werden könnten. Diese Versprechungen blieben unerfüllt, und immer, wenn er über die steigenden Kosten rot vor Zorn wurde, erinnerte Annie ihn geduldig, aber unerbittlich an seinen Wortbruch. Wie ein Gewitter brach dann sein Ärger über uns herein, und Teacher im Gegenzug zeigte sich in ihrer alten Kompromißlosigkeit. Daraufhin pflegte er die Redeschlacht zu unterbrechen, wandte sich mir zu und predigte Nächstenliebe, um dann seinen Angriff fortzusetzen. Er wollte einen kommerziellen Thriller, Teacher und ich verlangten ein historisches Zeugnis. Die beiden Standpunkte schienen unvereinbar zu sein. Es war eine traurige Komödie. Auch wenn Teacher rot sah und ihr Temperament mit ihr durchging, setzte sie sich doch unerschütterlich für mein Recht ein, Neuland zu betreten und die Grenzen meines Verständnisses für irdische Angelegenheiten zu erweitern.

Ich hoffte, daß sich durch die außergewöhnlichen Verhältnisse von Hollywood mehr von Annies wahrem Wesen verraten würde, doch war sie äußerst zurückhaltend, als wir Bekanntschaft mit Mary Pickford, Douglas Fairbanks und Mrs. Carrie Jacobs Bond machten. Jedermann war freundlich, doch bei ihren Komplimenten mir gegenüber blieb unwillkürlich das Gefühl zurück, ich sei betrogen worden. Wenige Menschen – wenn überhaupt jemand – sprachen von Teacher als von derjenigen Person, die besondere Anerkennung verdiente, weil sie Furchen durch das Feld meiner Beschränkungen gezogen und mir die kostbare Ernte meines menschlichen Erbes gegeben hat. In der Gegenwart von Charlie Chaplin zeigte sich Teacher jedoch in ihrem überschäumenden und bezaubernden Wesen. Sie hatten beide Armut durchlitten und die Mißbildungen, die diese an Leib und Seele verursacht. Sie hatten beide um Bildung und soziale Gleichheit gekämpft, und als ihre Bemühungen von Erfolg gekrönt waren, hatten sie die vom Schicksal Benachteiligten überreich mit ihrer Güte beschenkt. Beide waren sie scheu und von ihren Siegen über das Schicksal nicht verdorben worden. So war es nur natürlich, daß sie einander verstanden und eine jener Freundschaften schlossen, die den großen Künstlern Trost spendet in einer Welt, welche den Kindern des Genius nur zu oft untreu wird. Doch bei all meiner inneren Wachsamkeit und der Sehnsucht, daß man ihre individuelle Leistung erkennen werde, kam es nur selten vor, daß mein Stolz auf sie – wenn Liebe so genannt werden kann – befriedigt wurde. Wenn sie wiederum glaubte, daß ich angesichts der überreichen öffentlichen Zustimmung, die ich erhielt, immer glücklich war oder mich damit zufrieden gab, geschah dies in der Blindheit ihrer Liebe zu mir. Ein Gerechtigkeitsempfinden ist es und nicht etwa Undankbarkeit, was mich dazu treibt, die törichten Urteile genauer zu betrachten, die Teacher die Arbeit mit mir erschwerten.

Von meinem Plagiat, das ich mit «König Frost» begangen hatte, habe ich bereits geschrieben. Daß im Zusammenhang damit Annie Sullivan vorgeworfen wurde, mein Denken beeinflußt zu haben, kann ich nicht verzeihen. Während meiner Studien am Radcliffe-College streuten einige Leute, die sich Christen und Freunde der Blinden nannten, Zweifel und Verdachtsmomente aus, weil ich weder sehen noch hören konnte, und machten Andeutungen – ohne dabei Teachers Name zu nennen –, daß ich gezwungen werde, Fächer zu studieren, die ich mit meinem Denken gar nicht verstehen könne.

Sogar in den glücklichen Tagen in Wrentham, als ich über das Streitgespräch zwischen Shakespeare und Bacon schrieb – lediglich aus Freude am Thema – und Partei für Bacon ergriff, waren Freunde wie Richard Watson Gilder vom *Century Magazine* schockiert. Mr. Gilder hatte es mir gestattet, *Die Welt, in der ich lebe* und *Das Lied von der Steinwand* für das *Century Magazine* zu schreiben. Ersteres war eine sehr streitbare Schrift, aber er akzeptierte sie. Doch als ich ihm den Artikel über Shakespeare und Bacon zusandte, äußerte er die Befürchtung, es könne mir schaden, wenn ich meine Ansichten über solch ein Thema öffentlich darlegte. Er tadelte sogar

Teacher und John dafür, daß sie mich diesen Artikel hatten schreiben lassen! Wie konnte er auch nur im Traum daran denken, daß sie mein Recht antasten würden, als freie Frau zu sagen, was ich wollte! Ich erwähne das nicht etwa, weil es wichtig ist, sondern weil ich zum ersten Mal Außenstehenden zu erkennen gegeben hatte, daß ich selbständig denken könne.

Die stärkste Einengung, über die ich mich ärgerte, bestand darin, daß ich auf zwei Themen eingeschränkt wurde: Das eine Thema war ich selbst; und ich war es herzlich müde geworden, über mich zu schreiben. Das zweite Thema betraf alles, was mit den Blinden zusammenhing. Teacher hätte mir kaum erlaubt, etwas über sie zu sagen, nicht einmal in der *Geschichte meines Lebens.* Zu meiner Enttäuschung wählte man 1906 mich zum Mitglied der «Massachusetts-Kommission für Blinde» und nicht Teacher mit ihrer langjährigen Erfahrung in der Arbeit mit Blinden. Es quälte mich, daß ich um Rat gefragt wurde und nicht Teacher, die sich doch über all die Jahre hinweg aus eigener Erfahrung die Kenntnisse über die Methoden erworben hatte, wie man Behinderten helfen kann. Es erstaunte mich, daß die vielen Besucher in unserem Heim in Wrentham mit mir die unterschiedlichsten Probleme der Gehörlosen, der Blinden oder der Taubblinden erörterten, anstatt den Rat der erfahrenen Lehrerin zu suchen, die ihre Fragen sachkundig beantworten konnte.

Als Teacher und ich uns in Wrentham niederließen, sollte ich mich für die Blinden einsetzen und nicht für die Maßnahmen zur Erhaltung des Sehvermögens. Die Blinden allein hätten genügt, um mich vollauf zu beschäftigen. Ich hatte nur wenige Jahre lang die Möglichkeit gehabt, mein eigenes Leben zu führen, und ich rechnete noch immer mit Teachers Weisheit und Erfahrung, wenn die komplizierten Probleme der Blinden auf mich einstürzten. Wir führten lange Gespräche miteinander, als verschiedene Fragen auftauchten, und John las Bücher und Berichte darüber, einige in Französisch und Deutsch, wie man in Amerika, in England, in Frankreich und in Deutschland den Problemen der Blinden begegnete. Man muß sich in Erinnerung rufen, daß die Bewegung der Blindenfürsorge in Amerika vergleichsweise jung war und kaum jemand, abgesehen von den Lehrern in den wenigen Blindenschulen, die Methoden kannte, Blinde zu unterrichten. Je mehr ich mich mit der Problematik befaßte, um so stärker spürte ich meine Unzulänglichkeit. Die Öffentlichkeit betrachtete – und sie tut es noch immer – die Blinden als eine Klasse für sich. Doch tatsächlich gleichen zwei Blinde einander ebensowenig wie zwei Sehende. Fast genauso viele Arten von Hilfe sind nötig, wie es blinde Menschen gibt. Ich denke etwa an die Schulung blinder Kleinkinder; davon unterscheidet sich der Unterricht von Kindern mit geringem oder ganz fehlendem Sehvermögen; es gibt die Beschäftigung für erwachsene Blinde in besonderen Werkstätten oder in ihrem Zuhause, und es gibt die Fürsorge für die alten und gebrechlichen Blinden. Und zu nennen ist schließlich die Pflicht der Bürger und die Verantwortung der Regierung, für die Befriedigung der stets wechselnden Bedürfnisse der Blinden zu sorgen. Ist es da verwunderlich, daß Teacher und ich oft um einen neuen Arbeitsabschnitt ringen mußten, bevor ich auf öffentlichen Versammlungen im Namen der Behinderten sprechen oder mich vor dem Gesetzgeber für sie einsetzen konnte? Und ist es etwa befremdlich, daß ich Teacher mit ihrem großen Erfahrungsschatz in der Blindenarbeit und ihren vielen Fähigkeiten als den weisen Ratgeber, den Nestor, in unserem gemeinsamen Arbeiten sehe und mich selbst als Dienerin eines göttlichen Planes, den wir von fern erahnten?

An dieser Stelle möchte ich erwähnen, daß ich mich zu einer Zeit, als Ophthalmia neonatorum (Blindheit bei Neugeborenen) in der Gesellschaft ein Tabuthema war, aus eigenem Antrieb der Bewegung anschloß, die diese Krankheit ausrotten wollte. Ich unternahm diesen Schritt auch, weil es mich tief bewegte, wie Teacher wegen ihrer Augen litt. Doch eine gute Freundin tadelte mich – und Teacher – für die Artikel, die ich schrieb, und die Reden, die ich über Präventivmaßnahmen gegen Blindheit hielt! «Warum zerbrichst du dir den Kopf über solch nutzlose Fragen?» sagte sie. «Es liegt in der menschlichen Natur, die Augen der Neugeborenen aus reiner Sorglosigkeit zugrunde zu richten. Und du weißt, wie hoffnungslos jeder Versuch ist, die menschliche Natur zu ändern.» Ich stritt lange mit ihr – es war zwecklos. Seither ist viel Wasser den Rhein hinabgeflossen, und solch ein Vorurteil kommt uns inzwischen unglaublich vor, wenn man bedenkt, daß heute jährlich internationale Kongresse abgehalten werden, um über bessere Methoden zur Bekämpfung aller vermeidbaren Arten von Blindheit zu diskutieren.

Zu manchen Zeiten konnte ich über die absurden Vorstellungen nur lachen, die über die Taubblinden in Umlauf gesetzt wurden und noch immer verbreitet werden, über die angebliche Unmöglichkeit, daß sie irgend etwas von der Welt und dem, was in ihr vorgeht, wissen. Sie machten die blumigen Komplimente zur Farce, wenn ich «eine Göttin» genannt wurde oder «eine Heilige» oder «ein Erzengel, der in der Dunkelheit erscheint». Aber ich liebte Teacher, und vieles, was ihr widerfuhr, wollte meine Liebe zu ihr nicht dulden.

Als ich zum Mitglied der Massachusetts-Kommission für Blinde ernannt wurde, war ich besonders an dem Kampf interessiert, den der Staat gegen Vorurteil und Unwissenheit führte, um das Recht der erwachsenen Blinden auf Schulung und auf angemessene Möglichkeiten zu einem eigenen Unterhalt zu wahren. Ich dachte daran, daß Teacher eine Schülerin des Perkins-Instituts gewesen war und daß Dr. Howe, der erste Direktor dieser Einrichtung, eine Anstalt geplant hatte, in der alle arbeitsfähigen erwachsenen Blinden des Staates Beschäftigung finden sollten. Dieser konstruktive Gedanke war noch nicht so weit verwirklicht worden, wie man es sich gewünscht hätte, und Teacher und ich strengten uns aufs äußerste an, um ihn ganz in die Realität umzusetzen. Da wurde mir plötzlich ein schwerer Schock versetzt. Ich machte zufällig die Bekanntschaft von Mr. F. B. Sanborn, dem Herausgeber des *Springfield Republican*. Er war früher Mitglied des Vorstandskomitees gewesen, dem die Aufsicht über das Armenhaus in Tewksbury oblag, und durch ihn war Annie Sullivan ins Perkins-Institut gelangt. Man hätte annehmen sollen, daß er in Anbetracht des Mutes, mit dem Annie für ihre Ausbildung gekämpft, und der humanitären Tätigkeit, der sie sich ganz gewidmet hatte, ihre Zurückhaltung in bezug auf Tewksbury respektiert hätte. Doch ich wurde desillusioniert. Nachdem ich vor der gesetzgebenden Körperschaft von Massachusetts über die Bedürfnisse der erwachsenen Blinden gesprochen hatte, erzählten mir treue Freunde, daß Mr. Sanborn Teacher beleidigt habe. Er machte ihr ihre ärmliche Herkunft zum Vorwurf und erging sich in Betrachtungen über ihre «Undankbarkeit» gegenüber der Institution, die einen «Sozialfall» als Schülerin aufgenommen hatte. Teacher verlor mir gegenüber kein Wort über die Angelegenheit. Doch entgegen ihren Wünschen machte ich in einem Brief an Mr. Sanborn meiner Empörung Luft. Bis heute kann ich dieses schäbige Betragen nicht entschuldigen. Es kam ihm überhaupt nicht in den Sinn, daß wir doch alle, wie ungeduldig wir gegenüber unseren Mitmenschen auch sein mögen, miteinander verbunden sind und für und durch den anderen leben. Ein Verhalten, das die menschliche Würde verletzt, schadet unseren Möglichkeiten, Wertvolles zu leisten. Es war eine bittere Lektion für mich zu erfahren, wie jemand, der dem Ideal von Emerson und Thoreau gehuldigt hatte, daraus Verachtung statt guten Willen den Armen und Unglücklichen gegenüber ziehen konnte.

Diese schreckliche Erfahrung von Grausamkeit und Häßlichkeit, die sich in der menschlichen Natur so oft zeigen – eine Erfahrung, die mir die Sprache verschlug –, mußte ich dagegen auf meinen Vortragsreisen nicht machen. Überall waren unsere Zuhörer freundlich. Ich bewunderte die Geduld, mit der sie meiner unvollkommenen Rede lauschten, aber ich konnte das Gefühl nicht loswerden, daß Teacher nicht genügend gewürdigt wurde. Da sie eine natürliche Gabe besaß, öffentlich zu reden, wurde ihr Programmteil der wichtigste, und ich war glücklich darüber, daß ihr kostbares Licht – ihr Werk – nicht länger unter den Scheffel gestellt werden konnte. An den wenigen gleichgültigen Worten, die ich von den Zuhörern als Antwort auf meine Fragen erhielt, erkannte ich, daß es dem Publikum gleichgültig war, was ich über den Frieden oder die Gesellschaftsstruktur oder die Arbeiterbewegung sagte; es wollte nur etwas über die Blinden hören oder vielleicht eine Botschaft über Glück und Zufriedenheit. Es war mir jedoch eine Genugtuung, daß sie Teacher zuhörten. Ich stellte mir sie vor, wie sie, einfach und bescheiden auf dem Podest stehend, ihre Botschaft über wahre Erziehung normaler wie sinnesgeschädigter Kinder verkündete, wie die Botschaft in die Welt hinausgehen würde, um

> «wie von einem nicht erloschenen Herd
> Asche und Funken auszustreuen»

und in der ganzen Welt neue Gedanken zu erwecken. Doch die Enttäuschung folgte mir von Ort zu Ort. Obwohl man Teacher mit gefälligen Komplimenten überschüttete, spürte ich, daß die meisten Zuhörer nicht die geistige Offenheit hatten, um ihre Ideen begreifen zu können. Es wurde mir bewußt, daß nur verhältnismäßig wenige Menschen erkennen, was für ein Wunder die Sprache ist, und daß noch weniger Menschen von echter Liebe zu ihr erfüllt sind, wie Dr. Bell und Teacher. Sie erlaubte mir nie auszusprechen, wie sehr ich mir wünschte, daß man ihr größere und wärmere Anerkennung zuteil werden ließ; wenn ich nur aufrührerisch dreinschaute, drohte sie schon, keine Vorträge mehr zu halten.

Sogar unter den Sozialisten und den liberalen Gruppen, bei denen Teacher und ich uns mehr zu Hause fühlten, bemerkte ich, daß ihr Werk nicht verständnisvoll gewürdigt wurde. Es dauerte Jahre, bis ich meine jugendliche Ungeduld einigermaßen abgelegt hatte und verstehen konnte, daß Ideen über Erziehung, Wirtschaft, Politik, Wissenschaft oder über irgendein anderes Gebiet, über das seit Jahrtausenden nachgedacht wird, nur langsam wachsen. Wie mächtige Mammutbäume senken sich ihr Wurzeln Zentimeter für Zentimeter in das menschliche Bewußtsein und breiten ihre Zweige der Aufklärung nach und nach in die weite Himmelswelt der Gedanken aus. Teacher hatte dies schon lange zuvor herausgefunden, aber trotz der Tragödie des Ersten Weltkrieges, trotz unserer Enttäuschung über einige Radikale, die unser Vertrauen nicht erfüllt hatten, und trotz ihrer Phasen von Mutlosigkeit unterstützte sie mich unbeirrbar in meinen Bemühungen für die Enterbten und Verarmten und für den Frieden. Ihr erster und letzter Gedanke war, daß ich als ein Mitglied der Menschheit völlige Willensfreiheit erringen sollte. Sie teilte mir mit, ob meine Haltung zu sozialen Fragen von den Leuten, die am besten unterrichtet waren, gutgeheißen oder kritisiert wurde, und ich wiederum akzeptierte die Verantwortung, die sich mir aus der freien Wahl ergab. In dieser Hinsicht ließ sie sich nicht durch ihre individuellen Anschauungen beeinflussen, wie dies bei einigen mir bekannten Leuten der Fall war, deren Egozentrik, bewußt oder unbewußt, die Persönlichkeiten zerstörte, die sie in ihrer Entwicklung zu fördern vorgaben.

Zuerst schien sich alles gegen meinen Wunsch verschworen zu haben, für Teachers Unterhalt zu sorgen. Wir hatten in Hollywood viel aufs Spiel gesetzt und hatten verloren. Danach wandten wir uns dem Varieté-Theater zu. Meine Stimme, ein wesentlicher Bestandteil unseres Auftritts, hatte sich nicht so weit verbessert, wie ich es mir erhofft hatte. Ich erwartete nicht, daß das Publikum künftig in irgendeiner Weise schonender mit uns umgehen werde, als dies in der Vergangenheit der Fall gewesen war. Fast wollte mich der Mut verlassen, wenn ich mir überlegte, daß im Falle eines Mißerfolgs Teacher, mehr noch als ich, unter dem Knurren des Tigers und den Zähnen des Wolfes zu leiden haben würde. Aber die Umstände waren uns günstig. Die Zuschauer hatten Vergnügen an unserer Vorstellung, auch wenn sich einige «Grobhälse» unter ihnen befanden, und nahmen meine Botschaft freundlich auf: daß großartige Veränderungen in der Welt geschehen könnten, wenn die Menschen nur erkennen wollten, daß genügend Geisteskraft und guter Wille vorhanden sind, um die vermeidbaren großen Mißgeschicke der Menschheit zu heilen. Ich war so stolz wie Madame Schumann-Heink, mir den Lebensunterhalt durch einen würdigen Auftritt zu verdienen. Es machte mir nichts aus, daß einige überempfindliche Gemüter erschüttert waren. Unser Manager, Mr. Harry Weber, ebnete uns mit ungewöhnlicher Umsicht den Weg, und es gelang mir endlich, was ich mir schon als junges Mädchen erträumt hatte: einen bescheidenen Fonds für Teacher anzulegen. Besonders dankbar war ich Mr. Weber dafür, daß er mit unseren Kritikern umzugehen wußte. Wenn sie einwandten, ich solle meinen Vortrag in Vortragssälen oder Kirchen halten, aber gleichzeitig keine praktikable Lösung für die Bezahlung hatten, pflegte er lediglich zu fragen: «Werden Sie ihnen soviel bezahlen wie wir?» Dann hörten wir nichts mehr von ihnen. Es war auch von Vorteil für uns, daß die Musik einen größeren Teil unseres Auftritts einnahm und die eigentliche Darstellung nur zwanzig Minuten dauerte – statt eineinhalb Stunden wie bei einem regulären Vortrag. Außerdem konnten wir eine Woche lang an einem Ort bleiben und mußten nicht, wie zuvor bei unseren Vorträgen, die gut gemeinte, aber ermüdende Gastfreundschaft der Leute annehmen, die uns engagiert hatten.

Auf der anderen Seite waren diese zwei Jahre für Teacher eine schreckliche Qual. Sie hatte niemals Gefallen an öffentlichem Vortragen gefunden, obwohl mir die Leute überall sagten, es sei eine Freude, ihrer Stimme zu lauschen. Auch litt sie jedesmal, wenn sie im Rampenlicht auftreten mußte, unter qualvollen Schmerzen in ihren Augen. Und schließlich war sie in ihrem großzügigen Denken erzürnt über die Beschränktheit und die vielen Trivialitäten, die sie sah und hörte. Sie verblüffte mich mit ihrem Sinn für Gerechtigkeit, wenn sie über die ermüdenden Stunden sprach, die sie im Varieté verbracht hatte, doch ich wußte nur zu gut, wie ihr Feingefühl litt und die Gemeinplätze, über die sich die gewöhnlichen Zuschauer amüsierten, ihr den Atem nahmen. Ihr Leben schien sich unaufhörlich in sinnlosen Kreisen zu drehen, wie ein Fisch in einem Aquarium, und ihre Anfälle von Melancholie halfen ihr nicht heraus. Im Schmerz der Anstrengung vergoß ihre Seele

> «... Tropfen von Feuer,
> Die alle Tränen nicht zu löschen vermögen».

Sie haßte die Streitereien, Eifersüchteleien und Belanglosigkeiten, die in jedem Beruf, in jeder Kunst und in allen Arten von Beschäftigung zu finden sind. Sie traf Menschen, denen gegenüber sie ihre Geduld verlor, weil sie an die eigenen Bekenntnisse und Predigten selbst nur halb glaubten und selten oder nie ihre Entschlüsse verwirklichten. Wenn sie mit ihr sprachen, rief sie etwa aus: «Was auch geschieht, fangen Sie immer wieder an, auch wenn es Ihnen mißlingt. Beginnen Sie jedesmal von neuem, wenn Sie versagen, und Sie werden stärker werden, bis Sie bemerken, daß Sie ein Ziel erreicht haben – vielleicht nicht jenes, das Sie zu Beginn vor Augen hatten, aber eines, an das Sie sich mit Freude erinnern werden.» Und wer zählt schließlich die vielen Ansätze, wo sie selbst etwas versuchte, versagte und zuletzt doch siegte?

Wenn ich daran denke, daß Teacher ihre Reisen mit dem Varieté in einem Alter unternahm, in dem sie sich hätte zur Ruhe setzen sollen, so habe ich ein schlechtes Gewissen – und zugleich erfüllt es mich mit Bewunderung. Es betrübt mich auch, mich daran zu erinnern, wieviel Sorgen ich ihr mit meiner Neigung bereitete, peinliche Fragen ohne oder mit wenig Zurückhaltung zu beantworten. Ihre Gesundheit verschlechterte sich, und sie wäre wohl ins Stolpern geraten, wenn Polly ihr nicht zur Seite gestanden hätte. Immer wieder holte sie sich ernsthafte Erkältungen: Kehlkopfentzündungen oder Bronchitis. Augenärzte in den verschiedenen Städten, in die uns der «Orpheum Circuit» brachte, untersuchten ihre Augen und erklärten ihr, daß sie ihnen eine Erholungspause gönnen müsse, andernfalls werde sie ihr Sehvermögen völlig verlieren. Sie befolgte ihre Anweisungen jedoch nicht, sondern hielt bis Toronto durch, wo sie wegen einer schlimmen Grippe das Bett hüten mußte – das war 1921. Polly, die für solch einen Notfall nicht vorbereitet war, gelang es, auf der Bühne ihre Rolle zu übernehmen. Dann erholte sich Teacher immerhin so weit, daß sie für eine Weile weitermachen konnte, aber Anfang 1922 zwang sie eine schwere Halsentzündung, wieder aufzuhören, da sie nur noch zu flüstern vermochte. Polly hatte unter Teachers Anleitung die Situation wunderbar gemeistert und war imstande, mit mir auf der Bühne zu arbeiten. Es hätte keinen dramatischeren Beweis für Teachers Liebe geben können, als daß sie eben dafür sorgte, daß ich physisch von ihr unabhängiger wurde, und es mir ermöglichte, meine Bühnenarbeit mit einer anderen Person fortzuführen. Eine Zeitlang fühlte ich mich ganz verloren und vermißte ihre wichtige Inspiration bei meinem Vortrag, aber nach dem heroischen Opfer, das sie um meinetwillen gebracht hatte, wagte ich nicht, diesem Zustand nachzutrauern.

13

Es war eine traurige Heimkehr, als wir drei vom Varieté-Theater wieder nach Forest Hills kamen. Annies Dankbarkeit für alles, was ich getan hatte, um ihre «kargen Mittel» zum Lebensunterhalt zu vergrößern, war ergreifend, aber ich ließ mich nicht täuschen. Es war ganz augenscheinlich, daß sie ihre überströmende Freude am Leben verloren hatte. Der Glanz, der sonst aus ihren Augen strahlte, war verschwunden. Sie sehnte sich unendlich nach der Unabhängigkeit, deren sie sich sonst erfreut hatte, als sie noch allein spazierengehen, fahren und ohne fremde Hilfe Bücher lesen konnte. Es war nicht die Veränderung ihres Lebensstils in einer neuen Umgebung, unter der sie litt, sondern ein grausames Schicksal, das ihr die Kräfte raubte. Ich will damit nicht sagen, daß sie ganz am Boden zerstört war. Jedesmal, wenn sie Freunde in unser Haus einlud, riß sie sich zusammen und war um Fröhlichkeit und anregende Unterhaltung bemüht. Sie konnte es nicht ertragen, wenn es jemand für klug und weise hielt, sich in Trübsal zu ergehen. Ihre Verachtung galt jenen, die heimlich hinter die Vorhänge auf den Schrein des Lebens schauten, ihn leer fanden und murrend davongingen – ohne jemals auf den Gedanken gekommen zu sein, daß vielleicht ihr eigenes geistiges Sehvermögen zu sehr getrübt war. Aber sie konnte sich nicht mit der Tatsache abfinden, daß ihre vernachlässigten, überbeanspruchten Augen, die «Ariels des Sehens», über kurz oder lang nicht mehr imstande sein würden, ihr zu dienen. Sie hatte immer geglaubt, was Dr. Samuel Gridley Howe einmal geäußert hatte, nachdem er sechzehn Jahre lang Leiter des Perkins-Institutes gewesen war: «Würden wir annehmen, daß ohne Augenlicht eine gänzlich harmonische Entwicklung des Charakters möglich ist, dann müßten wir glauben, daß Gott uns diesen edlen Sinn völlig überflüssigerweise gegeben hat.»

Teacher bestritt nicht, daß sich der Verlust anderweitig ausgleichen ließ, und sie erinnerte sich an Miltons herrliches Sonett über seine Blindheit, in dem die Worte vorkamen: «Es dienen auch die, welche nur dastehen und warten.» Doch von ihrem Standpunkt aus waren die Möglichkeiten der Entschädigung für die lange Nacht der Schatten nicht ausreichend. Sie war eines jener sensiblen Gemüter, die sich ihrer Blindheit schämen. Die Behinderung demütigt sie wie ein dummer, selbstverschuldeter Fehler oder wie ein deformiertes Körperglied. Sie rechnen nicht mit dem mitfühlenden Verstehen. Sie schrecken zurück vor den Bemerkungen der Menschen, die ihren Kampf gegen das Mißgeschick mit ansehen. Blindheit ist für sie ein Schlag gegen ihre Freiheit und Würde, besonders wenn sie immer aktiv und fleißig gewesen sind.

Wenn Teacher im Kindesalter richtig beigebracht worden wäre, wie man sich in der Dunkelheit zurechtfinden kann, hätte sie Techniken entwickelt, die ihr die Unabhängigkeit länger gewährleistet hätten. Aber auch in ihrer jetzigen Lage trug sie die Enttäuschungen mit Fassung, nur die ihr am nächsten Stehenden wußten davon. Menschen, die kein Empfinden für diese Tatsache hatten, konnten unabsichtlich grausam sein. Obwohl sie beispielsweise Freunde hatte, die gerne bereit waren, ihr vorzulesen, konnte sie sich nicht damit abfinden, was anschließend eintreten mußte: daß es ihr nicht möglich sein würde, in gedruckten Büchern Passagen wiederzufinden, die sie nachlesen wollte. Sie fürchtete, daß sie den Menschen, die für sie sorgten, gänzlich zur Last fallen werde. Da sie in ihrer Erinnerung so deutlich die Dunkelheit empfand, in der sie einst gelebt hatte, drängte ihr Bewußtsein leidenschaftlich nach Licht, und sie konnte sich nur schwer mit einer Rückkehr in ihr Exil, fern von diesem Licht, abfinden.

Doch wie stets vertrieb Teacher diese schwarzen Schatten aus ihrem Bewußtsein, und ein oder zwei Tage später war sie begeistert auf der Suche nach einer guten Tat oder einem Weg zum Glück. «Was bedeutet es schon, wenn ich dieses oder jenes über die Nutzlosigkeit des Lebens sagte», rief sie ungeduldig aus. «Du weißt, was für ein Chamäleon ich bin. Laß uns zusammen unsere Lasten tragen! Richten wir unser Leben nach der Gegenwart. Laß uns aussäen, ohne die Körner zu zählen. Laß uns jemandem nützlich sein und die Sinne, die wir haben, in wohltätige Energie verwandeln. Dann werden wir uns weniger gegen die Lebensumstände wehren und statt dessen mehr daran denken, wie wir Sonnenschein um uns herum verbreiten können – und vielleicht wird es mir dann gelingen, meine Erfahrungen in einem göttlichen Licht zu sehen und zu verstehen, wieviel Weisheit in den Freuden und Sorgen liegt, aus denen unsere Tage gewoben sind.»

Nur um zu zeigen, daß Teacher eine Seele von großer Kameradschaft war, wie abwegig die Impulse auch sein mochten, die sie bedrängten, will ich in Worte fassen, was sie mir zu sagen versuchte: «Gute Kameradschaft verhindert, daß wir zu hart urteilen. Wer sich selbst überlassen ist, wird rücksichtslos in seinem Denken und reibt sich an der Einfalt der meisten Menschen auf. Für hochkultivierte Menschen wird das Leben langweilig, wenn sie nicht poetische Vorstellungskraft haben. Denen, die in ihrem Denken überheblich sind, ist alles Gewöhnliche ein Sumpf der Langeweile. Aber gute Kameradschaft mildert die negative Haltung in der Erkenntnis und hält sich nicht mit übertriebener Kritik an den Unzulänglichkeiten der durchschnittlichen Intelligenz auf. Sie ist nicht hochmütig, sondern schaut mit wohlwollendem Humor auf die persönlichen Eigenarten und Unvollkommenheiten der Menschen.

Sie ist ein freundliches Zeugnis für die Weisheit des Alltags, so daß andere nicht leiden müssen. Gute Kameradschaft erscheint wie eine liebliche Blüte oder eine köstliche Frucht an einem langsam wachsenden Baum, wie ein prachtvoller Glanz, wo alles andere banal vorkommt, oder wie ein schmückender Opal inmitten der ganzen Eintönigkeit. Durch sie überwindet man seine Abneigungen, um neuen Mut zu schöpfen und verborgene Werte aufzudecken. ‹Den glimmenden Docht wird er nicht auslöschen.›» In diesen Gedanken wird einiges von Teachers geistiger Weiterentwicklung während ihrer Arbeit beim Varieté deutlich.

Wie zur Zeit der Vorträge und der Bühnenarbeit war Teacher nach unserer Rückkehr nach Forest Hills immerfort dabei, sich Beschäftigungsmöglichkeiten aller Art auszudenken. Während Polly den Haushalt versorgte, kochte, Anrufe entgegennahm, Besuchern die Tür öffnete und sich um die Rechnungen kümmerte, überwachte Teacher meine Stimmübungen. Ach, hätte ich sie nur Stunde um Stunde fortsetzen können! Hätten meine Finger doch nur den Zauber des Tones erfassen können, dessen Geheimnis sich dem Ohr enthüllt, als ich ihr von den Lippen ablas und mit eigenen Worten wiederholte, was sie mir vorsprach. Bei keiner anderen Macht der Welt hätte sich ein solch starker Wille wie bei Teacher finden lassen, die beiden großen Hindernisse in meinem Sprechen zu überwinden: Monotonie und fehlende Modulation. Dafür brachte sie eine Geduld auf, wie es ihr bei keiner anderen Tätigkeit sonst gelang. Sie pflegte mir laut ein kurzes Gedicht oder einen kleinen Prosatext vorzulesen – einen ganzen Artikel von ihren Lippen zu lesen und dabei immer den Arm hochzuhalten, war zu anstrengend –, und ich sprach die Worte wieder und wieder, wobei ich versuchte, den «Klang» und die Auf- und Abbewegung in ihrer Aussprache zu erfassen. Sie war erfreut, wenn ich Humor oder Ernst in mein Sprechen legte; doch der «Klang» und die Betonung waren mir für immer unerreichbar. Sie nahm alle möglichen Vergleiche zu Hilfe, etwa das Plätschern eines Baches, die Leichtigkeit, mit der ein Vogel aus voller Kehle singt, oder die Töne eines Musikinstrumentes, um zu verdeutlichen, was sie anstrebte. Manchmal hatte ich das Gefühl, die Worte kämen rund, weich und wohltönend aus meiner Kehle, und bildete mir ein, daß ich es schaffen könnte. Dann aber sagte sie mir, daß meine Stimme zwar lieblich sei, die Worte jedoch nicht deutlich genug herauskämen. Sie bat mich inständig, morgens, nachmittags und abends in der Dachstube, in der wir schliefen, zu üben. Nur zu gern hätte ich es getan, aber es war mir nicht möglich. Vorbei waren die Mußestunden in Wrentham, in denen ich experimentieren konnte, indem ich mir selbst laut vorlas, summte, zu singen versuchte und meine Hand auf verschiedene Arten von Material legte, um zu sehen, wie sie auf die Vibrationen meiner Stimme reagierten. Wahrscheinlich ist es ja ein Wunschdenken, aber wäre es uns vergönnt gewesen, für längere Zeit ungestört in Wrentham zu bleiben, und hätten wir weniger Vortragsverpflichtungen gehabt, dann – so scheint es mir – hätte ich mich ein gutes Stück weit dem normalen Sprechen annähern können. Unser Umherirren von einem Ende des Landes zum anderen nahm unsere ganze Zeit in Anspruch, und die eiligen Proben meiner Reden vor den Vortragsterminen ließen uns keine Ruhepause für ein sorgfältiges und effektives Üben, das meine Stimme vielleicht angenehmer und verständlicher gemacht hätte.

Nachdem wir uns erst einmal in Forest Hills niedergelassen hatten, schwand die Begeisterung, mit der ich früher meine Sprachschwierigkeiten angegangen war; das niederschmetternde Resultat meines unentwegten Bemühens und das Unbehagen, das ich verspürte, wenn ich auf ein Podest stieg, hatten das Ihre dazu beigetragen. Das verlockende Ziel einer natürlichen Stimme schien außerhalb des Erreichbaren zu liegen. Teacher zuliebe hätte ich mich freudig eingeschlossen und bis zur Erschöpfung geübt, doch andere Anforderungen beanspruchten unsere ganze Energie. Unsere Arbeit daheim verdoppelte sich. Wir versuchten, unsere Wissenslücken bezüglich der Situation von Blinden und Gehörlosen zu schließen, beschäftigten uns mit Fragen zu Krieg und Frieden, mit gerade veröffentlichten Büchern, mit Sozialismus und anderen Problemen. Außerdem gab es buchstäblich Tausende von unbeantworteten Briefen, die sich in unserem Haus gestapelt hatten, die meisten von ihnen handschriftlich oder mit der Maschine geschrieben. Da wir keinen Dienstboten hatten, konnte Polly sich darum nicht kümmern. Es war Annie, unsere allerliebste Annie, mit ihren kranken Augen, die die dringendsten für mich heraussuchte. Einigen anderen Adressaten schrieb Polly ein paar Antwortzeilen, wann immer sie sich von ihren Pflichten im Haushalt freimachen konnte. So verrannen die Stunden in dem vergeblichen Versuch, die Last meiner Korrespondenz zu verringern, und meine Sprechübungen, die an erster Stelle hätten stehen sollen, wurden weitgehend vernachlässigt.

Aber Teacher wollte nicht, daß ich mir endlos Sorgen machte wegen der «bösen Feen», die meine besten Absichten durchkreuzt hatten. Sie erinnerte mich daran, wie wir bei einem Autourlaub irgendwo in den Bergen unter den Tannen geschlafen hatten und entzückt waren von dem Wohlgeruch der Nacht und den Sternen, die über uns schienen. Für den Sommer 1924 plante sie daher eine uns noch unbekannte Art des Urlaubs: eine Fahrt duch Neuengland. Harry Lamb begleitete uns, während Polly ihre Ferien in Schottland verbrachte. In unserem Wagen nahmen wir eine neue Art von Zelt mit, das mit Matratzen versehen war, einen Gaskocher, einen kleinen Kühlbehälter und die Dame unseres Herzens: unsere rotgoldene Dänische Dogge Sieglinde. Mit Freude bemerkte ich, wie Teachers Lebensgeister wieder erwachten, als wir aus der Hitze und dem drückenden Klima einer langen Trockenperiode in die freundliche grüne Landschaft von Berkshire flohen. Als wir nach einem köstlichen Abendessen – es gab Steaks, Kartoffeln und Marzipan – in unserem Zelt lagen, sagte Teacher zu mir: «Es ist wundervoll, allein diese Luft einzuatmen, die so rein ist, daß nur Gottes Hand sie verströmen kann. Und hier gibt es

‹Die Eule und das Streifenhörnchen,
Die an den kühlen Türen der Nacht
Zwiesprache halten mit der Stille›.»

Am Morgen, als wir auf einer Weide vor unserem Zelt saßen, versammelten sich rings um mich einige Kühe. Ich roch ihren lieblichen Atem, und eine von ihnen leckte mir sogar übers Gesicht. Nichts hätte Teacher besser gefallen können als meine glücklichen, unmittelbaren Berührungen mit den Kindern der Natur. Wir wuschen uns in dem nahen, kalten Fluß, und der Schauer der schnell dahinfließenden Wellen gab mir das Gefühl des einfachen Lebens, das ich so liebte. Ein noch größeres Entzücken erwartete uns, als Harry uns nach Maine fuhr, und eines Morgens glitten wir in aller Frühe in die reißenden Wasser des Kennebec River. Natürlich konnten wir nicht schwimmen; wir klammerten uns an die Felsen, während riesige Baumstämme vorbeischossen. In diesen aufregenden Augenblicken erlebten wir in unserer Vorstellung die Abenteuer der Pioniere, die den Kennebec entdeckt hatten, und die wilde Größe der Holzindustrie. Unser nächster Campingplatz befand sich am Moosehead-Lake, wo uns die Holzfäller in ihrer unbekümmerten, herzlichen Art begrüßten. Der Duft von frisch gemähtem Heu und wilden Rosen strömte zu uns herab, als wir uns nach einem Sprung in den See am Ufer sonnten. Teacher und ich waren jedoch enttäuscht, daß wir keinen Elch zu Gesicht bekamen, wo wir doch so viel über die Elche und Karibus in Maine und Kanada gehört hatten. Als wir die dichten Tannen- und Kiefernwälder betraten, dachte ich an

Thoreaus wundervolle Beschreibung dieser Gegend, und die «stehende Finsternis» der Bäume war etwas, das ich wahrhaftig auch ohne Augenlicht erfassen konnte.

Anschließend fuhren wir gemächlich den St.-Lorenz-Strom entlang nach Montreal und Quebec. Teacher und Harry, der ebenfalls das Fingeralphabet beherrschte, berichteten mir von den wunderlichen Schreinen und den kleinen Jesusstatuen, die am Straßenrand standen. Wenn sie mir die vielen verschiedenen Farben der Häuser beschrieben, hatte ich fast das Gefühl, sie vor mir zu sehen. In Teachers heiterer Freude an der Reise spürte ich einen Frieden, von dem ich wünschte, er möge andauern. Jedesmal, wenn ich ihr Gesicht berührte, war mein eigenes Glück vollkommen, weil es das Leben gut mit ihr meinte. Trotz der Unbequemlichkeiten und Entbehrungen, die die Romantik mit sich brachte, war sie froh, die drückenden Sorgen und unangenehmen Aufgaben los zu sein, aus denen ihr Leben in Forest Hills bestand. Die ganze Unendlichkeit der Erde, des Himmels und des Wassers gehörte uns. Wir konnten uns unterhalten, lachen oder still sein; wir konnten anziehen, was wir wollten, und stundenlang unseren Tagträumen nachgehen. Für eine Weile war ich befreit von dem quälenden Gedanken (den Teacher ihr ganzes Leben nie auch nur andeutete), daß ihre Individualität sich vielleicht der meinen unterordnen müsse. Es gab nichts Befriedigenderes für uns als das Gefühl der Gleichheit zwischen zwei Seelen, die in der Weite, Tiefe und Höhe des Universums ebenso wie in Liebe alles miteinander teilten. Daher bleibt die Freude, die wir durch das gemeinsame Erlebnis der Schönheit und Ruhe empfanden, so unbeschreiblich kostbar für mich.

Das Wetter war ideal gewesen. Doch als wir durch New Hampshire heimwärts fuhren, verschworen sich die Winde aller vier Himmelsrichtungen gegen uns. Wir hatten uns kaum zum Schlafen gelegt, als sie mit dämonischer Wut über uns herfielen. Der Zelteingang wurde aufgerissen, und wir klammerten uns an unsere Decken, so fest wir konnten. Die Zeltstangen begannen zu brechen, und die arme Sieglinde heulte zum Erbarmen. Wir fürchteten, daß uns die Stürme noch vor Tagesanbruch mitsamt dem Zelt in den Winnepesaukee-See wehen könnten. In panischer Eile warfen wir uns in die Kleider, schnappten Sieglinde und schleuderten unsere Sachen in den Wagen, und Harry jagte mit uns in höchster Geschwindigkeit davon. Die Winde verfolgten uns unerbittlich, bis wir ein stilles Fleckchen weit drunten in Massachusetts erreichten. Nachdem wir uns ein wenig ausgeruht hatten, bereiteten wir uns ein Frühstück, und Teacher tröstete Sieglinde mit Schinken, Eiern und gebuttertem Toast. Wir blieben den ganzen Tag über liegen, und die folgende Nacht verging ohne besondere Zwischenfälle. Bevor ich einschlief, streckte ich meine Finger unter dem Zelt hindurch, so daß ich das lautlose Rascheln der Gräser und ganz leise Töne der Insekten spüren konnte, die durch die Stille krochen oder flogen, und ich hauchte dem Zigeunerleben, das mein Herz hatte höher schlagen lassen, ein zärtliches Lebewohl zu. Teacher meinte, sie sei nicht betrübt, daß wir uns wieder unserem Zuhause näherten, doch ich werde stets daran denken, wie sehr diese Tage erfüllt waren von geistigem Feuer und Licht, woraus das Feuer und das Licht des Lebens selbst entspringen.

Diese Fahrt war die beste Vorbereitung, die wir für die nun folgenden anstrengenden Jahre hatten treffen können. Die «Amerikanische Blindenstiftung» war 1921 gegründet worden: eine Zentrale für sämtliche die Blinden betreffenden Auskünfte und Informationen, die sich alle fortschrittlichen, in der Blindenarbeit tätigen Menschen seit langem gewünscht hatten. Teacher und ich waren noch am Varieté-Theater engagiert, als die Stiftung zum erstenmal an uns herantrat. Es kam damals nicht in Frage, daß wir unser Engagement aufgaben, doch 1923 begannen wir, hier und da auf Versammlungen in der Umgebung von New York zu sprechen. Natürlich verfügte ich schon über viel Erfahrung, da ich bereits allein Vorträge gehalten hatte und im Varieté aufgetreten war; dadurch war ich in der Lage, mich umfassender in der Behindertenarbeit zu engagieren. Doch bislang war alles «Licht am Ziel und Finsternis auf dem Weg». Ich gestehe, daß ich vor den neuen Aussichten zurückschreckte und Teacher ebenfalls. Als ich zum ersten Mal vor der gesetzgebenden Körperschaft von Massachusetts sprach und auf eine Verbesserung der Ausbildungssituation für blinde Erwachsene drängte, die ihnen die Möglichkeit gäbe, selbst ihren Lebensunterhalt zu verdienen, waren wir beide junge Frauen voller hoher Ideale gewesen. Ich war damals überzeugt, daß alle Blinden der Vereinigten Staaten, die körperlich in der Lage waren zu arbeiten, schnell erfaßt und in vielen Arbeitsfeldern als qualifizierte Arbeitskräfte begrüßt werden würden. Teacher hingegen sah voraus, daß es nur langsam einen Fortschritt geben werde, da keine organisierten Bestrebungen vorhanden waren, die Öffentlichkeit über die Probleme der Blinden zu unterrichten – der einzige Weg, um wirkungsvolle Unterstützung für sie zu erlangen. Es war schon ergreifend zu sehen, wie eine geringe Anzahl ehrgeiziger Blinder – zwar immer mehr als in der Vergangenheit, aber noch immer nur wenige – für einen spärlichen Lohn in ein paar Gewerben und Handwerksbetrieben arbeiteten und nur selten mit Sehenden zusammen in Fabriken eingesetzt wurden. Stets leuchtete mir seither der Traum einer lichteren Welt für die Blinden auf meinem Weg voran, und ich folgte ihm als ein Pionier. Aber ich glaubte nicht, daß ich noch erleben würde, wie sich die Wüste der Blindheit, die ich seit damals immer wieder vor mir sah, in eine «helle, leuchtende und blühende Insel, eine selbstgeschaffene Oase inmitten einer öden Umgebung», verwandeln würde.

Doch in mancherlei Hinsicht war die Stiftung eine neue Bewegung für uns. Sie gehörte zu jenen Erfahrungen, die so ungewohnt und aufrüttelnd sind, daß man all seine Philosophie, seine Fairneß und Ausdauer einsetzen muß, um sie zu überstehen. Die plötzlich auftretenden fremden Situationen des Lebens stürzen einen Hals über Kopf in Krisen, denen man sich ohne Zögern stellen muß. Das verlangt ein rasches Konzentrieren aller Fähigkeiten, eine Neuorientierung der Gedanken, eine Wandlung der Beziehungen zu anderen und eine Änderung der Lebensgewohnheiten. Und gerade dies wurde Teacher fast bis zum Ende ihres Lebens abverlangt, besonders in der Zeit, als sie sich an den Aktivitäten der Stiftung beteiligte.

Wenn Teacher ihr Schicksal hätte wählen können, hätte sie sich niemals nur auf die Sache der Blinden beschränkt. Nur weil sie eine Möglichkeit für sich erblickte, ihnen zu helfen, verband sie den Reichtum ihrer geistigen Fähigkeiten und ihrer Herzenskräfte mit meinen Bestrebungen. Und was mich betraf, so war es nicht die Blindheit, die mich zu ihnen hinzog, noch irgendein besonderes Mitgefühl für irgendeine Gruppe leidender Menschen, sondern die Liebe zur Menschheit an sich, die in den Blinden und in mir lebendig ist. Sie haben wie ich ein geistiges Sehvermögen, und sie sind auf die Erde gestellt wie andere Menschen auch, um aus eigener Kraft und mit der Hilfe anderer Möglichkeiten zu entdecken, das Leben lebenswert zu gestalten. Es liegt in meiner Natur, daß ich mit der gleichen Begeisterung für die Körperbehinderten, die Armen oder die Unterdrückten gearbeitet hätte.

Während der ersten Jahre unserer Arbeit in der Stiftung erschien mir Teachers Persönlichkeit in einem neuen Licht. Sie wurde oft von den Mitgliedern der Zentrale um Rat gefragt, und ich sah, daß ihre Kommentare, ihre Kritik und ihr scharfer Verstand einen merklichen Einfluß auf die von ihnen verfolgte Politik hatten. Ein Mitglied der Stiftung war ein großartiger, einsatzfreudiger Arbeiter aus Massachusetts, der fortschrittliche Ideen bezüglich der erwachsenen Blinden hatte und Teacher begeistert den ihr rechtmäßig zustehenden Platz als wegweisender Stern in der Nacht der Blinden zugestand. Er glaubte, daß die Blinden, um ihre Probleme wirklich lösen zu können, möglichst viele eigene Erfahrungen sammeln müßten. Auch Teacher war sich dessen bewußt, daß Blinde alles, was sie über das Leben der Sehenden lernen können, sich von jener Fähigkeit her erschließen müssen, die ihnen noch offensteht, dem Tastsinn; denn das Wort «sehen» kann ihnen nichts bedeuten, es sei denn, sie konnten einmal sehen und ihr Augenlicht erlosch. Daher hatte Teacher früher ihrer kleinen Schülerin auch nichts über greifbare Gegenstände erzählt; sie hatte sie ihr in die Hand gelegt und ihr ihre Namen gesagt: Hund, Katze, Küken, Taube, Buch, Uhr, Teleskop und so weiter. Sie hatte meine Finger auf ihr Gesicht mit seinen unendlich vielen Ausdrucksmöglichkeiten gelegt. So ermöglichte sie es, daß alles, was ich berühren konnte, sich mir in seinen Eigenschaften offenbarte.

Teacher gehörte zu den ersten, die das Haupthindernis für die Blinden in seiner schädlichen Wirkung erkannten: Mitleid. Aus Mitleid waren Schulen für die Blinden gebaut worden – aber diese Einrichtungen nannte man Asyle, nicht Schulen. Eine solche Haltung machte eine Tat des aufrichtigen, guten Willens nahezu wertlos. Die Tränen, die über die Unglücklichen vergossen werden, und das Mitgefühl, mit dem diese Menschen angesichts ihres schweren Schicksals überschüttet werden, mögen poetisch sein; doch das ist nicht die von Gott gewünschte Art und Weise, wie wir ihnen helfen sollten, den Geist über die Gebrechlichkeit ihres Körpers zu erheben. Ein Mensch, der schwer behindert ist, kennt seine verborgenen Kraftquellen erst, wenn er wie ein normaler Mensch behandelt und zu dem Wagnis ermutigt wird, sein Leben selbst zu gestalten. Aus diesem Grund wandten sich aufgeklärte Freunde der Blinden an Teacher mit der Bitte um Rat und Vorschläge.

Sie war davon überzeugt, daß Erziehung echte Bildung sein könne, nicht nur ein Almosen für irgendeine Personengruppe, auch nicht für die geistig Behinderten. Wie ich bereits an anderer Stelle geschrieben habe, rechnete sie nie von vornherein mit meinen Beschränkungen. Für sie war ich eine kleine Entdeckerin des Lebens, und sie liebkoste oder lobte mich nie, bevor meine Bemühungen sich nicht mit den besten Leistungen vergleichen ließen, deren normale Kinder fähig sind. Sie dachte sich Möglichkeiten für mich aus, wie ich meine Umgebung erforschen konnte, und war nicht allzusehr beunruhigt, wenn ich in einen Wäschekorb rannte, mir den Kopf anstieß oder beim Brombeerpflücken oder an den Rosen mir die Hände zerkratzte. Sie war sich sicher, daß ich es lernen würde, mich gegen die feindlichen Elemente der Natur zu schützen, ja sogar, mich über sie lustig zu machen. Alle ausdauernden Blinden, die nachdenken und denen man zu experimentieren erlaubt, haben sich dieses Prinzip der Selbstsicherheit erarbeitet und bewiesen, wie segensreich es ist; man erreicht damit einige der höchsten Befriedigungen des Lebens. Dafür gibt es zahlreiche, sogar heroische Beispiele, und sie mehren sich jetzt überall auf der Welt. Aber ich schreibe ja über Teacher, und dies ist mir eine besondere Freude, denn zum ersten Mal fühle ich mich frei, bestimmte Facetten ihrer Persönlichkeit so zu schildern, wie sie mir erschienen.

Lange Zeit hatte ich das Empfinden, der Verlust meines ersten Manuskriptes über ihr Leben, das dem Brand unseres Hauses in Arcan Ridge zum Opfer gefallen war, habe mir für immer meine Kräfte genommen, doch es kam der Tag, an dem ich erkannte, daß das Buch, dem ich so nachtrauerte, letztlich doch nicht so geraten war, wie ich über sie schreiben wollte. Ich hatte das Manuskript unter ihrer strengen Aufsicht zu schreiben begonnen. Sehr selten nur ließ sie mir freie Hand beim Beschreiben ihrer Prüfungen und Krankheiten. Und sie gestattete mir nie, die Gleichgültigkeit zu erwähnen, mit der man ihrem Verdienst begegnete, mich zu den Schätzen des Lichtes und der Schönheit geführt zu haben. Meine Liebe zu ihr hat sich nicht verändert, aber während ich dies schreibe, bin ich frei, über unsere individuellen, unabhängigen Seelen zu sprechen; über sie, die ihr Leben zur Verfügung stellte, um mir ein menschliches Dasein zu ermöglichen; wie sie ihr Schicksal auf Erden erfüllte und dabei einem glücklichen Pfad des Lebens folgte, der sie in eine andere Welt führte, von wo aus sie in kritischen Augenblicken ein zustimmendes Lächeln oder eine warnende Geste zu mir herunterschickt.

Als Teacher und ich 1923 das Werk begannen, das ich seither ununterbrochen fortgesetzt habe, sahen wir uns einem Chaos voller guter Vorsätze für die Blinden gegenüber. Obwohl bekannt ist, daß die Einheitlichkeit, was Schreiben und Lesen betrifft, bereits beim Unterrichten der Sehenden eine wesentliche Rolle spielt, gab es für die Blinden fünf verschiedene Systeme in erhabener Schrift, und die Anhänger eines jeden Systems kämpften kompromißlos und erbittert für ihre Lösung als den einzig wahren Weg zum Heil. Teacher und ich verfolgten diese Diskussionen bis zur völligen Erschöpfung und redeten vergeblich auf die streitenden Parteien ein, die Waffen niederzulegen und einen modus vivendi auszuarbeiten, um die Blindenarbeit insgesamt voranzubringen. Die allgemeine Stimmung war jedoch am Kochen. Das Gruppendenken erreichte solche Ausmaße, daß wir das Thema in öffentlichen Versammlungen nicht zur Sprache bringen konnten.

Bis 1915, als das Komitee gebildet wurde, das später unter der Bezeichnung «Nationalverband zur Verhütung der Blindheit» bekannt wurde, gab es keine Organisation in den Vereinigten Staaten, die sich allgemein um die Belange der Blinden kümmerte, außer wir sehen das «Amerikanische Verlagshaus für die Blinden» als eine staatliche Organisation an. Dr. Harry Bests Buch *Die Blinden, ihre Lebensverhältnisse und die Arbeit, die für sie getan werden muß* war für mich die einzige wirklich informative Abhandlung, die ich beim Vorbereiten meiner Artikel heranziehen konnte. Wie Teacher es fertigbrachte, mir etwas daraus vorzulesen, kann ich mir nicht vorstellen; es war ihr wohl nur möglich, weil sie mit ihrem großen Wissen, ihrem intuitiven scharfen Verstand und ihrer verblüffenden Gabe, den Kerngehalt eines Buches zu erfassen, es nicht von Anfang bis Ende durchgehen mußte.

Es gab einige private Agenturen, wie das «Lighthouse for the Blind» in New York, geleitet von Mrs. Rufus Graves Mather – die ich anfangs noch als Miß Winifred Holt kannte –, doch insgesamt gesehen waren die amerikanischen Werkstätten und Vereinsaktivitäten für Blinde rar und verstreut, und die Schulen waren meist eigenbrötlerisch in ihren Methoden. Nur wenige Menschen, die für die Blinden arbeiteten, waren darüber informiert, was ihre Kollegen an anderen Orten taten. Folglich wurden viel Geld, Zeit und guter Wille mit unorganisierten Bemühungen vergeudet. Einige Bundesstaaten hatten Gesetze zum Schutz der Augen von Neugeborenen und älteren Kindern ausgearbeitet und verabschiedet, aber im Ganzen gesehen war der Kampf der Blinden von andauernden Enttäuschungen begleitet. Und schließlich bedurfte es erst der ausdrücklichen Bitten der Blinden selbst, daß die «Amerikanische Blindenstiftung» ins Leben gerufen wurde. Wenn mein Vertrauen in das langsame, aber sichere Wachsen der menschlichen Einsicht und Kooperationsbereitschaft nicht so tief verwurzelt wäre, dann müßte es mich erstaunen, daß dies in jenen turbulenten Tagen nach dem Ersten Weltkrieg überhaupt möglich war. Teacher begrüßte die Stiftung als ein Symbol für große Ereignisse, die das Los der Blinden vielleicht doch verändern und dazu beitragen könnten, daß sie genauso nützlich werden wie ihre sehenden Mitmenschen. Ihr Gedanke war folgender: Wie Radium bei entsprechender Behandlung spontan in der Dunkelheit aufleuchtet, so verleiht der Gedanke, den Behinderten zu helfen, diesen ein Licht in ihren Fähigkeiten, und jene Fähigkeiten können dadurch zur Entfaltung kommen – nicht weil die Personen behindert sind, sondern einfach weil sie Menschen sind, mit einem Verstand, der geschult werden will, und Fähigkeiten, die für ein geschicktes Arbeiten und für ein sinnerfülltes, glückliches Leben ausgebildet werden können. Wenn sich ihnen ihr besseres Ich offenbart hat, können sie sich über den Zustand einer «leidenden Kreatur» emporheben und ihr dunkles Dasein in die Herrlichkeit und die Würde der Kinder Gottes verwandeln.

In gewissem Sinne baut unsere Arbeit – Teachers und die meine – auf jahrtausendealten Ideen und Bemühungen auf, so wie die Klippen von England aus den Muscheln entstanden sind, die Millionen und Abermillionen kleinster Lebewesen zurückgelassen haben. Andererseits war Teachers Bestreben, Blinden und Gehörlosen ein normales Leben zu ermöglichen, Pionierarbeit, und ich muß mir nur beständig ihr Bild vor Augen führen, um eine Kraftquelle zu haben für den langen, langen Weg in die Zukunft. Auf diese Weise kann ich mich dem Ideal nähern, das sie mir eingeprägt hat: daß auch unversehrte Seelen in geschädigten Körpern nützlich sein können; sie haben ihre Berechtigung im Buch der Schöpfung und sind zugleich eine höchst willkommene Ehrung Gottes.

Als wir uns der Stiftung anschlossen, betraten wir beide eine neue Welt. Zugegeben, wir waren bereits daran gewöhnt, als Einzelpersonen solche Arbeit zu leisten: Briefe mit Fragen zu Ausbildungs- und Arbeitsmöglichkeiten für blinde Erwachsene zu beantworten, Eltern von blinden Kindern Vorschläge zu unterbreiten, wie sie am besten für deren Bedürfnisse sorgen könnten, und für Vorbeugemaßnahmen gegen Erblindung zu kämpfen. Ich konnte blinden Studenten, die sich durch das Collegestudium mühten, ermutigende Botschaften senden, ihnen die Bücher in Brailleschrift leihen, die ich in Radcliffe benutzt hatte, und ihnen die Bibliotheken nennen, wo sie weitere Bücher ausleihen konnten. Doch als Teacher und ich für die Stiftung zu arbeiten begannen, die nur langsam aus ihren

Meinungsverschiedenheiten heraus zu einer Einheit fand, hatten sich die Verhältnisse geändert. Von neuem reisten wir kreuz und quer durch den riesigen Kontinent, blieben nur für ein oder zwei Tage in jeder Stadt, die wir aufsuchten, und hielten Versammlungen ab, bei denen die Ziele, die die Stiftung hervorzuheben wünschte, der Öffentlichkeit erklärt wurden. Ein Geistlicher der Stadt sprach dem Unternehmen seinen Segen aus, ein oder zwei prominente Bürger legten der Zuhörerschaft die Sache der amerikanischen Blinden eindringlich ans Herz, jemand von der Stiftung umriß das nationale Programm, und ich appellierte an die Leute, sich auszumalen, was es bedeutet, nicht sehen zu können, und soviel wie möglich für die Verbesserung der Ausbildungs- und Beschäftigungssituation der arbeitsfähigen Blinden zu spenden. Ein begabter blinder Musiker, der in unserer Gesellschaft reiste, spielte, während das Geld eingesammelt wurde. Ich war bewegt von der Spontaneität, mit der die Leute fast überall reagierten – Redakteure der Zeitungen und Zeitschriften, von denen einige meine Botschaft verständnisvoll und ohne das destruktive Element des Mitleids abdruckten, bekannte Männer und Frauen mit Einflußmöglichkeiten in den verschiedensten Bereichen, großzügige Spender, denen ich schrieb, und sogar Kinder, die es sich versagten, ihre Cents und Pennies für ihre kleinen Vergnügungen auszugeben. Unvergeßlich sind die Jahre, die wir damit verbrachten, den Stiftungsfonds für die Organisation einzurichten – überwiegend mit den kleinen Beiträgen jener Menschen, deren liebevolle Herzen den wahren Reichtum einer Nation bilden.

Gleichzeitig empfanden Teacher und ich richtiggehend Scham, an den Türen des Überflusses als Bettler zu erscheinen, auch wenn wir mit aller Kraft daran arbeiteten, die Blinden aus ihrer Bettelarmut zu befreien. In ihrem Innersten empfand Teacher stets einen leichten Unmut – es war wie das leise Grollen eines Vulkans –, denn trotz aller Loblieder und hochtrabenden Bekundungen von Menschenliebe blieb die Tatsache bestehen, daß man wie eh und je auf die Blinden herabschaute. Ich meine damit nicht, daß die Blinden in diesem Land absichtlich in das Reich des Elends und der Demütigung verbannt wurden, aber die Gewohnheit, sie als Objekte des Mitleids zu betrachten, war unglaublich schwer zu brechen. Es war, selbst für die Stiftung mit ihrem reichen Beweismaterial, nahezu unmöglich, Arbeitgeber dazu zu überreden, auch blinden Menschen, die eine gute Ausbildung hatten und neben den Sehenden ihren Platz ausfüllen konnten, eine Anstellung zu geben. In Orten wie Chicago war es für begabte blinde Musiker schwer, ein Engagement zu erhalten, weil man dachte, daß jene Leute, die kamen, um sie anzuhören, zu sehr von Mitleid überwältigt würden, um sich an ihrem Spiel erfreuen zu können. Wir setzten also den langen Kampf gegen die Ignoranz und das Vorurteil fort, von denen die Blinden Amerikas umgeben waren und die ihnen in vielen Teilen der Welt noch immer das Beste am Leben vorenthalten.

Während dieser Jahre standen uns für die gute Sache auch tapfere Mitstreiter zur Seite. Aber Teacher war einzigartig in ihrer ungeheuren Energie, mit der sie sich in den Kampf warf, um Vorteile zu erringen, die mir später dienlich sein sollten. Ich konnte nicht anders, als eine geheimnisvolle Kraft zu vermuten, die sie vorwärtstrieb, und fragte sie manchmal: «Warum beharrst du so sehr auf diesem oder jenem Plan für mich, wenn du wirklich nicht an den Blinden als solchen interessiert bist?»

«Du bildest dir immer etwas ein», antwortete sie dann ungeduldig. «Laß uns mit deinen Stimmübungen weitermachen.»

Doch jetzt, wo ich von späteren Ereignissen her urteile, weiß ich, daß ihr Zorn gegen die Armut, welche Blindheit, Taubheit, Geisteskrankheiten und viele andere menschliche Gebrechen herbeiführt, das auslösende Moment ihres Kampfes gegen die Widersacher auf meinem Weg war. In diesem Sinne schrieb ich an einen treuen Mitarbeiter: «Unsere Schwester Anne steigt auf den Turm und hält Ausschau, ob die Ritter zur Rettung nahen. Aber sie kommt mit einem traurigen Gesicht wieder herab und teilt mit, daß noch kein Zeichen von ihnen zu sehen ist.» Doch wie stets war sie ein brennender Busch, den keine Winde ausblasen konnten. Wann immer wir einen freien Tag in ihrem geliebten Kalifornien hatten, pflegte sie uns alle zu einem zauberhaften Ausflug mit dem Wagen nach Monterey, Del Monte oder Santa Barbara mitzunehmen, wo wir an einem hinreißend schönen Fleckchen inmitten der Berge oder am Meer picknickten.

«Der einzige Grund, weshalb ich nicht immer hier lebe», erklärte sie, «ist der, daß mich diese ganze Schönheit rettungslos bestricken würde und ich nicht das geringste bißchen Arbeit ausführen könnte.»

Doch wenn ich sie näher betrachtete, merkte ich, daß sie Schmerzen ertragen mußte. Abgesehen davon, daß die Augen ihr häufig den Dienst verweigerten und daß sie von fürchterlichen Bronchialkatarrhen befallen wurde, verlor sie von Zeit zu Zeit den Geruchssinn, mit dem sie – so wie ich – in köstlichen, süßen Düften geschwelgt hatte.

Ein anderer außergewöhnlicher Zug an Teacher war ihre Besorgtheit um meine Zukunft. Mit der Vorahnung erfüllt, daß sie nicht mehr lange an meiner Seite sein würde, half sie Polly, sich mit ihren Arbeitsaufgaben vertraut zu machen. Polly hörte uns Abend für Abend hinter der Bühne zu und lernte, Teachers Geschichte in der dritten Person Singular zu erzählen. Sie bekam eine gute Vorstellung von der Art der Fragen, die man stellen mußte, und denjenigen, die von anderen Leuten zu erwarten waren. Hin und wieder schlug ich neue Fragen vor, auf die ich mit Ideen antworten konnte, die noch nicht abgegriffen waren. Es liegt in der Natur der Dinge, daß ich niemals das Gefühl hatte, irgend jemand könne wirklich Teachers Platz einnehmen, aber Pollys redliches Wesen gab

Teacher die Zuversicht, daß das «feine Band der Sympathie» zwischen ihren und meinen Bestrebungen niemals zerreißen werde. So war Polly imstande, Teacher während ihrer wiederholt auftretenden Krankheiten zu entlasten, und die meisten unserer Zuhörer nahmen uns mit freundlichem Wohlwollen auf.

14

Im Jahre 1927 sagte Teacher, die zu der Zeit in der Regel nicht mehr öffentlich auftrat, zu mir: «Warum läßt du nicht für ein Jahr deine Arbeit ruhen, um die Geschichte deines Lebens bis heute weiterzuschreiben, worum dich der Doubleday-Verlag schon so lange gebeten hat?»

«Nein», rief ich aus, «lieber würde ich deine Biographie schreiben. Gerade war ich dabei, mir Notizen über dein Leben zu machen, und ich wäre fürchterlich enttäuscht, wenn ich dieses Buch nicht schreiben könnte.»

«O Helen, schau nicht drein wie das Unglück in Person! Was du über dich selbst schreibst, handelt ja immer auch von mir.»

Instinktiv mußte ich ihr antworten: «Das stimmt nur zum Teil. Du bist das Leben meines Lebens, und ich bin unendlich dankbar dafür. Aber du und ich, wir sind verschiedene Persönlichkeiten, und mein Glaube an die Rechte jedes einzelnen Menschen ist zu stark, als daß ich dein Recht auf die Verwirklichung der eigenen Individualität preisgeben würde.» Sie antwortete nicht; eine Zeitlang diskutierten wir und ließen dann das Thema, mein weiteres Leben darzustellen, fallen.

Dann wurde ich von einem Geistlichen der Neuen Kirche gebeten, über Emanuel Swedenborg zu schreiben und darzulegen, was seine Lehren für mich bedeuteten. Das war für mich die Gelegenheit, einer Aufgabe zu entfliehen, die ich fürchtete, und auf den Altar der Liebe eine jener Glaubensbotschaften zu legen, die eine Quelle der Kraft und der Freude sind, eine Grundlage für das Handeln – eine Botschaft, die mir meine teilweise Unabhängigkeit von irdischen Bedingungen gewährleistet hat. Voller Freude erinnerte ich mich an ein Gedicht, das Teacher mir einmal vorgelesen hatte, um damit die Freiheit in der Wahl dessen, was ich glauben will, anzudeuten.

«... O Geist, wie ein Läufer
An einem windigen Nachmittag alles von sich streift,
Sei unbeschwert von allem, was dich hindert –
Erhebe dich mit Anmut
Und schreite voran in deiner Größe, den Wind auf
deinem Antlitz.»

In dieser heiteren Verfassung hatte ich die Lehren Swedenborgs angenommen, hatte seine Interpretationen der Bibel in mich aufgesogen, furchtlos, ehrfürchtig, doch ungebunden wie die Sonne, die Wolken und das Meer – mit der Freiheit, die mir Teacher eingeflößt hatte. Von ihr erwartete ich keine Hilfe, da sie keinen religiösen Glauben besaß. Ich hätte weinen mögen, wenn sie sich in meine Lage versetzte und sich vorstellte, was mein Glaube mir bedeuten mußte, und in meine Hand lange Artikel über den schwedischen Seher und die Neue Kirche buchstabierte, als deren Gründer er nicht angesehen werden wollte. Sie las mir auch vor, wie seine Schriften Elizabeth Barrett Browning, William Dean Howells und den älteren James, den Vater von William und Henry James, beeinflußt hatten. Von Emerson hatte ich in Blindenschrift bereits das Buch *Große Männer der Geschichte* gelesen, in dem auch das Leben und Denken Swedenborgs dargestellt wird.

Eines Tages entdeckte ich, daß sie von neuem William James' *Reden an Erzieher* las, womit John Macy sie mit seiner ausdrucksvollen Stimme ergötzt hatte. Obwohl mich der Gedanke an ihre versagende Sehkraft zutiefst schmerzte, verstand ich ihre so liebevolle Bindung an dieses Buch und protestierte nicht, wie es sonst meine Gewohnheit war. Als ich *Meine Religion* beendet hatte, versuchte Teacher mich zu überreden: «Du hast darauf beharrt, daß wir zwei verschiedene Persönlichkeiten sind. Ich habe die meinige um deinetwillen zurückgestellt. Wärest du jetzt nicht bereit, das Beste von uns selbst auszutauschen, dich selbst an meine Stelle zu versetzen und einen Bericht über die Arbeit zu schreiben, die wir in den vergangenen zwanzig Jahren zusammen geleistet haben? Nicht einen allgemeinen Bericht über uns, sondern eine Darstellung, die uns als Werkzeuge für die grundlegende Befreiung der Blinden zeigt.» Auf diese Weise nahm sie mir die Furcht vor einer unwillkommenen Pflicht und machte sie mir zu einer liebevollen Tat.

Dennoch hatte ich den Eindruck, als ich mich dem Ende dieses Buches, *Mitten im Strom,* näherte, Teacher werde zunehmend unvernünftig. In dem Kapitel «Mein Schutzengel» nötigte sie mich zu einer unnatürlichen Zurückhaltung. Sie erlaubte keinen einzigen Hinweis auf ihre einfache Herkunft oder das Armenhaus, auf ihre Leiden und Enttäuschungen. Ich fühlte mich dadurch wirklich gedemütigt, als hätte ich Gott selbst belogen, und nach dieser Erfahrung, bei der ich mich selbst verabscheut hatte, sprach ich nie mehr mit Teacher über dieses Buch. Denn sie liebte ich und nicht mich selbst in ihr.

Keine Sorge bereiteten mir die zahllosen Aufgaben, die sich in den Jahren zwischen 1927 und 1930 häuften: die literarische Arbeit, die überwältigende Last der Korrespondenz, Tätigkeiten in und um das Haus, die für mich eine angenehme Abwechslung gegenüber dem ständigen Hämmern auf meiner Schreibmaschine darstellten, sowie die Freude, Teacher vorlesen zu dürfen. Was mich bedrückte, war das Wissen, daß sie bald blind sein würde. Mit den bloßen Augen oder mit einer gewöhnlichen Brille konnte sie schon nicht mehr lesen. Sie war bei Dr. Conrad E. Berens aus New York in Behandlung, der sie aufopferungsvoll betreute und ihr oft abends einen

Besuch abstattete. Er verschrieb häufig Tropfen und teleskopische Brillen mit doppelten Linsen. Sie drückten schwer auf Nase und Ohren; daher – und weil sie schreckliche Schmerzen litt – konnte sie nur für kurze Zeit lesen und war bald gezwungen, wieder aufzuhören. Schon der Anblick eines weißen Tischtuchs bereitete ihr heftige Qualen, und Kerzen sowie Lampen, die nicht abgedunkelt waren, verursachten stechende Schmerzen in ihren Augäpfeln. Weil ich sie inständig darum gebeten hatte, las sie nicht, während Polly ihre Angehörigen in Schottland besuchte. Irgendwie brachte sie unsere Mahlzeiten zustande, indem sie so wenig wie möglich auf den Herd schaute, mit dem Tastsinn zu fühlen versuchte, wann das Brot getoastet war, und gespannt auf das Kochen des Kaffeewassers lauschte. War das Frühstück fertig, saß gewöhnlich die gute alte Sieglinde zwischen uns und drückte ihre Samtschnauze gegen unsere Hände, um ihren Anteil abzubekommen.

Wenn kein Hund anwesend war, der einige Bissen stiebitzte oder sich erbettelte, war Teachers Freude an einer Mahlzeit nicht vollkommen, und Sieglinde war die entzückendste Gesellschaft, die man sich vorstellen kann. Sie war von klein auf bei uns gewesen, und Teacher liebte sie mit ähnlicher Zärtlichkeit, wie der arme Mann in der Bibel für sein einziges kleines Lamm sorgte. Es war rührend, wie Sieglinde – wie ein Mensch – ihre Stimmungen erkannte. Sie wußte genau, wann eine Person, die das Haus betrat, Teacher lästig war. Dann pflegte sie sich dicht an den Besucher heranzudrängen und versuchte, ihn fortzuschieben. Sie war groß wie ein Shetland-Pony. Eines meiner liebsten Erinnerungsbilder, die ich noch in meinen Fingern spüre, ist der Nachmittag, als ich sie mit den Pfoten auf Teachers Schultern antraf; sie leckte ihr das Gesicht ab, und eines ihrer weichen Ohren streifte sanft über die Augen, als wüßte sie um ihr krankes Aussehen. Außer meiner eigenen Zuneigung hatte ich das zarte Gefühl, als erlebte ich jede Zeile aus Elizabeth Barrett Brownings Gedicht «Flush» nach. Ach, dieser Engel Sieglinde konnte jedoch gelegentlich auf Raub ausgehen. Eines Tages war ein Topf voll köstlicher Ravioli auf dem Küchentisch stehengeblieben, während Teacher sich mit dem Lebensmittelhändler unterhielt. Sieglinde streckte sich schlau hinauf und fraß die reichhaltige Mahlzeit, bevor irgend jemand sie retten konnte. Ich wundere mich nur, daß sie sich daran nicht noch zu Tode gefressen hatte!

Während dieser Zeit beschäftigte Teacher in ihrer Herzensgüte eine liebe Frau, die selbst ohne Augenlicht war und später für die Blinden von Vermont arbeitete. Sie schrieb die Notizen für Nella Henneys Buch ab. Das mag nur ein Beispiel sein für die fröhliche Gastfreundschaft, mit der Blinde und Gehörlose in unserem Haus in Forest Hills willkommen geheißen wurden. Einige meiner früheren Klassenkameradinnen von der Wright-Humason-Sprachschule für Gehörlose wohnten nicht weit von uns entfernt, und da Teacher mir das Vergnügen gönnen wollte, mich mit ihnen hin und wieder zu treffen, wenn ich nicht gerade unterwegs war, lud sie sie zu meinen Geburtstagsfeiern und zu anderen gesellschaftlichen Anlässen ein. Freude und Fröhlichkeit werden wieder in mir wach, wenn ich mir diese Ereignisse voll heiterer Gespräche – mit Hilfe der Zeichensprache der Gehörlosen – und Erinnerungen an unsere Schultage vergegenwärtige. Eine lebhafte junge Kanadierin, die ein geringes Hörvermögen hatte und dichterisches Talent besaß, wohnte bei uns, bis sie Arbeit in der Stadt bekam. Oft besuchte uns auch Elizabeth Garrett, eine Tochter des letzten und größten Sheriffs des fernen Westens; sie studierte bei dem berühmten Gesangslehrer Witherspoon in New York. Ich liebte ihr ausdrucksvolles blindes Gesicht, ihr fröhliches und munteres Wesen und den Reichtum ihrer heiteren Geschichten, die Teacher in eine frohe Stimmung versetzten. Es war mutig, wie Elizabeth allein singend und spielend durch das Land gezogen war. Schon damals waren wir stolz auf sie, aber wir waren es noch mehr, als sie später überall in ihrem Heimatstaat Neu-Mexiko als Musikerin gefeiert wurde.

Auf diese und mannigfaltige andere Weise versuchte Teacher eine fröhliche Atmosphäre in unserem Heim zu bewahren und das Martyrium ihrer Augen zu vergessen. Sie mahnte mich stets, eine Botschafterin Gottes zu sein, nach neuen Möglichkeiten des Lebens zu suchen, anderen in ihren Fähigkeiten ein Königreich zu eröffnen und keine trüben Gedanken an sie zu vergeuden. Mehr denn je bewunderte ich ihren Mut, der, wie Dr. Johnson erklärte, die größte aller Tugenden darstellt, denn wenn man diese Eigenschaft nicht besitzt, kann man auch nicht sicher sein, sich irgendeine andere erhalten zu können. Aber ich vermochte nicht zu vergessen, daß der Mißbrauch, den sie wissentlich mit ihren Augen getreiben hatte, die Zeitspanne verkürzt hatte, während der sie in der Lage sein würde zu sehen. Ich wußte davon, wie Dr. Berens sie mit Tränen in den Augen angefleht hatte, seinem wohlbedachten ärztlichen Rat zu folgen und vor allem zu ruhen. Weder er noch ich, noch irgend jemand sonst konnte sie dazu bewegen, sich zu schonen. Immer vergrub sie sich mit dem Gesicht in ein Buch, ob ich sie nun berührte oder nicht. Lesen war jetzt wahrhaftig ihr Leben, und so nahmen meine glühenden Qualen ihren Lauf. Sie las mir einige der wichtigsten Briefe aus der Tagespost vor, und ich beantwortete sie. Den Rest warf sie unsortiert in Schränke und Schubladen, wo Polly sie nach ihrer Rückkehr aus dem Ausland wieder hervorholte. Während Polly fort war, hätten das Telefon und die Türklingel bis ans Ende aller Zeiten läuten können, ohne daß sich jemand darum gekümmert hätte – ich konnte sie nicht hören, und Teacher weigerte sich, wie Graham Bell, zu antworten. Sie fuhr mit dem Lesen fort, bis sie krank wurde und sich ins Bett legen mußte, was immer häufiger vorkam.

Zu der Zeit war der erste Entwurf von *Meine Religion* fertig, und nach mehreren Tagen der Ruhe – verspätet hatte Annie

Dr. Berens' Anweisungen doch noch befolgt – versuchte sie, das Manuskript zu lesen und es mir in die Hand zu buchstabieren. Ich hatte es unter ständigen Unterbrechungen entworfen, die den Gedankenfluß gestört hatten – wie wenn der elektrische Strom plötzlich abgeschaltet worden wäre –, und in meinem Gedächtnis war alles wie «vom Winde verweht». Selbst ihre teleskopische Brille half Teacher nicht, auch nur ein einziges Wort zu entziffern! Sie war leichtsinnig wie ein Kind und schien vergessen zu haben, wie des einen Fähigkeiten von einem anderen, richtig angewandt, unterstützt werden können. In diesem Sinne hatte doch auch Dr. Frederick Tilney immer wieder erklärt, daß ihr guter und weiser Unterricht entscheidend mitgeholfen habe, meinen Verstand von den Banden der Unwissenheit zu befreien. Wir waren wie gelähmt, und eine entsetzliche Stille breitete sich um uns aus. Glücklicherweise kam uns unser gütiger Freund Mr. F. N. Doubleday zu Hilfe, als er hörte, wie es bei uns stand, und beauftragte Nella Braddy – so hieß sie damals –, Teacher und mir als Auge zu dienen. Von diesem denkwürdigen Tag an ist ihre seltene, kostbare Freundschaft bis heute ein Segen für unser beider Leben gewesen.

Teacher schien sich in ihr Los zu fügen, als sie erkannte, daß ihr die Freude des Lesens kaum noch vergönnt war. Aber ihre unheilbare Ruhelosigkeit trieb sie dazu, eine Einladung für uns anzunehmen, den Sommer in einer Jagdhütte auf einer winzigen Insel nahe Cohasset in Massachusetts zu verbringen. Nella schloß sich uns für eine Weile an. Teachers Wunsch nach Veränderung wurde zu jener Zeit durch Gefühle hervorgerufen, ähnlich denen, die «A. E.» in *Transcience* beschreibt: Sie suchte unaufhörlich nach vollkommener Schönheit; doch ganz gleich, wie hingerissen sie war von dem Schatz, den sie fand, sehnte sie sich bald wieder nach dem nächsten. Sie pflegte unter anderem zu sagen, daß alles vergänglich ist und daß wir immer, wo wir uns auch gerade aufhalten mögen, irgendwo anders sein wollen. «Vielleicht», überlegte sie, «ist das deshalb so eingerichtet, damit wir diese Welt nicht zu sehr lieben und uns dagegen wehren, zu sterben und uns auf eine schönere, vollkommenere Sphäre einzulassen.»

Es war das letzte Mal, daß ich erlebte, wie sie sich an der Veränderung freute. Noch immer war in ihrem Sprechen ein leichtes Sprudeln, wie bei Champagner, zu spüren, war sie mit ihrem ganzen Körper dabei und strahlte Fröhlichkeit aus, wenn sie lachte – ich konnte es physisch spüren. Sie ging mit uns rund um die Insel spazieren und freute sich an der sonnigen, salzigen Luft und der Einsamkeit. Sieglinde war im Jahr zuvor gestorben, und Teacher war so von Schmerz überwältigt, daß sie mir in die Hand buchstabierte: «Es ist schlimmer, solch eine ergreifende Verkörperung von Zuneigung zu verlieren, die nicht sprechen kann, als ein Kind.» Natürlich hatte sie das nur aus dem Moment heraus geäußert. Später erklärte sie, daß sie mit allen Hunden Freundschaft schließen wolle, wenn sie könnte, und sie adoptierte einen kleinen schwarzen Terrier und eine große Dogge aus Deuschland mit Namen Hans. Das waren die zwei neuen Mitglieder unserer Familie, die auf der Insel herumtollten und sich gegenseitig über den weißen Sand, die Felsen und durch die sanft auslaufenden Wellen jagten. Bis an ihr Lebensende waren Hunde unerläßlich, damit sich Teacher wohl fühlte – Hunde aus verschiedenen Ländern und von unterschiedlicher Rasse: Dänische Doggen, Terrier, Shetland-Collies, jeder Hund, der mit Zunge, Pfote und wedelndem Schwanz liebkosen und sie mit unerwarteten Einblicken in seine treue Seele und mit übermütigen Streichen unterhalten konnte. Dort auf der Insel schmiegten wir uns während einer stürmischen Nacht in der Hütte eng aneinander, als die Wogen gegen die Zementmauer krachten, die sich zwischen uns und dem schäumenden Meer befand. Die Hunde heulten, doch wir anderen freuten uns, weil Nella die letzten Druckfahnen von *Mitten im Strom* gelesen und Teacher sie mir buchstabiert hatte.

Nun, da *Mitten im Strom* abgeschlossen und nicht mehr im Wege war, konnten Teacher und ich hin und wieder ein paar Augenblicke vertrauten Beisammenseins erhaschen, in denen wir unsere persönlichen Gedanken klären konnten und wieder das Gefühl hatten, daß wir zueinander «gehörten», ehe wir erneut unsere regulären Aktivitäten in der «Amerikanischen Blindenstiftung» aufnahmen. In dem Buch *Mitten im Strom* hatte ich mich freimütig zu wirtschaftlichen, sozialen und politischen Problemen geäußert, und Teacher sagte mir, daß sie auf einem anderen Wege – dem der direkten, rauhen Lebenserfahrung – zu denselben Schlußfolgerungen gekommen sei.

«Du sagst, Helen, deine Philosophie lehre dich, daß Blindheit und Taubheit in einer Welt, die du als umfassende Einheit erkennen kannst, nicht existieren. Deshalb bist du prinzipiell in der Lage, jede menschliche Erfahrung zu verstehen, und brauchst nicht die Gedanken und Ideale aufzugeben, die du dir als dein wahres Selbst angeeignet hast. Während du über die physisch Blinden schriebst und ihre Sache öffentlich verfochtest, war es dir nicht gestattet – höchstens beiläufig –, dich auf mein früheres Leben zu beziehen; dennoch reagierst du so empfindlich wie ich auf die Schrecken der elementaren Armut und die Krankheit, die Schwäche und das Verlangen nach einem annehmbaren Leben, die sie hervorruft. Auch ich habe Kummer erlitten, als ich sah, wie Armut die Menschen tiefer und tiefer in den sozialen Sumpf zog; doch habe ich nie geglaubt, daß jemand absichtlich versuchte, anderen zu schaden. Ich bin sicher, daß niemand voraussah, wie fürchterlich, erschreckend und versklavend das industrielle Leben werden würde – Fabrikanten, Grundbesitzer und Finanziers ebenso wie Arbeiter haben sich in den Schlingen eines wirtschaftlichen und mechanischen Systems verfangen, das schneller wuchs, als menschliche Voraussicht es hätte vorhersagen können.»

Trotzdem konnte Teacher niemals die Umstände verzeihen, die Vachel Lindsay dazu brachten, *Die mit den bleiernen*

Augen zu schreiben. Denn es bedeutete das Ersticken der göttlichen Gaben von Literatur, Musik, Malerei, Bildhauerei sowie des geistigen Lebens, die sie verehrte. Deshalb fühlte sie sich nie wohl, wenn ich bei den Reichen und Mächtigen um Spendengelder nachsuchte.

«Doch solange es noch einige von uns gibt», erklärte sie, «die sich weigern, die Unrast in der Welt, den Haß und Betrug, das Aufeinanderprallen von Interessen und Vorurteilen und das Recht des Stärkeren als unausweichlich hinzunehmen, wird es eine Chance für das Überleben der Menschheit geben. Wir können die Geschichte ebenso von oben wie von unten betrachten, und wir können auch unsere Vorsätze durch die Musik der himmlischen Sphären erneuern.»

Im Winter 1928/29 wurde ich mit Arbeit nahezu überschwemmt: Gelder mußten beschafft werden, damit kleinen blinden Kindern normale Umgangsformen beigebracht werden konnten, bevor sie in die Schule kamen, College-Stipendien für blinde Studenten mußten erkämpft und Reden vor dem Kongreß gehalten werden, in denen ich um eine Erhöhung des Jahresetats für Literatur in Brailleschrift bat und so weiter. Polly begleitete mich zu den Versammlungen, aber es war Teacher, die allem, was ich schrieb oder sprach, einen neuen Zug verlieh. Es grenzte an Hexerei, wie sie einfache Worte mit neuen Bedeutungsaspekten versah, als ob sie sie absichtlich dorthin stellte, wo sie am meisten Leuchtkraft entfalteten. Sie hatte eine geradezu unheimliche Fähigkeit, genau zu erkennen, wie die blinden Menschen mit sehendem Geist, die mir zuhörten, empfinden mochten – es schien, als habe sie jenseits der physischen Sehkraft, die allmählich dahinschwand, ein höheres Ahnungsvermögen erworben. Ich war stolz, wenn ihre klaren Sätze wie Pfeile von meinem Bogen zum Ziel schossen.

Im Sommer 1929 operierte Dr. Berens Teachers rechtes Auge. Danach machten Polly und ich ein kleines Haus am Long Lake in den Adirondacks ausfindig. Es war ein Ort der

Wonne. Ich konnte an einem Seil zum Ufer hinuntergehen, und ein weiteres Seil benutzte ich zum Schwimmen. Doch Teacher war nicht mehr imstande, mit mir ins Wasser zu gehen oder mit Polly und mir einen Spaziergang in den Tannenwäldern zu machen. Es ging ihr schlechter, und für uns war es zudem ein unaufhörlicher Kampf, sie vom Lesen abzuhalten. Zahlreiche und dringende Bitten erreichten mich in diesem Urlaub, aber Teacher wollte mir mein Vergnügen nicht nehmen und die spärlich bemessene Zeit nicht noch mehr verkürzen, die mir verblieb, um zu schwimmen, die quicklebendigen Vögel zu beobachten – deren Flügelschlag ich spürte, wenn sie bei meinem Spaziergang am Seil um mich flatterten – oder den Geschichten über die Hunde zu lauschen, die die Stachelschweine anfielen und mit Stacheln in ihren Schnauzen gehörig bestraft wurden. Sie war ebenso aufgeregt wie ich, als sie hörte, wie ein mächtiger Bär auf den Apfelbaum nahe beim Haus kletterte und Obst mampfte. Wenn es kein grelles Sonnenlicht gab, das sie quälen konnte, stiegen wir alle in ein Motorboot und ließen uns treiben oder machten eine Fahrt über den See. Dann genoß Teacher ausführlich die Schönheit um uns herum, und ihre alte Lebhaftigkeit kehrte zurück. Sie liebte die Vollkommenheit und konnte ebensogut ganz albern sein – Eigenschaften, die gegensätzlich scheinen, die man jedoch in Künstlernaturen oft zusammen antrifft. Sobald wir aber wieder zu Hause in Forest Hills waren, sagte sie zu mir: «O Helen, wie traurig ist es, zu spüren, wie man immer mehr abbaut! Jede Kraft, die mich verläßt, gibt mir einen Vorgeschmack des Verfalls, der schlimmer ist als der Tod. Ist es nicht schrecklich, die Leiter des Daseins wieder hinabsteigen zu müssen?

‹Erde ziehet zu sich meine Gebeine.
Verlaßt mich, o ihr sterngebornen Kräfte,
Bruder bin ich für Gräser und Steine.›»

15

Der Frühling und Sommer des Jahres 1930 bereicherten Teacher und mich mit – ich möchte nicht sagen: mit einem neuen Leben, denn Leben ist allumfassend – aber mit einem Verständnis für Länder, die eine andere Geschichte haben als unser eigenes Land, eine andere Luft zum Atmen und eine andere Fauna und Flora, an der man sich erfreuen kann. Es war dringend notwendig, daß wir ins Ausland fuhren, da Teachers linkes Auge ganz geschont werden mußte, und ich bekam Urlaub von der Stiftung.

Ich dachte, ich sei mit Teachers Launen und Grillen gut vertraut, doch gerade zu dieser Zeit war ich empört über eine Verstocktheit, die bei einem Menschen, der sich selbst so genau analysieren konnte, völlig unerwartet war. Zuerst schlugen wir vor, nach Frankreich zu fahren. Teacher lachte und sagte: «O nein, nicht einmal im Traum würde es mir einfallen, in jenes ferne Gallien zu gehen.»

«Was!» rief ich aus. «Willst du nicht Paris sehen, dessen verschiedene Stilrichtungen du so oft bewundert hast, nicht die Seine, Notre Dame, die Tuilerien, Versailles und all die Orte, die voller Erinnerungen an die Revolution sind, die du mir beschrieben hast?»

«Ich werde nicht fahren», sagte sie mit einer abwehrenden Geste.

Auch unsere Freunde drangen in sie, und ich fürchte, wir überspannten den Bogen. Zunächst war sie verstört, dann wurde sie wütend und veranstaltete beinahe alles, was man gegen Vernunft und Höflichkeit tun kann. Sie jammerte über ihre Krankheit, über ihren Erschöpfungszustand und ihre Hinfälligkeit; und nun kämen wir und wollten sie fortzerren in ein noch langweiligeres Leben ohne Bücher, ohne Unterhaltung und ohne den Zauber der Natur. Ich schwieg zu ihren Schmähreden; schließlich hörte sie auf damit und schien sich geschlagen zu geben. Polly und ich beeilten uns mit unseren Vorbereitungen, damit wir mit der «President Harding» in See stechen konnten, ehe Teacher ihre Meinung wieder änderte – und das Ganze nur, um einige Stunden vor unserer Abreise festzustellen, daß keine Macht und keine Überredungskunst sie zu etwas bewegen konnten. Unsere Überfahrt mußte annulliert werden.

Dann erwachte Teacher wie aus einem Traum. Sie sah, wie traurig, müde und mutlos Polly war, auch wenn diese kein Wort verlor. Ich ging an meine Arbeit am Schreibtisch und sagte nichts. Ganz reumütig fragte Teacher nach dem nächsten Schiff, das wir nehmen könnten. Glücklicherweise stach am 1. April die «President Roosevelt» in See, und Teacher genoß auch wirklich das schöne Wetter, als wir aus dem Hafen von New York glitten. Wir hatten keine Vorstellung, wo wir unterkommen sollten, doch das bekümmerte sie nicht. Es dauerte nicht lange, da wurde unser Schiff von einem heftigen Sturm gepackt, der mehrere Tage lang anhielt. Die Tische und Stühle in unserer Kabine fielen mit voller Wucht in die Betten; ein großer Obstkorb kippte um, und Polly sprang den Äpfeln und Orangen hinterher, die über den Boden rollten. Teacher jammerte: «Wäre ich doch nur zu Hause geblieben!» Sie wurde zum Glück jedoch nicht seekrank, und nach einigen Stunden Schlaf teilte sie mit uns alles, was es an Lustigem und Vergnüglichem auf der Reise gab.

Wir waren mächtig aufgeregt, als wir «Lizard Point» unweit von «Lands End» – die Zunge, das Auge und das Ohr von

Großbritannien – erreichten. In Plymouth fanden wir eine Nachricht von Pollys Schwester vor, daß uns in Looe, einem Dorf in Cornwall, ein behaglicher Schlupfwinkel erwarte. Es war ein herrlicher Tag, und mein Herz pochte laut, als wir durch Plymouth fuhren, von wo aus einige meiner Vorfahren die Alte Welt verlassen hatten, um in die Neue Welt aufzubrechen. Überall fuhren in den Straßen die Karren, vollbeladen mit weißen Narzissen, Osterglocken und anderen Frühlingsblumen. Sie ließen Teacher fast verrückt werden vor Freude, und zum Schluß kaufte sie so viele, daß der ganze Wagen, mit dem wir fuhren, voll davon war. Anschließend fuhren wir an einem Fluß entlang, und überall blühten die Veilchen und bildeten blaue Teiche. Zuletzt kamen wir zu einem Bungalow hoch oben auf einer Klippe. Möwen schwärmten um die Felsen und kreischten. Teacher war fasziniert von ihrem glokkenähnlichen Schrei, der so verschieden ist von dem der amerikanischen Möwe. An diesem Ort verbrachten wir zwei bezaubernde Monate, während derer sich Annies Gesundheit besserte und sie ihre alte Fröhlichkeit wiedergewann. An warmen Tagen pflegte sie mit mir einen Pfad entlangzugehen, der vom Bungalow zu einer Weide führte; diese war voller Schafe, und wir ließen uns mitten unter ihnen nieder. Einige kamen dicht an mich heran und beschnupperten mein blaues Kleid, als dächten sie, es könnte etwas Gutes zum Essen sein. Teacher ließ sich von Polly alle Gedichte und Legenden vorlesen, die sie über Cornwall ausfindig machen konnte, um sie mir dann in die Hand zu buchstabieren. Ich fühlte mich in meine Kindheit zurückversetzt, in die Zeit, als Teacher begonnen hatte, mich zu unterrichten. Sie floß buchstäblich über vor Entzükken, als sie versuchte, mir das Malerische eines jeden Dinges zu vermitteln: einladende alte Wirtshäuser, Dörfer mit Fischerhütten, die direkt ans Wasser grenzten, von Pfaden getrennt, die eher Laufstegen glichen als Straßen, alte, kleine Tavernen, verwitterte Steinkirchen, die zerklüftete Küstenlinie und die windigen Moore im Inneren des Landes. Manchmal gingen wir durch eine Herde von Schafen, die zum Scheren getrieben wurden, und es war für beide, für Teacher wie für mich, ein seltsames Gefühl, ihr warmes, wolliges Fell zu spüren, wenn sie an uns vorbeidrängten. Teachers Wesen wurde heiter wie eine Sonne, wenn wir stundenlang duftende, gewundene Pfade entlangfuhren. Hier gab es überall Glockenblumen und Goldlack und andere Pflanzen, die an Hecken und Gartenmauern wuchsen, und alles war voller Tau, Sonne und salziger Luft. Wir stiegen aus, damit ich meine Hände auf die niedrigen, strohbedeckten Häuser legen konnte. Während wir weiterfuhren, lauschte Teacher den Sagen von König Arthur, von Morgana und dem See, in dem Excalibur versunken war, und von Old Artful, seinen Untaten und Streichen, wie sie einst den Geschichten über die irischen Ritter und das einfache Volk gelauscht hatte. Diese Legenden hatten eine so ergötzliche und bizarre Note, daß Teacher und ich den Wunsch hegten, sie mit den Blinden zu Hause zu teilen. Deshalb scheute sie keine Mühe, mir alles zu erzählen, was sie gehört hatte, und ich tippte es rasch auf einer geliehenen Schreibmaschine ab und schickte das Manuskript dem *Ziegler Magazine for the Blind.*

Wir fuhren auch in das stille, verträumte Devon hinauf. Die Apfelbäume warfen ihre üppigen Blütenfahnen in die Frühlingsbrise. Überall gab es grünen Rasen, schattige Wege, Wiesen und Hügel, und die Vögel sangen in unendlichen Variationen fröhliche und traurige Weisen. Einmal besuchten wir das Dorf auf Egdon Heath, wo Thomas Hardy geboren wurde. Wir betraten das kleine Haus, bei dem die Rosen zum Fenster hineinkletterten, und sahen das einfache Zimmer, in dem er in völliger Zurückgezogenheit geschrieben hat. Dann gingen wir zu dem kleinen Friedhof, wo sein Herz, das mit all seinem Mitgefühl für das menschliche Leid geschlagen hatte, zur Ruhe gebettet war.

Im Juni desselben Jahres schifften Teacher, Polly und ich uns zur Überfahrt nach Waterford in Irland ein, auf einem Frachtschiff, das den malerischen Namen «Bally Cotton» trug. Voller Entzücken rufe ich mir die Gespräche mit der Mannschaft in die Erinnerung, besonders mit einem der Männer, der die Tiere an Bord aufmerksam pflegte. Teacher war beeindruckt von seiner Bildung und seiner hohen Intelligenz; er wußte nicht nur über britische Politik Bescheid, sondern kannte auch die sozialen Probleme in der ganzen Welt. Ich gestehe, daß mich der Gedanke, Irland zu besuchen, traurig stimmte, denn wir hatten uns vorgenommen, hier nach Spuren von Teachers Eltern zu suchen. Ich hatte von der großen Schönheit weiter Teile des Landes gelesen, und Dankbarkeit für Irland hatte mein Herz überflutet, weil seine Tochter mir ein neues Leben geschenkt und den Hunger und Durst meines Geistes in Freude und Erfüllung verwandelt hatte. Doch Teachers Schmerz über die anscheinend hoffnungslose Armut, die seit Jahrhunderten auf dem Land lastete, empfand ich doppelt stark in meiner Seele. Wie sie später zu Papier brachte, erschrak sie vor «den schäbigen schwarzen Schals der Frauen, dem zögerlichen Gang der Männer, den mageren Flanken der armen, kleinen, dunklen Esel, der Sonne, die in Irland nur schüchtern zum Vorschein kam, als wäre sie unwillig, auf soviel Not schauen zu müssen». Sie haßte die abweisenden Felsen an den Hängen, die Moore, aus denen die Leute den Torf zum Heizen geschleppt hatten, und das elende Erscheinungsbild der Grafschaft von Clare. Doch sehr zärtlich sprach sie zu mir vom Shannon, der «Träne, die aus Gottes Auge auf das Elend von Irland gefallen ist» und seit ihrer Kindheit durch ihre Träume geflossen war. Und obwohl sie es eigentlich gar nicht wollte, loderte der Haß auf England in ihr empor, das sie kurz zuvor noch so bezaubernd gefunden hatte. Eine elementare Kraft schien aus ihr hervorzubrechen, wie eine Armee, die blind kämpft und nicht weiß, gegen wen und weshalb. Eigentlich hatte sie durch klares Denken nationalistisches Ideengut allmählich ganz abgestreift, und gewöhnlich sympathisierte sie mit allen unterdrückten Völkern der Menschheit gleichermaßen. Sie wußte, daß das wirtschaftliche Elend Irlands sich nicht grundlegend von dem Afrikas oder Asiens oder der Philippinen unterschied, doch gerade zu jener Zeit wurde sie von atavistischen Instinkten heimgesucht. Immer wieder sagte sie, niemand brauche ihr zu bescheinigen, daß sie unvernünftig sei, das wisse sie auch selbst. Und dennoch war sie wie von einem Alptraum gefesselt. Sie war nicht mehr sie selbst, und ich war froh, als wir der Insel zum Abschied noch einmal zuwinkten und zu fröhlicheren Tagen nach England zurückkehrten.

Es war ein freundliches Schicksal, das es Teacher gestattete, alle Reize des Spätsommers noch über mich auszuschütten, bevor wir nach Forest Hills heimkehrten. Denn so war ich imstande, meine ganze Energie aufzubieten, um Geld für den ersten Weltkongreß für Blindenarbeit zu beschaffen, den die Stiftung im April 1931 in New York abhalten wollte. Eine solche Ausdehnung unseres Einsatzes in der Blindenfürsorge warf unseren gewohnten Arbeitsablauf ganz über den Haufen, und die Öffentlichkeitsarbeit empfanden wir zeitweise wie fesselnde Ketten. Aber das Unternehmen war ein ruhmreiches Abenteuer, ein weiterer Schritt, um die Geschichte der Blinden allmählich einer weiteren und lichteren Aussicht entgegenzuführen.

Es gab in dem Jahr 1931 noch ein anderes Ereignis, das mich in der Erinnerung mit Dankbarkeit erfüllt und Balsam für meine Seele war – wie Weihrauch, der angeblich die Götter erfreut. Auf das beharrliche, dringliche Ersuchen Mr. A. Edward Newtons und anderer wurde Teacher von der «Temple-University» der Titel eines «Doktor der Literaturwissenschaft» verliehen. Ich werde stets voller Dankbarkeit Mr. Newtons gedenken als eines Menschen, dessen Gerechtigkeitssinn Teacher ihren wahren Platz in der Geschichte der Erziehung zuerkannte. Graham Bell pflegte zu sagen, sie habe einen ganz wesentlichen Beitrag zum Unterricht nicht nur der gehörlosen, sondern auch der normalen Kinder geleistet. Maria Montessori, die wir 1915 auf einer Ausstellung in San Francisco trafen, sprach Teacher in schöner, aufrichtiger Weise ihre Anerkennung aus und bezeichnete sie als «wahre Pionierin» für die Pädagogik. Voller Stolz führe ich hier Mr. Newtons Worte an:

«Ein weiterer Grund, weshalb ich darauf vertraue, daß Sie den Titel annehmen werden, den Ihnen die ‹Temple-University› anbietet, ist dieser: Durch die Verleihung kann die Universität deutlich machen, daß sie Menschen in ihren herausragenden Leistungen, wo immer sie zu finden sind, unterstützen will, besonders wenn der Empfänger der Ehrung eine Position innehat, die es unwahrscheinlich macht, daß er sich im Gegenzug dafür mit irgendeiner Wohltätigkeit bedankt. Zu viele Titel werden von Universitäten in der Hoffnung vergeben, eine Gegenleistung zu erhalten. Die ‹Temple-University› handelt nicht nach solchen Gesichtspunkten. Daher haben Sie kein Recht, Ihre Ehrung abzulehnen. Könnte es nicht sein, daß Miß Keller und Ihre zahlreichen Freunde den Wert Ihrer Arbeit besser einschätzen als sie?»

Und dabei hatte er nicht einmal die genauso überzeugende Tatsache angeführt, daß die ‹Temple-University› gegründet worden war, um den Kindern aus der Arbeiterschaft, Jungen wie Mädchen, eine Lebensperspektive zu geben. Zuerst lehnte Teacher die Annahme des Titels ab, obwohl ich meinerseits gleichfalls eine Ehrung angenommen hatte. Es schien mir, daß ihr Handeln dem Geist und der Humanität jenes Volkes widersprach, dem sie ihre Geburt verdankte, und auch den Fähigkeiten, mit denen es ihr gelungen war, ihr hartes Schicksal zu meistern und sich neue Horizonte zu erschließen.

Bei jeder Gelegenheit, die sich ihr bot, sprach sie jedoch in der Öffentlichkeit davon, was andere Lehrer geleistet hatten. Nachdem wir eine doppelte Ehrung als Mitglieder des Erziehungsinstitutes von Schottland erhalten hatten, sagte sie: «Ich war nie der Ansicht, daß ich mehr Lob verdiene als andere Lehrer, die ihre besten Kräfte an ihre Schüler weitergeben. Wenn es ihnen in ihren Bemühungen nicht geglückt ist, einen Ariel aus dem Kerker einer Eiche zu befreien, dann zweifellos deshalb, weil es keinen Ariel zu befreien gab.

Wie viele außerordentliche Anstrengungen und was für einen Einfallsreichtum haben Lehrer nicht schon aufgebracht, um hoffnungslos stumpfsinnige Schüler zu unterrichten! Ich habe gesehen, wie sie Himmel und Erde und Meer und alles, was darin lebt, herbeiriefen zum Wohle von Wesen, die unfähig waren, auch nur im entferntesten etwas Bemerkenswertes zu leisten. Mit wahrhaft christlicher Liebe und Geduld sind sie stets bereit, den vernachlässigten, zurückgebliebenen oder unglücklichen Kindern der Menschheit zu Hilfe zu kommen.»

Es ist dieser großherzige Zug ihrer Persönlichkeit, den ich am meisten an ihr liebte und noch immer liebe, und ihretwegen bemühe ich mich, mit edlen Vorstellungen zu leben, die mich in eine höhere Sphäre erheben.

Ich werde mich nun freimütig über Teachers Persönlichkeit und über meine eigene äußern. Die Bewegung, Blinde so zu rehabilitieren, daß sie ein normales Leben führen können, ist vergleichsweise jung, und nur wenige Leute haben dafür Verständnis. Seit unvordenklichen Zeiten wurden die Blinden als Geschöpfe betrachtet, die von der übrigen Menschheit getrennt sind, obwohl sich durch alle Zeiten Blinde mit außergewöhnlichen Fähigkeiten und einem scharfen Verstand ausgezeichnet haben. Homer und Milton schufen als Blinde Dichtungen, die in der ganzen Welt Bewunderung hervorgerufen haben. In einer der schlimmsten Perioden der römischen Geschichte stellte der große blinde Zensor Appius Claudius Caecus Gesetze auf, die das Recht des Volkes, einschließlich der Sklaven, schützten. Und es ließen sich noch viele andere Menschen anführen, deren leuchtende Taten alle Schatten überstrahlt haben. Doch welches Genie oder welche Gabe auch immer ihnen eigen sein mochten, nie verdankten sie sie ihrer Blindheit.

Die meisten Blinden, die keinen Unterricht genossen haben, sind wie Holz und Kohle, die darauf warten, daß sie durch die Ideen der Sehenden entflammt werden; doch allzuoft fehlt diesen der «sehende» Geist. Wenn die Blinden lernen, alltägliche Tätigkeiten sicher zu verrichten, dann vermuten sie in ihnen Eigenschaften, die sie gar nicht haben, statt daß sie herauszufinden versuchen, wie die Blinden die ihnen noch verbleibenden physischen Sinne am besten einsetzen können. Dasselbe gilt für die Gehörlosen, die Gelähmten und andere Gruppen von Behinderten.

In diesen dichten Nebel von Unwissenheit leuchtete Teacher mit ihrem Geistesfeuer. Sie behandelte mich gerade so, als ob ich ein sehendes und hörendes Kind wäre, mit der einzigen Ausnahme, daß sie mir die Worte in die Hand buchstabierte, anstatt sie mir mit dem Mund mitzuteilen. Sie erlaubte niemandem, mich zu bemitleiden oder eine derart übertrieben beschützende Haltung einzunehmen, die Blindheit zu einer Tragödie machen kann. Sie gestattete den Leuten nur dann, mich für irgend etwas zu loben, wenn ich es wirklich gut gemacht hatte; und wenn jemand sich an sie wandte statt an mich, wie man es bei einem normalen Kind tun würde, so verübelte sie ihm das sehr. Sie ermutigte meine Familie und Freunde, über alles offen mit mir zu sprechen, so daß ich die Sprache schneller erlernen konnte. Das erforderte wirklich Mut, denn es zeigte sich, daß meine Mutter und meine Cousine Leila Lassiter die einzigen in Tuscumbia waren, die die Weisheit ihres Vorgehens erkannten.

Jahre später war ich einer Geometrielehrerin dankbar dafür, daß sie mich ihren Ärger spüren ließ, als ich zu schwerfällig war, um einen Lehrsatz zu begreifen; und ich merkte, daß Professor Copeland mich als eine normale Schülerin betrachtete, als er mit seinem harten, sarkastischen Urteil meine unbeholfene Übersetzung von La Fontaine kritisierte. Teachers gesundes Urteilsvermögen hinsichtlich meiner Erfolge und Mißerfolge war ausschlaggebend dafür, daß ich mein inneres Gleichgewicht bewahrte. Sie verriet mir damals nicht, was sie über die falschen Vorstellungen wußte, die man sich im allgemeinen von dem Wesen der Blindheit machte. Daher meine Schadenfreude, als ich *Die Welt, in der ich lebe* schrieb und über meine Kritiker lachte, die es mir verwehren wollten, Wörter wie das «Licht» des Mondes und der Sterne, die verschiedenen «Töne» einer Stimme – die man übrigens durch Berührung spüren kann –, «Farben» und «Landschaft» zu verwenden. Es war mir ein wahres Vergnügen zu zeigen, welche Freude ich beim Spiel mit Worten hatte, deren Sinn ich nur durch Analogiebildung oder durch meine Vorstellungskraft erraten konnte. Teacher bemühte sich unablässig darum, unser Leben so zu gestalten, daß ich in meinen beschränkten Möglichkeiten zu der verborgenen Schönheit vorzudringen und meinen Lesern vielleicht zu einer gesünderen Auffassung von Blindheit und Taubheit zu verhelfen vermochte, indem sie sie vor dem Hintergrund allgemeiner Psychologie betrachten lernten.

Was ich damit sagen will, ist folgendes: Obwohl ich für meine Leistungen und Fähigkeiten über alle Maße gelobt worden bin, war ich nie der Meinung, daß mir diese Anerkennung gebührt. Mir sind keine genialen Erfolge zugefallen. Ein Genie hat angeblich die Fähigkeit, unendliche Mühen auf sich zu nehmen, und eine solche Fähigkeit habe ich nie besessen. Ich habe wegen meiner dreifachen Behinderung an einigen gewöhnlichen Aufgaben einfach härter gearbeitet. Ich hatte Glück, weil wir beide, Teacher und ich, die englische Sprache und Literatur liebten. Immer habe ich zu zeigen versucht, wie sie mir beim Erwerb der Sprache quasi Auge und Ohr war und wie sie mich nicht nur zum Schreiben ermutigte, sondern mir auch Wege zeigte, wie ich mein Schreiben und mein Sprechen am besten in den Dienst der Behinderten stellen konnte. Die vielen Mißverständnisse waren einfach aus den falschen psychologischen Vermutungen erwachsen, die die Sehenden über die Behinderten aufstellten. Ich nehme an, es war daher fast unvermeidbar, daß nur wenige Leute, denen ich begegnet bin, es vermochten, Teachers kühnes Vorgehen zu erkennen oder mich einfach nur als ein normales menschliches Wesen zu nehmen, das die Möglichkeiten der Seele ausschöpft, um physische Mängel auszugleichen, wie jeder andere Mensch mit gutem Willen dazu auch in der Lage ist.

Teacher sorgte dafür, daß ich ein schicksalserfülltes Leben führen konnte, weil sie glaubte, daß jeder Mensch Fähigkeiten in sich birgt, die darauf warten, entdeckt zu werden. Mit ihrem festen Vertrauen konnte sie das Leben für mich anpacken, ähnlich dem Adler, der seine Beute packt und in die Lüfte emporträgt. Sie hatte sich mit ihrer Siegestrophäe in die heiteren Gefilde schöpferischen Tätigseins aufgeschwungen. Die vollbrachte Leistung bereitet Freude – sie ist die befriedigendste aller Freuden, die jedoch nur um den Preis eines mutigen Kampfes zu erringen ist. Sie ist der Lorbeerkranz, der den Schöpfer krönt. Leistung bedeutet, sich das Leben in seiner Grenzenlosigkeit ein Stück weit zu eigen zu machen. Es war nicht Teachers Art, mein Leben gewissermaßen aus dem Stückwerk begrenzter Möglichkeiten zusammenzusetzen, sie gestaltete es vielmehr aus all ihren geistigen Kräften. Nicht meinen Schwächen paßte sie ihr Handeln an, sondern sie zog meine geistigen Fähigkeiten liebevoll zu diesen ihren Kräften empor. Sie duldete nicht, daß Menschen den Blinden oder anderen vom Schicksal Benachteiligten mit arroganter, gönnerhafter Haltung begegneten und ihnen Almosen gaben, wo verständnisvolle Liebe nötig gewesen wäre. Sie verurteilte alles, was den Willen tötet oder die Kräfte zu lebenserneuernden Taten schwächt. Bei jeder Gelegenheit vertrieb sie die Rauchschwaden aus den Köpfen der Leute und konfrontierte sie mit dem wahren menschlichen Streben, das sie den Behinderten hatten absprechen wollen. Um eine Sappho zu sein, muß man die Seele einer Sappho besitzen. Um eine wahre Mutter des Geistes zu sein, wie Teacher es war, muß man sich mit einem Ideal der Tat verbinden und über einen Mutterschoß verfügen, aus dem auch wirklich Seelen geboren werden können. Teachers Pioniergeist – der Leser möge mir die Wiederholung verzeihen – wurde von dem Traum geleitet, daß sich Intelligenz letztlich überall entfalten werde, wenn man die Fähigkeiten der normalen und der behinderten Menschen nur richtig einschätzte, daß die hartnäckigen Schranken der Vorurteile niedergerissen würden und daß neues Denken einen wundervollen Frühling erwecken werde. Dann, so träumte sie, würden schließlich die alten Gärten der Erziehung die neue Morgenröte mit frischen jungen Blättern begrüßen, mit Blumenbeeten voll leuchtender Blüten, und funkelnde Ströme mit dem Gesang einer neuen, kommenden Welt würden hervorquellen.

Wie weit sind diejenigen, die für die Blinden tätig sind, so hingebungsvoll und beharrlich sie auch arbeiten mögen, von diesem Ziel entfernt! Ständig müssen sie sich mit Problemen auseinandersetzen, von denen sie nicht die leiseste Ahnung haben. Zum Beispiel gibt es einen dringenden Bedarf an Speziallehrern, die all ihre Zeit und Energie für blinde oder fast blinde Kinder einsetzen, und es werden dringend andere Lehrer für die Sehgeschädigten benötigt, die nicht genügend von dem Unterricht profitieren können, wie er überall an den öffentlichen Schulen angeboten wird. Teacher war sich dieser schwierigen Problematik voll bewußt wie auch der Tatsache, daß man die Blinden als Individuen behandeln muß, wenn man zufriedenstellende Ergebnisse erzielen will. Aber erst seit kurzem haben Blindenerzieher und andere in der Blindenarbeit Tätige insgesamt mit dieser Aufgabe begonnen.

Teacher wußte intuitiv, daß «das fehlende Sehvermögen keinen vereinheitlichenden Faktor darstellt, nicht mehr als das Sehen auch ... Ja, gerade das Gegenteil ist der Fall: Es schafft neue Variablen, die sorgfältig berücksichtigt werden müssen.» Aufgrund ihrer eigenen Erfahrung war sie überzeugt, daß es bei jedem einzelnen wichtiger ist, die besonderen Aufgaben des täglichen Lebens mit der eigenen Sehschärfe in Einklang zu bringen, als diese nur optisch festzustellen. Sie interessierte sich für den Einfluß der Blindheit auf die Persönlichkeit, die räumliche Wahrnehmung, das Orientierungsvermögen und die Kreativität. Sie hoffte sehnlichst auf ein tiefes Verständnis der menschlichen Natur im allgemeinen, das Schluß machen würde mit der Theorie, es gebe nur eine einzige Kategorie von Blinden. Ich führe das alles nur aus, um zu erklären, warum ich bedaure, daß Teacher so selten in Angelegenheiten um Rat gefragt wurde, die ich, so wie die Dinge nun einmal lagen, gar nicht aus unmittelbarer Erfahrung begreifen konnte. Sie sah sich, wie sie selbst sagte, nicht als Bannerträgerin einer bestimmten Bewegung, und natürlich hatte sie als freie Frau das Recht, über jedes Thema zu sprechen oder auch darüber zu schweigen. Trotzdem wäre es für mich leichter zu verstehen gewesen, wenn manche Leute mit ihrem umfassenden Urteilsvermögen gerechnet und aus ihren vielfältigen Ratschlägen und phantasievollen Anschauungen Nutzen gezogen hätten. Wie die Dinge jetzt stehen, kann ich nur aus der Tatsache Trost schöpfen, daß ihre Bemühungen um das Wohl der Blinden und all der anderen Gruppen von Behinderten nun von aufrichtigen Freunden verwirklicht werden, die die Blinden nicht nur in Amerika, sondern in der ganzen Welt allmählich gewinnen.

16

Nachdem wir an der Vorbereitung für den ersten Weltkongreß der Blindenfürsorge mitgearbeitet und die Versammlungen besucht hatten, war Teacher im Frühjahr 1931 am Ende ihrer Kräfte. Deshalb fuhren wir im Sommer nach Concarneau in der Bretagne, um uns auszuruhen und uns mit unbeantworteter Post herumzuschlagen. Doch bald erfuhren wir, daß man uns in Jugoslawien brauchte, um Gelder für die Wiedereingliederung von Behinderten aufzubringen – mein erstes Wagnis dieser Art außerhalb Amerikas –, und Teacher wollte nicht geschont werden. Demzufolge war sie krank, als wir in der hochsommerlichen Hitze in die Bretagne zurückkehrten. Überdies war sie niedergedrückt, weil ihr geringes Sehvermögen immer mehr nachließ. Es regnete während unseres Aufenthalts fast jeden Tag. Unser Besuch in Jugoslawien hatte für uns Arbeit härtester Art bedeutet, und schon das Reisen an sich war für Teacher günstigstenfalls eine lästige Plage. Auch wenn sie von den Iren alle Launen und Widersprüche und die Unbeständigkeit geerbt habe, meinte sie, so trage sie doch nicht deren Verlangen in sich, von Land zu Land zu wandern. «Heimat, liebliche Heimat, du bist der einzige Platz für mich», rief sie aus, als wäre England, das ihr im vorhergehenden Jahr noch so zauberhaft erschienen war, aus ihrem Gedächtnis entschwunden. Sie klagte, das Französische sei ihr eine unüberwindliche Barriere, während ich noch gedacht hatte, es würde sich als ein Geschenk des Himmels erweisen, um uns vor Störungen zu schützen.

Aber Annie schob die Barriere mit einer «diablerie d'esprit» beiseite. Die liebe Frau, die sich um unser kleines, gemietetes Haus kümmerte, verstand kein Wort Englisch, doch kamen wir prächtig miteinander aus. Wir gestikulierten, zeigten auf die Dinge, veranstalteten mit viel Gelächter ein großes Rätselraten, und manches konnte ich ins Französische beziehungsweise ins Englische übersetzen, so daß wir uns wie zu Hause fühlten. Louise war uns und unserem Scottie nicht nur eine wundervolle Freundin, sondern auch eine hervorragende Köchin. Sie hatte ein ausdrucksvolles Gesicht und sah in ihrer bretonischen Tracht höchst malerisch aus. Wir fühlten echte Zuneigung zueinander. Es freute uns, wenn sie neben uns saß und Tee trank, uns an einem sonnigen Tag zu einem Picknick begleitete oder mit uns eine alte bretonische Kirche besuchte. Sie erzählte uns, daß sie nie weiter als fünfundzwanzig Meilen über Concarneau hinausgekommen sei und sich danach sehne, die Stadt zu sehen, die in ihren Träumen nicht nur die Schönheit, die Kunst und die Geschichte Frankreichs symbolisierte, sondern die der ganzen Welt. Als wir Concarneau verlassen mußten, sorgte daher Teacher dafür, daß sie mit uns nach Paris reisen konnte. Ich habe keinen Menschen kennengelernt, der so fasziniert war und so staunte wie Louise, als wir durch Orte wie Rennes kamen, die Loire entlangfuhren mit ihren zahlreichen Schlössern und durch Orléans, wo wir flüchtig die Statue der Jeanne d'Arc erblicken konnten. Die strahlenden Lichter von Paris begrüßten uns spät an diesem Abend. Louise verbrachte die Nacht mit uns, und nach dem Frühstück zeigten wir ihr von Paris soviel wie möglich, bevor sie am Nachmittag nach Hause zurückkehrte. Während der ganzen Zeit war sie richtig aufgeregt vor Entzükken über Notre Dame, über die Seine, die sich uns an jenem Tag bei strahlendem Wetter in ihrer schönsten Pracht zeigte, über Napoleons Grab und andere Plätze von historischem Interesse. Es fiel uns schwer, von solch einer aufgeschlossenen Freundin Abschied zu nehmen. Eine zärtliche Melancholie ergreift mich, wenn ich in Gedanken bei den mannigfaltigen Gefälligkeiten verweile, die sich Teacher für die einfachen Menschen ausdachte, deren Dienste oder Freundschaft sie schätzte.

Keine Aufgabe bereitet mir größere Freude, als die Warmherzigkeit zu loben, mit der man uns in England und in Schottland Gastfreundschaft und Zuneigung erwies, uns Gelegenheiten verschaffte, den Behinderten zu helfen, und es uns schließlich ermöglichte, inmitten der heilsamen Natur in Frieden auszuruhen. Als wir 1932 nach Schottland fuhren, wo ich von der Universität Glasgow geehrt werden sollte, brachte uns Dr. James Kerr Love, ein bekannter Ohrenarzt und alter Freund, in einem reizenden, von Rosen umrankten Häuschen in Dalveen unter. Hier hatte ich ein wenig Ruhe, um meine Reden vorzubereiten. Wenn ich mich aus dem Fenster lehnte, konnte ich fast spüren, wie die Knospen aufbrachen. Jeden Morgen trat ich hinaus in den Garten, und manchmal ging Teacher mit mir, um die Fingereindrücke mit mir zu teilen, die ich von den Blumenbeeten voller Vergißmeinnicht und Anemonen empfing und die sie mit ihren kranken Augen nur verschwommen sehen konnte. Sie hätte sich gewünscht, daß wir den ganzen Sommer in Cornwall hätten verbringen können, wo die Natur zu ihr in der erlesensten Sprache der Schönheit redete. Doch akzeptierte sie bereitwillig die Änderung in unserem Vorhaben, denn daß mir die Universität Glasgow die Doktorwürde verleihen wollte, freute sie außerordentlich, und sie war glücklich, daß wir in Dalveen arbeiten konnten, mit dem Gesang der Vögel, dem Summen und der Blütenpracht um uns herum. Ohne ihre phantasievollen Anregungen hätte ich die Flut von Interviews, Briefen, Telegrammen und Fototerminen, die das öffentliche Interesse an der Ehrung mit sich brachte, nicht erfolgreich überstehen können, ebensowenig wie die Konferenzen mit Sachbearbeitern der Universität Glasgow. Wir hatten uns nicht wenig gefürchtet vor den großartigen Zeremonien dieser erhabenen Einrichtung, die einen so ruhmreichen Glanz verbreitete und mit eindrucksvollen, bis ins fünfzehnte Jahrhundert zurückreichenden Berichten über hervorragende Gelehrte und geniale Männer aufwarten konnte. Doch Dr. Loves Einfühlungsvermögen war wie eine Zauberkraft, und er verstand es, uns alles leicht zu machen. Teacher war ihm und seiner reizenden Frau für die Atmosphäre verständnisvoller und herzlicher Freundlichkeit dankbar, die sie um uns herum schufen. Als sie uns zusammen sahen, merkten sie, auf welch wundervolle Art Teacher ein Teil von mir war. Sie gehörten zu den wenigen Menschen, die erkannten, wie wir beide im Leben miteinander verwoben waren.

Nachdem wir die ersten Einladungen schon einmal angenommen hatten, hätte es sich nicht geschickt, andere abzulehnen. So taten wir alles, was in unserer Macht stand. Man bat uns, an allen möglichen unterhaltsamen Aktivitäten teilzunehmen und uns mit interessanten Menschen zu treffen. Ich wollte gerne Einrichtungen für die Blinden und Gehörlosen besuchen, von denen ich gelesen hatte und die mir seit meiner Kindheit Zeichen liebevoller Anteilnahme an meinem Schicksal gesandt hatten. Unter den ersten war das Institut für Gehörlose in Edinburgh, an das ich mich besonders deshalb erinnere, weil Mr. W. W. McKechnie vom schottischen Fachbereich Erziehung mit Beredsamkeit und Verständnis über Teacher sprach. Er besaß den Scharfsinn, um über die gedankenlose und törichte Bewunderung, mit der ich stets überhäuft wurde, hinausgehen zu können und die unerschütterliche Hingabe und das schöpferische Bemühen Teachers zu erkennen, mir meine Lebensmöglichkeiten wiederzugeben und meinem Dasein Form und Anmut zu verleihen. Worte von solch glühender Verehrung hört man nicht oft. Als er sprach, hatte ich das Gefühl,

> «als würden die Götter wieder herbeigerufen
> aus längst vergangenen Homerischen Tagen».

An diesem Tag hatte Mr. McKechnie unsere Kämpfe erhöht und ihnen die Würde himmlischer Ereignisse verliehen.

Wir verließen anschließend Dalveen und fuhren nach London, wo wir täglich bei drei, vier oder gar fünf Veranstaltungen zugegen sein mußten. Ich erinnere mich noch mit Bewunderung daran, wie ausdauernd Teacher gegen Müdigkeit und Nervosität ankämpfte, um meine vielen Reden interpretieren zu können. Es gab für uns verschiedene Arten von Verpflichtungen, beispielsweise ein Festessen im britischen Unterhaus, die Teilnahme an einer wundervollen Gartenparty im Buckingham Palace, wo Teacher, Polly und ich die Bekanntschaft mit King George V. und Queen Mary machen durften, der Besuch von Hampton Court und unser Erscheinen im Nationalen Blindeninstitut, dessen damaliger Direktor, Mr. W. MacG. Eager, und seine Sekretärinnen uns durch ihre großzügige Unterstützung halfen, unser dicht gedrängtes Programm in London zu bewältigen. Mr. Eager war ein weiterer führender Pädagoge, der Teacher enthusiastische Bewunderung und Freundschaft entgegenbrachte. Wir erlebten einen denkwürdigen Tag in der «Royal School for the Blind» in Leatherhead, Surrey, wo Reverend E. H. Griffiths und andere in schönen und verständigen Worten Teacher ihre Anerkennung aussprachen. Ich wünschte, die Menschen in Amerika hätten Annies erklärende Sätze und die konstruktiven Gedanken über Taubblinde hören können, die sie in Leatherhead aussprach. Wir hetzten von Ort zu Ort, und unser Pensum ging schließlich über unsere Kräfte. Als wir unser Programm hinter uns hatten, plagte sich Teacher mit einer hartnäckigen Bronchitis herum, und auch Polly und ich mußten dafür büßen, daß wir allzu eifrig alles in Augenschein hatten nehmen wollen; wir waren völlig ausgelaugt. Der Arzt war der Überzeugung, daß ein Aufenthalt in einer höhergelegenen Gegend Teacher guttäte, und so flohen wir ins Schottische Hochland.

In fieberhafter Aufregung hasteten wir nach Tain, einem Bergdorf, wo Pollys Bruder und seine Familie Urlaub machten. Wir kamen mitten in der Jagd- und Fischereisaison an, und eine

Zeitlang fürchteten wir, kein abgeschiedenes Plätzchen mehr für uns zu finden. Doch zuletzt machten wir doch noch ein Bauernhaus in South Arcan, in der Nähe von Muir of Ord in Ross-shire, ausfindig. Der Anblick der schottischen Berge mit ihren purpurnen, goldenen und blauen Farben wirkte Wunder – er genügte, daß Teacher sich wieder erholen konnte. Alles, wonach wir verlangten, war die nötige Ruhe, um meine Korrespondenz zu bearbeiten; und natürlich wollten wir dennoch nichts von der Pracht der Natur um uns herum versäumen. Alle Liebreize, die einen Naturliebhaber erfreuen, konnte man hier finden: Abgeschiedenheit inmitten von großen Kornfeldern, Moore mit purpurn blühendem Heidekraut und die Musik der Bäche. Teacher schwelgte in der Stille, die nur von dem Muhen der schwarzen Kühe, dem Blöken der Lämmer und dem Surren vieler Flügel unterbrochen wurde. Ich konnte dort allein spazierengehen, indem ich an einer von Eichen beschatteten alten Mauer entlangging, einer Lebensbaumhecke folgte und mich dann zu den Fingerhutbüscheln und den Büschen von goldenem Ginster wandte, die einen honigsüßen Duft verströmten und deren aufplatzende Schoten in meinen Fingern vibrierten. Wenn Teacher und ich, mit unserem schottischen Terrier auf den Fersen, über die Felder wanderten, berichtete sie mir voller Entzücken, wie der Hund Schwärme von Rebhühnern, Moorhühnern, Fasanen, Drosseln und grauen Tauben aufschreckte. Als sie ihre Bronchitis einigermaßen überstanden hatte, unternahmen wir herrliche Fahrten durch das ganze Land. Doch allzu schnell gingen unsere bezaubernden Tage in dieser herrlichen Luft, die uns das Alltagsleben hatte vergessen lassen, vorbei, und unser unbarmherziges Gewissen drängte uns, nach New York zurückzukehren, wo unsere Kampagne für den Winter geplant wurde.

Ich wußte, daß sich die Arbeit für die Blinden rasch über die Vereinigten Staaten hinaus ausbreiten würde und daß ein hoher Geldbetrag gesammelt werden mußte, damit die «Amerikanische Blindenstiftung» den Wünschen nachkommen konnte, die an sie gerichtet wurden. Auf unseren Vortragsreisen waren wir in diesem Jahr nur zu zweit, Polly und ich; lediglich ein Mitglied des Stiftungskomitees begleitete uns, unterstützte uns mit einigen Hilfstätigkeiten, war bei unseren Vorträgen anwesend und beantwortete die oft einfallslosen Fragen der Presse. Die meisten der Reporter hatten anscheinend die Vorstellung, daß es doch ganz leicht sei, den Blinden zu helfen, wenn wir einfach nur die Angaben machten, was sie am meisten brauchten, und ich vermißte Teachers treffende, schlagfertige Antworten. Unzählige Male versuchte ich, den Journalisten zu erklären, daß es keine schlichte Formel für die Blindenfürsorge gibt: daß einige Blinde noch etwas mehr sehen als andere und daß deshalb so viele Arten von Hilfe entsprechend den verschiedenen Graden von Behinderung benötigt werden, wie es blinde Menschen gibt.

Das Herz blutete mir, wenn ich an Teacher dachte, die allein in unserem Haus in Forest Hills weilte und die meiste Zeit Schmerzen litt. Ich stellte mir vor, wie sie zu lesen versuchte – obwohl sie es nicht sollte – und wie schwer es ihr fiel, sich um die Hunde zu kümmern. Wir hatten keine Bediensteten, und ich fragte mich, wie sie ihre Mahlzeiten zubereitete oder ob sie sich ohne warmes Essen behalf. Manche Nächte lag ich wach und versuchte, einen Weg zu finden, um ihr das Leben zu erleichtern. Oft kehrten Polly und ich nach langer Fahrt um Mitternacht nach Forest Hills zurück, denn der Gedanke an ihre Einsamkeit hatte uns verfolgt, und wir stellten uns zitternd all die schrecklichen Dinge vor, die ihr zugestoßen sein könnten – und trafen sie dann hellwach an; über unsere alptraumartigen Ängste hatte sie schnell ein Lachen parat. Sie vermochte uns allerdings nicht zu täuschen. Wir wußten, daß eine zunehmende Schwäche ihr zusetzte. Dennoch wollte sie nichts davon hören, daß wir etwa irgendeine Verpflichtung verschoben, um sich um sie zu kümmern.

Mein einziger Trost war, daß der Liebreiz Schottlands zärtlich ihre Seele umfing, wie ein brütender Vogel seine eben ausgeschlüpften Jungen unter seine Fittiche nimmt. Polly und ich beendeten die Kampagne für die Stiftung so schnell wie möglich und brachten Annie im Juni 1933 rasch in unser Bauernhaus in South Arcan. Zuerst schien sie sich zu erholen, und ich hatte das Gefühl, daß kein Frühling und kein Sommer einen solchen Reichtum und solch reife Süße zu offenbaren vermochten, wie ich sie im Herbst ihres Lebens spürte. Auf diese Weise leuchtete uns holde Hoffnung durch die «dunklen Stunden und krummen Wege» des Schicksals.

Wieder durchflutete die Faszination Kaledoniens, des herrlichen Schottland, Teacher wie eine Welle, und ich teilte ihre Ansicht, daß es kein Land gebe, das fesselnder, friedvoller und an heilenden Einflüssen reicher ist. Dieses Mal war es ihr vergönnt, müßig und heiter die Ruhe des Hochlands zu genießen. Sie liebte es, den Vögeln zuzuhören, und warf ihnen Krümel hin, wenn sie sich um die Tür scharten. Erneut war sie über die Heide entzückt, und in ihrer Vorstellung vermochte sie sich die Pracht der Berge und der Ströme auszumalen, die der Schleier, der sich ihr auf die Augen legte, vor ihr verbarg. Ihre übergroße Freude an den Birkenalleen, den Ebereschen, flüsternden Lärchen und an blühendem Weißdorn ließ sich nicht in Worte fassen. Hin und wieder organisierte sie eine ausgedehnte Fahrt über Land, bei der die Geister der rauhen Wildnis zwischen unseren Seelen ein Band der Sympathie woben, tiefer als Worte es beschreiben können. In solchen Augenblicken frohlockte ich in dem Bewußtsein, das sie mir verliehen hatte: daß

«Die grüne Erde im Luftbereich sich ihren Weg bereitet
Und in einem Flammenmeer des Alls sich badet.

. . . .

Und eine Sonne, weit entfernt in einer Muschel voller Stille,
Ihr Licht auf meine Mauern scheinen läßt ...»

Ich glaube, der Grund, weshalb Teacher dieses Leben so liebreich fand, war die Entdeckung, daß sie sich in einer warmen, freundlichen Welt aufhielt. Viele der Freunde, die wir im vergangenen Jahr kennengelernt hatten, besuchten uns in unserem Bauernhaus, und ihre Aufrichtigkeit und Offenheit sowie die Erinnerung an ihre echte Herzlichkeit und Gastfreundschaft waren ihr teuer. Viele Jahre hindurch hatte Anne Sullivan Macy ständig auf der Hut sein müssen, und so war es ihr jetzt ein rechter Trost, sich in einer Atmosphäre verständnisvoller Zuneigung ausruhen zu dürfen. Sie sprach zu mir von dem Leben, das in uns emporsteigt, das versucht, sich aus eigenen Kräften zu erneuern, das seine eigenen Wunden heilt, Hoffnung in unsere Herzen senkt und unseren geistigen Blick schärft. «Und warum sollte all das nicht auch mir widerfahren können, wo sich dies doch schon so oft ereignet hat?» sagte sie anschließend, um die dunklen Gedanken zu vertreiben, die sie in mir erraten hatte. Wie eh und je stürzte sie sich in großzügige Gastfreundschaft und Fröhlichkeit. Pollys Familie besuchte uns oft. Freunde aus Inverness, Muir of Ord und anderen Orten der Umgebung bereiteten uns immer wieder eine Freude, munterten Teacher auf und zeigten liebevolle Zuneigung zu ihr. Selten habe ich solch balsamische Liebesbezeugungen erlebt. Teachers Güte gegenüber den Kleinbauern war groß, wie stets gegenüber den einfachen Leuten, und deren warme, aber rauhe Gastfreundschaft ihrerseits ist mir eine teure Erinnerung.

Polly, ihr Bruder und ich nahmen Teacher auf eine Segeltour zu den Orkney- und Shetland-Inseln mit, von der ich mir erhoffte, sie würde ihr guttun. Wir machten Station in Orkney, wo wir alle, außer Teacher, die Ruinen des Steinzeitdorfes in Skara Brae erforschten. Wir stiegen steile, schmale Stufen hinab, und in meiner Ungeschicklichkeit blieb ich plötzlich zwischen den Mauern stecken, an einer Stelle, wo ich nicht mehr vor noch zurück konnte. Einige Augenblicke hatte ich das

Gefühl, für immer und ewig in den Mysterien einer längst vergangenen Zeit festgehalten zu werden. Glücklicherweise wurde ich befreit und sicher zu den unteren Räumen geleitet. Die Decke war so niedrig, daß wir uns beim Auskundschaften der Gemächer bücken mußten. Ich war von der Geschicklichkeit und der Gleichmäßigkeit fasziniert, mit der die Menschen ihre Betten, Schränke und Fächer für Kleidung, Waffen und Schmuck aus den Felsen gehauen hatten. Auch befühlte ich die Nischen, in denen sie Fische und andere Nahrungsmittel im Salz aufbewahrten, und die Herdstätte in der Mitte des Raumes, wo noch das Loch in der Decke zu sehen war, durch das der Rauch abziehen konnte. Mit Wonne denke ich an die Orkneys zurück, wo der Duft des Klees alle Inseln mit köstlichem Duft erfüllt.

Zu Beginn unserer Fahrt war Teacher fest entschlossen, den Ausflug zu genießen, doch das Sonnenlicht auf dem Wasser war für sie unerträglich. So legte sie sich in ihre Kajüte und schlief, während wir übrigen auf Deck saßen. Ich fürchtete, es ginge ihr so schlecht, daß sie von der besonderen Wikingeratmosphäre der Shetlandinseln nichts mitbekommen könnte; dies war ihr aber schließlich doch möglich. Als wir durch Lerwick gingen, sah sie die malerischen Häuser und den getrockneten Fisch, der von den Häusern hing, halb mit den Augen, halb in ihrer Vorstellung. Es bereitete ihr große Freude, wie ich die Shetlandtiere – Ponys, Schafe und Collies – berührte. Und als wir mit einem Motorboot um einige Inseln herumfuhren, zitterten ihre Finger regelrecht vor Erregung über die lärmenden Wolken von Möwen, Raubmöwen und Papageientauchern, die uns umschwärmten. Es war ein seltsames Gefühl, zu spüren, wie die Sonne mit all ihrer Kraft Tag und Nacht schien, und die Atmosphäre hellwacher Aktivität zu erleben, wenn die Leute auf dem Marktplatz oder an den Netzen bis fast in die kurzen «Morgenstunden» hinein arbeiteten.

Unser Rückweg führte uns über die Orkneys, und als wir an

ihnen vorbeifuhren, wurde Teachers Gesicht von einer unerwarteten Freude aufgehellt. Die Sonne sank in herrlicher Pracht ins Meer, im Wechselspiel von sanften Farbtönen und vibrierenden Schatten. Sprachlos schaute sie dem Ereignis zu, bis auch das letzte Glühen erloschen war. Dies war das letzte Mal, daß sie, wenn auch nur in geringem Maße, die Schönheit der Dinge an Land oder auf dem Wasser ernten konnte. Zwar vermochte ihr keine Macht der Welt je den inwendigen Schatz ihrer Vorstellungskraft zu nehmen, und aus ihrem Herzen strahlte sein unermeßlicher Glanz in die Umgebung aus, doch ihr allzu starrer Wille hatte den schwachen Strahl ihres Augenlichts ausgelöscht, der ihr andernfalls vielleicht bis zuletzt gedient hätte, und ihre Unabhängigkeit, die ihr kostbarer war als einer Königin der Thron, war dahin.

Der Herbst nahte, und ich stellte fest, daß Teachers Gesundheitszustand sich nicht gebessert hatte. Deshalb erhielt ich von der Stiftung Urlaub; sie gab mir ein Freijahr. Ich war entschlossen, nichts unversucht zu lassen, damit Annie sich erholen konnte. Wir richteten uns in dem alten Bauernhaus richtig ein, und wenn der Ausdruck nicht irreführend wäre, würde ich sagen, daß ich mich wie ein gerade freigelassener Galeerensklave fühlte. Seit meinen Tagen am College hatte ich keinen richtigen Urlaub mehr gehabt. Ich hatte mich freudig den Tätigkeiten der Stiftung gewidmet, aber bereits durch die schriftstellerische Arbeit, die Vorträge und die Arbeit am Varieté waren unsere Lebenskräfte arg strapaziert worden; und die Sorgen um Teachers Augen und ihre Gesundheit hatten mich schließlich über Jahre hinweg verfolgt. Das Leben in New York und das damit verbundene öffentliche Interesse an uns waren mir, die ich auf einer weitläufigen Farm in den Südstaaten geboren und aufgewachsen war, nie angenehm gewesen, und meine Seele dürstete nach einem längeren Aufenthalt im Schottischen Hochland. Es war wie im Märchen, als die Stiftung uns die Nachricht zukommen ließ, daß wir für ein Jahr dort bleiben durften. In den ersten Tagen lag ich einfach nur stundenlang untätig auf der Weide und versuchte, mir W. H. Hudsons Gewohnheit zu eigen zu machen, nach einer langen, kräftezehrenden Phase des Schreibens an überhaupt nichts zu denken. Es gelang mir, daß Ruhe in mich einströmte, die mein müdes Gehirn erfrischte und meine Nerven einigermaßen besänftigte. Ich hätte vor Dankbarkeit die Büsche rings umher küssen mögen, den kleine Fluß Orrin und die Sonne, die mich mit einem neuen Sinn für das Gute durchflutete. Es machte mich glücklich, wenn ich nach einem Spaziergang durch die Felder Farnkraut im Haar oder Heide in meinem Tweedkleid fand. Daß wir nur achtzehn Meilen von Inverness entfernt sein sollten – eine Stadt, umgeben von Seen, Förden und alten Schlössern – und trotzdem die völlige Zurückgezogenheit genießen konnten, verwunderte uns immer wieder.

Doch der Winter kam, und Teacher mußte erfahren, wie sie langsam von einer qualvollen Invalidität heimgesucht wurde. Zu Weihnachten fuhren wir nach Glasgow und blieben einige Wochen dort. Dr. Love sicherte Teacher ausgezeichnete ärztliche Behandlung zu, und die zuverlässige, treue Freundschaft, die uns umgab, war auch äußerst bewegend. Aber das Schicksal vereitelte alle Versuche, ihre Schmerzen zu lindern, und so kehrten wir niedergedrückt nach South Arcan zurück. Ein Jahr lang litt sie an Karbunkeln, und Polly, die ebenfalls eine längere Ruhepause verdient hätte, pflegte sie ständig, las ihr vor und besorgte den Haushalt; daneben mußte sie meinem Shetland-Collie Dileas hinterherlaufen und Maida, dem Lakeland-Terrier, der stets auf Hasen- und Kaninchenjagd war. Wenn die zwei Spitzbuben von ihren wilden Unternehmungen zurückkehrten, pflegten sie auf Teachers Bett zu springen und von ihrem Essen etwas zu erhaschen. Dileas, der ein braunes Fell mit einem weißen Kranz rund um den Hals hatte, weiße Pfoten und einen allerliebsten buschigen Schwanz, der den Boden fegte, und Maida, schwarz, mit einem lustigen, rauchblauen Kopf und liebevollen, glänzenden Augen, waren ihr ein Trost, ohne den sie sich, wie sie erklärte, nicht durch den Winter hätte schleppen können.

Wenn sie nicht zu krank dazu war, schlug Teacher Themen für die Artikel vor, die ich für die Zeitschrift *Towers* schrieb; daneben arbeitete ich an der ersten Fassung ihrer Biographie, die dann von dem Feuer verzehrt wurde, das mein erstes Heim in Westport vernichtete. In den langen Tagen und Nächten, während derer sie zur Untätigkeit gezwungen war, stiegen Gedanken in ihr auf, die sie vor der sengenden Sonne der Welt zurückschrecken ließen. Mit ihrem äußerst feinen Gespür nahm sie die Kräfte wahr, die in jedem von uns schlummern, auch wenn der Lärm der Welt uns daran hindert, sie zu hören. Sie achtete weniger auf die Dinge, die sie erbitterten, und war mehr denn je für die Nöte anderer aufgeschlossen. Auf diese Weise schleppte sie sich durch einen Winter, der, verglichen mit den Wetterverhältnissen in New York, relativ kurz war, dafür jedoch feucht und neblig und frostig und bisweilen, unter dem Hauch der Arktis, sogar eisig. Obwohl es selten schneite, konnten wir hören, wie die Schafe in der Kälte aufschrien, und die schwarzen Angus-Rinder stießen ihr langgezogenes, klagendes Muhen aus.

Zu Beginn des Frühjahrs war Teacher in der Lage, mit mir einige Schritte zwischen den Veilchen, Glockenblumen und Narzissen zu machen. Sie berührte die Blumen so wie ich und buchstabierte mir in die Hand: «Welch ein Segen für dich, Helen, durch unser Gethsemane spazieren zu können und zu fühlen, wie es im Überfluß blüht!» Während dieser kurzen Phasen der Genesung veranstaltete sie für einige Freunde jene Festlichkeiten, für die sie berühmt war; der Sonnenschein ihres heiteren Wesens und der tröstende Tau ihres Verständnisses sorgten dafür, daß die goldenen Stunden für uns alle wie im Fluge vergingen. Doch innerlich beschlich mich immer öfter eine böse Vorahnung.

Die Stiftung hatte die Erfindung des «sprechenden Buches» für erwachsene Blinde bekanntgegeben und den Wunsch geäußert, ich möge mich der Kampagne anschließen, mit der man Geldmittel zur Herstellung von Maschinen für diese neue Methode des «Lesens» beschaffen wollte. Teacher erkannte den Wert eines solchen unterhaltenden Geräts, welches den älteren Blinden sehr viel weniger Schwierigkeiten bereiten würde als das Braille-System, das die meisten von ihnen nicht mit Leichtigkeit oder Vergnügen lesen konnten, und sie bat mich, mein Teil zu der Beschaffung der Geldmittel beizutragen, was ich im folgenden Winter auch tat. Dennoch spürte ich ihre Unzufriedenheit. Sie hätte das Stiftungsprojekt, das ich dafür in Gang gesetzt hatte, gerne vollendet gesehen. Außerdem war sie enttäuscht, daß nichts für die Taubblinden getan worden war, deren unglückliches Los, wie sie wußte, mich bedrückte. In Forest Hills hatte sie sich mit dem Gedanken getragen, für sich selbst eine neue Lebensaufgabe zu ergreifen und wieder ein Kind ohne Gehör und ohne Sehvermögen zu unterrichten. Als in Louisville in Kentucky ein vernachlässigtes taubes und blindes Baby entdeckt wurde, durchfuhr sie der Gedanke, dem kleinen Kind das Licht und die Musik der Freude zu vermitteln, als sei die Flamme unsterblicher Jugend in ihren müden Körper gefahren. Erst nach vielen unerfreulichen Debatten gelang es uns, die wir ihren schlechten Gesundheitszustand kannten, sie von dem Gedanken abzubringen, das Baby zu adoptieren. Doch in ihrem Dunkel lebte das verborgene Feuer dieser Sehnsucht fort, und sie pflegte mich oft an die Taubblinden auf der ganzen Welt zu erinnern, die auf Befreiung warteten. «Breite deine Arme für sie aus, vergiß dich selbst in ihnen, und sei ihrer Sache treu. Das ist das wahre Denkmal, das du mir setzen kannst, Helen. Mag es auch eine Mauer zwischen dir und ihnen geben, reiße sie ein, Stein für Stein, selbst wenn du vor Anstrengung zerbrichst, so wie einige von Florence Nightingales Krankenpflegerinnen vor Erschöpfung starben.»

Als wir nach Hause kamen, erwarteten uns viele schwere Aufgaben. Neben der Beantwortung der ewigen Bittbriefe und anderer Korrespondenz hatte ich mich auf Anfragen hin verpflichtet, im Rahmen der Aktivitäten für das «sprechende Buch» Teegesellschaften und Versammlungen rund um New York zu besuchen. Wieder mußten Polly und ich ohne Teacher auskommen, und jedesmal, wenn ich in der Freude, eine Zeitlang bei ihr zu sein, zu Hause blieb, quälte mich die Furcht, irgendeine dringende Pflicht gegenüber den Blinden zu vernachlässigen. Sogar wenn ich mich in meinem Arbeitszimmer aufhielt, das neben ihrer Stube im Dachgeschoß lag, schien es mir, als weilte ich weit von ihr entfernt. Aber wir brauchten sie nun nicht mehr allein zu lassen. Ein junger Mann, Herbert Haas, hatte sich uns angeschlossen. Wir mochten ihn sehr, er war freundlich und zuvorkommend. Er hatte einen sonnigen Humor, sein Gesicht war wie ein lachender roter Apfel, und er besaß vielseitige Fähigkeiten. Es gelang ihm, Teacher während unserer Abwesenheit zu unterhalten, und so entwickelte sich zwischen ihnen eine tiefe Zuneigung. Später bewohnte er ein Zimmer in unserem Haus und war überglücklich, daß er ein richtiges Zuhause hatte. Seine Eltern waren tot. Der Vater war Musiker gewesen, die Mutter eine leitende Krankenschwester. Von ihr hatte er die heilende Hand geerbt, die Teacher so liebte. Er kümmerte sich um das Haus und erwies sich als ein geschickter Verwalter unseres ganzen Haushalts, so daß dadurch viel Verantwortung von Pollys Schultern genommen war. Herbert fuhr den Wagen – wenn wir einen hatten –, verstand sich auf Büroarbeit und konnte meine Schreibmaschine ebenso reparieren wie die Braille-Schreibmaschine. Er erlernte das Fingeralphabet und auch die Brailleschrift, so daß er Artikel und Dokumente über die Blinden, die Polly zum Übertragen bereits fortgeschickt hatte, unverzüglich für mich umschreiben konnte. Unsere Hunde mochten ihn gern, und nichts hätte Teacher mehr gefallen können. Mit seiner offenen

Art wurde Herbert wirklich beliebt. Er war intelligent, ehrlich, ein ausdauernder Arbeiter, und sein freundliches Lächeln, die Direktheit in seiner Sprache und seine Vorliebe für Scherze und Geschichten bereiteten allen, die ihn kannten, Vergnügen.

Inzwischen taten Polly und ich unser Bestes, um mit Personen ins Gespräch zu kommen, die möglicherweise an dem «sprechenden Buch» interessiert waren. Will Rogers, der beliebte Philosoph und Humorist, verbreitete im Rundfunk einen warmherzigen Aufruf. Ich erhielt eine phantastische Schenkung von Mrs. William Moore, die Teacher und ich wegen ihrer aufrichtigen Gefühle für Blinde seit langem sehr schätzten. Mit Hilfe vieler kleinerer Beiträge war die Stiftung imstande, ein Studio zu eröffnen, wo die Experimente für das Projekt durchgeführt wurden, bis sein Wert für die industrielle Produktion anerkannt wurde und der Kongreß eine großzügige finanzielle Unterstützung für «sprechende Bücher» und für Literatur in Blindenschrift gewährte.

Im Frühjahr 1935 suchte Teacher das «Doctors Hospital» in New York auf, um sich dort wegen verschiedener Leiden behandeln zu lassen. Man erachtete es für das Beste, wenn sie sich äußerst ruhig verhielt. Nur gelegentlich durfte ich einige Minuten bei ihr sein, denn sie regte sich zu sehr auf, wenn ich ihr von meiner Arbeit erzählte, was sich ungünstig auf ihren Zustand auswirkte. Sie war mit ihren Kräften am Ende und hatte sich, wie sie mir später gestand, in eine nutzlose Rebellion gegen ihre Blindheit treiben lassen. «Wie ein ungezogenes Kind habe ich mich benommen», sagte sie, «und um etwas gebettelt, was unerreichbar war. Ich habe meine eigenen Leitsätze nicht befolgt, Behinderung als eine Chance anzusehen, um Mut zu entwickeln.» Zudem hatten sich in ihrem Kopf viele Ideen angesammelt, und sie bat mich inständig, sie für sie aufzuschreiben; doch wenn ich sie dann besuchen kam, waren sie unwiderruflich verschwunden. Arme Teacher, es war schlimmer für sie, einen entzückenden, phantastischen Einfall zu verlieren oder einen Gedanken, den die Musik der Natur in ihr angeregt hatte, oder machtvolle Worte über die Größe oder den Schrecken der schöpferischen Kraft der Seele, als im Dunkeln leben zu müssen.

In jenem Sommer fuhren Polly, Herbert und ich mit ihr in die Catskills. Dort suchte sie Trost im Schatten der Hügel, Bäume und Seen. Noch einmal siegte ihr Lebensdurst über ihre Hinfälligkeit. Polly und ich trugen bei den kleinen Gesellschaften, die zu ihrer Aufmunterung gegeben wurden, eine erzwungene Fröhlichkeit zur Schau. Unter den Gästen waren Mr. Migel, der Präsident der Stiftung, und Dr. Berens, und alle, außer Teacher, verbrachten wir einige Zeit damit, Forellen zu fangen. Da Teacher mich dazu drängte, ein kleines Buch zu schreiben, das für den gewöhnlichen Leser besser geeignet wäre als *Meine Religion*, verfaßte ich außerdem in freien Augenblicken *Peace at Eventide*.

Teacher erholte sich nicht, und sie wurde von einer inneren Rastlosigkeit verzehrt – ihre alte Abenteuerlust wurde ihr nun zum Feind. Unaufhörlich sprach sie von ihrer «Freudeninsel» Puerto Rico und von ihrem Verlangen, ein ähnlich entzückendes Fleckchen Erde aufzuspüren. Im Oktober 1935 fuhren wir zu viert zu den westindischen Inseln, nach Jamaika – eine wundervolle Insel mit tropischen Gärten, Palmen, steil abfallenden Bergen und malerischen alten Kirchen. Doch für Teacher hatte sie nichts von der Faszination, mit der Puerto Rico sie beglückt hatte. Ach, wie müde war sie doch! Die fixe Idee verfolgte sie, daß das langsame Altwerden schwerer zu ertragen sei als ein schneller Tod, weil es mit sich bringe, daß man das Leben mit all seinen Segnungen nicht auf einmal aufgebe, sondern Stück für Stück darauf verzichten müsse. Sie trauerte über das, was sie als ihre zunehmende Altersschwäche empfand, und ihre Blindheit war ihr ein Zeichen dafür, daß sie alt war. Doch nicht das halte ich für ihre eigentliche Tragödie. Die Tragödie bestand vielmehr in der Tatsache, daß sie als

Kind nicht die entsprechende Schulung erhalten hatte oder sich eine innere Einstellung hatte erwerben können, die sie befähigt hätte, auf den Rat der Vernunft zu hören und ihr Sehvermögen vorsichtig zu gebrauchen; sie hätte sich dadurch einer viel größeren Unabhängigkeit erfreuen können. Ich stimmte darin mit ihr überein, daß es mißlich ist, wenn Verstand und Körper alt werden, aber ich erinnerte sie daran, daß es auch sogenannte «junge Leben» gibt, die nicht von Armut bedrängt werden und trotzdem schwach und alt und hoffnungslos verloren sind in dieser Welt. Wie oft habe ich zu ihr gesagt:

«Die Weisen verlangen nach Liebe, und jene, die lieben, wünschen sich Weisheit.
Und solcherart sind alle guten Dinge mit den schlechten vermischt.»

«Tradition und Gewohnheit», fuhr ich fort, «sollten kein Garantieschein sein, daß Leute, gleich ob jung oder alt, die in ihren Herzen runzlig und in ihrem Denken verschroben sind, die menschlichen Geschicke beeinflussen dürfen. Das großartige Beispiel deines Sieges über das Milieu, Teacher, ist für arbeitende und denkende Männer und Frauen ein gewaltiger Aufruf, ein Zeugnis dafür, daß, je mehr sie sich von dem Unsinn eines hemmenden Pessimismus und eines blinden Optimismus befreien, um so größer ihre Macht sein wird, eine Welt junger Herzen und junger Geister zu formen, die aufgeschlossen sind gegenüber der Wahrheit und den Quellen des Idealismus.»

«Ich wünschte, ich könnte dessen sicher sein, Helen», antwortete sie matt, «und ich hoffe, daß du mit deinem sehenden und hörenden Geist deinen Platz an der vordersten Front der Auseinandersetzung wirst behaupten können.»

Wieder waren Polly und ich an einer Kampagne zugunsten des Budgets der Stiftung beteiligt und daher kaum zu Hause.

Bei einer dieser seltenen Gelegenheiten besuchte uns Takeo Iwahashi, der führende Kopf der Blindenarbeit in Japan. Er befaßte sich mit den amerikanischen Methoden zur Lösung der Probleme der Blinden. Zu unserem großen Erstaunen beherrschte er die englische Sprache ausgezeichnet. Selbst blind, doch voll poetischen Feuers und Begeisterung, bat er mich inständig, nach Japan zu kommen und Sonnenschein zu verbreiten in den Herzen der Blinden, die sich dort abzumühen hatten. Ich berichtete ihm von Teachers Verfassung – sie war zu krank, um ihn empfangen zu können – und machte ihm deutlich, daß ich nicht daran denken könne, sie allein zu lassen. Als Teacher von dem Gespräch mit Takeo hörte und merkte, wie sehr uns seine edle Persönlichkeit und seine großen Fähigkeiten beeindruckt hatten, sagte sie: «Das ist eine einzigartige Gelegenheit, die ihr nicht versäumen dürft.»

«Aber ich kann einfach nicht ohne dich fahren, Teacher, und da du mich nicht begleiten kannst, werde ich die Einladung auch nicht annehmen.»

«Helen, ich bitte dich», entgegnete sie beharrlich, «versprich mir, daß ihr, du und Polly, nach meinem Tode Lichtbringer für die Behinderten in Japan sein werdet.»

«Wir werden es versuchen, Teacher, aber ich kann es jetzt einfach noch nicht ertragen, an solch einen Sprung ins Unbekannte zu denken.»

Teacher hatte versucht, Dr. Berens dafür zu gewinnen, ihr das Auge zu operieren. Er sagte ihr offen, daß ihr dies seiner Meinung nach nichts nützen werde. Sie legte ihm die Arme um den Hals und ersuchte ihn unter Tränen, einen Versuch zu wagen. Zuletzt erklärte er sich dazu bereit, und das Resultat war genau so, wie er es vorhergesehen hatte: Teacher konnte kein bißchen besser sehen als zuvor. Es war herzzerreißend mitzuerleben, wie enttäuscht und entmutigt sie war und wie sie unter Krankheit und Schmerzen litt und keine Ruhe finden konnte. Während sie im Krankenhaus weilte, schrieb ihr Alexander Woollcott köstliche kleine Briefe und schickte ihr täglich duftende Blumensträußchen, die sie in der Hand halten konnte. Sie hatte schon immer großes Vergnügen an seinen originellen Einfällen und seinem Humor gehabt, doch Polly und ich erinnern uns noch beide daran, wie schüchtern sie war, als er sie zum ersten Mal in Forest Hills besuchte. Sie konnte sich nicht vorstellen, welches Interesse solch ein brillanter, dynamischer Mann, der weit oben in der Liste der Berühmtheiten stand, an ihr finden könne, doch er fuhr unbeirrt fort, das Gespräch mit ihr zu suchen und ihr vorzulesen, und nach und nach fand auch sie zu einem ungezwungenen Umgang mit ihm. Nach ihrem Tode wurde er gebeten, einer ihrer Sargträger zu sein, was er jedoch unerwartet brüsk ablehnte – wie ich später erfuhr aus dem Grund, weil er sich dieser Ehre nicht für wert befunden hatte. Ich werde ihn stets liebevoll als einen der verständnisvollsten Interpreten ihrer Persönlichkeit im Gedächtnis behalten.

Da Teacher wußte, wie sehr wir uns über ihren unverändert schlechten Gesundheitszustand sorgten, riß sie sich zusammen und bat Polly, sich nach einem Platz umzusehen, wo wir den Sommer verbringen könnten. Zu guter Letzt fuhr uns Herbert nach La Corniche, einem Dorf, das in den Laurentides liegt, in der Nähe von Quebec. Die Reise war zu anstrengend für Teacher, und die schneidende Kälte setzte ihr so zu, daß sie ihr Bett nicht verlassen konnte. Wir befanden uns auf einem Camp oberhalb eines Sees, rings umgeben von Wäldern. Ich entsinne mich, daß Herbert, ohne ein Wort zu verlieren oder die Folgen zu bedenken, einen Pfad durch den Wald bahnte, damit unsere Hunde Auslauf hatten und ich täglich einen Spaziergang machen konnte. Doch litt ich, weil der Ort fast zu schön war; es tat weh, ohne Teacher in diesen Genuß zu kommen. Dieses Gefühl war etwas, womit sie nicht rechnete – wir mußten beisammen sein, um irgend etwas ganz genießen zu können. Sie war richtig ärgerlich über mich und über sich selbst, weil sie sich inmitten dieser fesselnden Schönheit, an der sie keinen Gefallen fand, so krank fühlte. War es nicht gerade das, so sagte sie zu mir, was sie geliebt hatte: Streifzüge durch «Vagabundia», durch ein Land ohne Fesseln, wo man alle Sorgen um die Zukunft in der heilenden Weisheit der Natur vergessen konnte? Wie unlogisch war ihr Verhalten, und doch, wie sehr sah es ihr ähnlich! Wir verbrachten meinen Geburtstag in ihrem Zimmer, und das fröhliche Antlitz, das ich zur Schau trug, verbarg meine Ahnung, daß es mein letzter Geburtstag mit ihr sein würde. Sie sagte mir, daß sie energische Maßnahmen ergreifen müsse: daß sie den weiten Rückweg nach Hause auf sich nehmen und sich in eine andere seelische Verfassung bringen werde, um irgendwie das Leben fortzuführen.

Ihre Worte täuschten mich nicht. Ich wußte, daß sie langsam Abschied nahm. Mein Instinkt sagte mir, daß sie das Interesse am Leben verlieren würde, sobald ihr ganz klar wurde, daß sie nie mehr würde sehen können. Aber sie war jetzt eine schweigsame Frau, und obwohl ich leidenschaftlich danach verlangte, mit ihr zu sprechen, hielt mich doch eine unerklärliche Furcht davon ab, die Tür aufzustoßen, die sie geschlossen hatte. Im August kehrten wir alle nach New York zurück, und nachdem wir einige Tage im Hotel Chatham verbracht hatten, hörten wir von einem Häuschen am Meer, in Greenport auf Long Island. Es war unser letzter, verzweifelter Versuch, Teacher neue Kraft zu geben, damit das Leben für sie erträglich würde. Eines Tages überraschte sie mich, als sie an die Küste ging und im Meer watete; ich nehme an, sie dachte, die Auftriebskraft des Salzwassers würde sie tragen. Plötzlich wurde ihr schwindlig, und sie brach zusammen. Halb trugen und halb führten wir sie zu unserem Häuschen und legten sie ins Bett. «Ich bemühe mich so sehr, für euch zu leben», sagte sie schluchzend. Dabei bemerkte ich jedoch in ihrem Wesen eine der unzähligen Veränderungen, die sich während ihres stets wechselhaften Lebens auf Erden ereignet hatten. Obwohl das Öl des Lebenslichtes in ihrem müden Körper nur noch niedrig stand, brannte die Flamme ihres inneren Lebens um so klarer und höher. Mit der Willensanstrengung eines Prometheus kämpfte sie gegen Schmerzen und Mattigkeit an, um mir in allen Bereichen meiner Arbeit mit Ratschlägen helfen zu können. Doch schon am nächsten Tag wurde sie mit einem Sanitätswagen ins Krankenhaus gebracht. Bevor sie uns verließ, sagte sie zärtlich zu mir: «Ich habe meine Zeit damit vergeudet, über mein Augenlicht zu klagen. Es tut mir sehr, sehr leid, aber was getan ist, ist getan. Ich habe den bittersten Tropfen in meinem Becher geschmeckt. Doch wenn du mit deinem Glauben an Gott und Unsterblichkeit recht hast, können wir sicher sein, daß Er nicht zulassen wird, daß ‹große Gedanken, ernste Gedanken, die bis ans Ende der Welt dauern werden›, untergehen.»

Teacher wurde gründlichst untersucht, und die Ärzte und Krankenschwestern in jenem Krankenhaus waren, wie sie mir berichtete, äußerst freundlich zu ihr. Nach einem meiner Besuche meinte sie einmal: «Wenn ich hier im Krankenhaus liege, habe ich das Gefühl, daß ich mich zu Füßen Gottes befinde.» Nachdem man im Rahmen des Möglichen alles für sie getan hatte, begleiteten wir sie nach Hause.

In den folgenden Tagen hatte ich das Gefühl, als wolle mein Herz zu schlagen aufhören. Teachers Stimmungen wechselten ständig. Manchmal überließ sie sich ganz der Verzweiflung, und es schien ihr dann meistens gleichgültig zu sein, daß Polly und ich dabei Qualen ausstanden. Wenn jemand in ihrem Zimmer Ordnung machte, fuhr sie fort, mir davon zu erzählen, daß der Engel des Todes bald zu ihr kommen werde und wir für seine Ankunft alles geregelt haben müßten. Dann wieder, ungeachtet dessen, was sie gerade gesagt hatte, fragte sie mich plötzlich nach meiner Arbeit und ob auf meine Bittbriefe für die Stiftung gute Nachrichten eingegangen seien. Zu einem anderen Zeitpunkt sagte sie hingegen: «Du kannst deine Korrespondenz doch ruhen lassen und bei mir bleiben, bis ich dahingegangen sein werde.» Aber das erlaubte sie mir dann doch niemals. Einmal besuchte mich ein Mitglied der Stiftung wegen einer dringenden Angelegenheit, als ich gerade an ihrem Bett saß. Sie war nur halb bei Bewußtsein gewesen, doch sie nahm ihre Kräfte zusammen und ließ mich – zur Verlegenheit des Besuchers – laut wiederholen, was er mir buchstabiert hatte. Und nachdem er gegangen war, ließ sie sich nicht eher zufriedenstellen, als bis ich ihr versprach, mich um das anstehende Problem zu kümmern.

Erst eine Woche, bevor Teacher von uns ging, zeigten sich uns ihre unbesiegbare, großzügige Seele und ihr allzu leicht verwundbares Herz wieder so, wie sie wirklich waren. Eine Krankenschwester war gekommen, um Polly zur Hand zu gehen, und irgendwie glaubte Teacher nun, dies bedeute, daß Polly uns verlassen wolle. Ich fing sie auf, als sie jämmerlich umhertaumelte und rief: «Polly, o Polly, gehen Sie nicht fort!» Polly streichelte sie und redete ihr gut zu, ins Bett zu gehen. «Ich gehe nur hinunter, um Ihnen eine Tasse Tee zu holen», beruhigte sie sie. Daraufhin wandte sich Teacher an mich und buchstabierte: «Werdet ihr zwei im nächsten Frühjahr mit mir nach Schottland fahren? Ich habe stets gefühlt, daß dieses liebliche Land mein Herz erobert hat, und ich würde dort in Frieden leben können.» Ich versprach es ihr.

Meine letzte Erinnerung, so wie ich sie gekannt habe, ist die, daß sie an einem Oktoberabend, als sie ganz bei Bewußtsein war, in einem Lehnsessel saß, und wir um sie herum. Sie lachte, als Herbert ihr von dem Rodeo berichtete, den er gerade gesehen hatte. Sie buchstabierte mir alles, was er sagte, und wie zärtlich liebkoste sie meine Hand! Ihre Liebe war grenzenlos und kaum zu ertragen. Wundervoll war ihre Berührung – die schöpferische Flamme, aus der die Freude an dem Gespräch mit anderen Menschen entsprang, die Macht der Liebe, die mich mit meinesgleichen verband, und die Intelligenz, die innerhalb meiner Beschränkungen neue Sinne zum Leben brachte. Danach fiel sie in eine tiefe Bewußtlosigkeit, aus der sie auf Erden nicht mehr erwachte.

Teachers Beerdigungsfeier fand in der Presbyterianischen Kirche in der Madison Avenue in New York statt. Viele fremde Menschen und viele Freunde nahmen daran teil. Dr. Fosdick hielt eine bewegende Rede über ihre Erziehungsarbeit und das feine Gespür ihres künstlerischen Talents, mit dem sie die Individualität eines taubblinden Kindes geformt hatte. Alexander Woollcott schrieb einen ergreifenden Artikel über ihre Kindheit und trug ihre Lebensgeschichte durch seine warme, überzeugende Art in die Herzen vieler Menschen.

Die Beerdigung fand am 21. Oktober statt. Die sterblichen Überreste Teachers wurden verbrannt, und nachdem die Asche in die «National Cathedral» in Washington überführt worden war, fuhren Polly und ich mit dem Schiff nach Schottland, wo ihr Bruder uns großzügigerweise für drei Monate in seinem Heim beherbergte, damit ich mein inneres Gleichgewicht wiedererlangen konnte.

Ich habe nie den Glauben an persönliche Unsterblichkeit verloren, doch Teachers Abschied warf mein Leben völlig aus dem Gleis, so daß viele Monate vergingen, bevor ich mich selbst wieder zurechtfinden konnte, und bis auf den heutigen Tag ist mir dies noch nicht vollständig gelungen. Ich hatte ihre Seele so sehr als ein separates Wesen empfunden, daß ich mich nicht an dem körperlichen Teil ihres Wesens – ihrem irdischen Gewand – festklammerte, so wie sie an dem Körper ihres kleinen Bruders gehangen hatte, und ich kann nicht sagen, daß sie in mir weiterzuleben schien. Sie war mir von Gott geliehen worden, damit ich meine eigene Persönlichkeit durch Dunkelheit und Stille hindurch entwickeln konnte, und ich wagte nicht, mehr zu erbitten, außer daß Er mich Seines Geschenkes würdiger machen möge. Ich fühlte mich machtlos wie Meleager in der griechischen Sage, dessen Leben an einer Fackel hing, die seine Mutter brennend empfing und dann in ihrem Ärger auslöschte. Zwar wurde ich nicht erschlagen wie Meleager, aber es kam mir vor, als habe sich das Feuer von Teachers Geist zurückgezogen, durch das ich so lebendig das Licht, die Musik und die Herrlichkeit des Lebens erfahren hatte. Noch immer war das Wunder der Sprache da, das sie in meiner Hand zurückgelassen hatte, aber den geheimnisvollen Funken, den sie entzündet hatte, gab es nicht mehr. So war auch der unersetzliche Ansporn verschwunden, der sich aus dem täglichen Zusammenleben mit einem einzigartigen Individuum ergibt, einer Persönlichkeit, die dafür sorgte, daß die mich stets bedrängenden Schatten mir nicht zu nahe rückten. Nach ihrem Tod hatte ich nicht genügend inneres Licht, um sie allein abzuwehren. Erst nachdem Polly und ich die Reise nach Japan auf der «Asama Maru» unternommen hatten, begann ein Funke eigener Handlungsfähigkeit mir die dunkle Leere aufzuhellen.

17

Ich hatte die Empfindung, eine liebende Hand strecke sich mir entgegen, als ich den Hauch Japans spürte – den ich als den Geist Nippons erkannte – und Polly mir den Fudschijama beschrieb, der sich wie ein großer, tröstlicher Gedanke majestätisch in der Frühlingssonne erhob. Bei unserer Landung wurden wir von Takeo Iwahashi, von Regierungsvertretern, Repräsentanten der Blinden- und Gehörlosenschulen, von Botschafter Grew und anderen namhaften Persönlichkeiten sowie der «Mainichi-Press» willkommen geheißen. Gleich zu Beginn mußte ich in stürmischem Tempo meiner Arbeit nachkommen, so daß mein Denken über persönliches Leid hinausgehoben wurde: Konferenzen mit hohen Würdenträgern wurden abgehalten über die richtige Art und Weise, blinde oder gehörlose Kinder wieder in das Leben zu integrieren, Zeitungsinterviews kamen hinzu, ein Besuch bei Prinz und Prinzessin Takamatsu, eine Gartenparty im kaiserlichen Palast in Tokio, wo wir vom Kaiser und der Kaiserin empfangen wurden, sowie Vorträge in Behinderteneinrichtungen. Auch wenn sich in den großen Städten hier und da allmählich die westliche Zivilisation ausbreitete, wurden Polly und ich in eine Atmosphäre eingehüllt, die von Wohlwollen und ehrwürdigem Alter geprägt war. Takeo und seine Frau fuhren uns in Dörfer, die sich in die Hügellandschaft einschmiegten. Wir aßen japanische Gerichte und saßen dabei mit der größtmöglichen Anmut auf unseren Fersen, und wir schliefen in den Häusern der

Menschen, die uns gastlich aufnahmen. Auf einem «tatami» zu liegen hatte einen besonderen Reiz für mich, denn ich konnte meine Hand auf den fleckenlosen Teppich legen und die Vibrationen der gleitenden Fenster und Türen, das zarte Klopfen der Frauenfüße auf dem Boden und das Rascheln der Kimonos spüren. Ich fühlte mich dem Glauben der Japaner nahe, wenn sie am Familienschrein Weihrauch verströmen ließen, ihre «Geisterstäbe» entzündeten und beteten. Unsere Glaubensformen waren unterschiedlich, aber ich liebte die Wärme, mit der die Leute ihre Verstorbenen verehrten und die Wiedervereinigung mit ihnen erhofften.

Überall um mich herum herrschte außerdem die innige Liebe zur Schönheit, wie ich sie von Teacher gekannt habe, und in Nippon war jeder Gegenstand in greifbarer Nähe: Tassen, Fächer, Wandschirme, die farbenprächtigen Obis der jungen japanischen Mädchen, die unbeschreibliche Lieblichkeit der blühenden Kirschbäume, die schlichte Anmut der Gärten mit ihren Felsen, Teichen, Zwergpinien und Tempeln. In Nara erlaubten mir die Priester, auf einer Leiter bis zu den Füßen des großen Buddha zu klettern, der auf einer riesigen, aus Stein gemeißelten Lotosblüte thronte, dem vollkommenen Blütensymbol aller Tugenden. Ich war die erste Frau der Welt, der solch eine heilige Gunst zuteil wurde. Als ich meine Hand an das Seil legte, konnte ich den gewaltigen, vollen Klang der großen Glocke spüren, die ihre Preislieder für Buddha erschallen ließ. In Shizuoka befühlte ich die Teepflanzen, die Feld hinter Feld wuchsen, und die großen Hüte der geduldigen Arbeiter, die die Teeblätter in der glühenden Sonne pflückten. Beim Dorf Takarazuka spazierten wir in Begleitung zweier reizender japanischer Mädchen zu den Hügeln der Umgebung, und ich berührte die reichlich bewässerten Reisfelder, auf denen solch ein lebenswichtiger Teil der Volksernährung wächst.

Doch all die flüchtigen Einblicke in das ländliche Leben gewannen wir nur nebenbei, denn Polly und ich besuchten ununterbrochen Einrichtungen für Blinde und Gehörlose, von einem Ende Japans zum anderen, am Binnenmeer und rund um die heißen Quellen von Beppu, in Korea und in Dairen in der Mandschurei. Wir konferierten mit prominenten Leuten, beispielsweise mit dem Erziehungsminister Marquis Okuba, dessen besonderes Interesse den Blinden galt, und mit Marquis Tokugawa sprachen wir über die Gehörlosenarbeit. Takeo arbeitete unermüdlich, übersetzte meine Botschaften der Ermutigung ins Japanische, rechtfertigte die Unwissenheit der sehenden Öffentlichkeit gegenüber den Blinden und machte uns den Pioniercharakter der vielen Schulen verständlich, die wir besuchten. Dank seiner stand ich mit geringerer Beklommenheit den Fragen derjenigen gegenüber, die Wege des inneren Lichts zu den verdunkelten Gemütern und ihren verkümmerten Lebensmöglichkeiten bereiten wollten. Noch heute, nach so langer Zeit, bin ich voller Bewunderung für Takeos Mut und Weitblick. Er war damals in einer Situation, in der sich heute fortschrittliche führende Persönlichkeiten in Ägypten, der Türkei, im Iran und in Indien befinden, wenn sie die feudale Einstellung bekämpfen, damit die Normalen wie auch die Behinderten durch Schulbildung Freiheit erlangen können. Als wir die Schulen besuchten, war die Ehrerbietung, mit der man den Lehrern – den «sensei» – begegnete, für Polly und mich wie eine Offenbarung, und insbesondere meiner «sensei» wurde große, herzliche Anerkennung gezollt. Diese Ausweitung der Arbeit Teachers in ferne Länder und die Wiedergeburt ihrer Gegenwart in meinem Leben sind die kostbarsten Erinnerungen, die ich auf meiner ersten Japanreise sammelte.

Ich war fest davon überzeugt, daß Teacher bei mir war, und ich fühlte ihre Gegenwart noch intensiver, als Polly und ich unsere abwechslungsreiche Reise nach Hawaii, Australien und Neuseeland unternahmen, und ganz besonders im Herbst 1948, als wir auf Einladung von General MacArthur Japan ein zweites Mal besuchten. In allen Ländern empfingen mich die Blinden mit offenen Armen, und mich inspirierte der Geist, der in diesen fernen Ländern herrschte.

Die Veränderungen, die in Japan seit der Landung der amerikanischen Besatzungstruppen eingetreten waren, bedeuteten für mich einen außerordentlichen Vorteil. Bei unserer Ankunft auf dem Bahnof von Tokio wurden Polly und ich von Brigade-General Sams und seiner Frau, von Mitgliedern des Helen Keller-Komitees, Vertretern der Regierung und anderen begrüßt. Eine gewaltige Menschenmenge drängte sich uns entgegen, doch es gab keine staatlichen Formalitäten mehr, die ich mit japanischen Umgangsformen in Verbindung gebracht hatte. Verschwunden waren die Zurückhaltung und die Furcht, die der Menge von einem übermächtigen Despotismus auferlegt worden waren. Die spontane Wärme, mit der ihre Liebe mich umgab, war wahrhaftig aufregend. Zu guter Letzt konnten wir uns bis zu Takeo und seiner Frau, Kio, durchkämpfen und schritten mit ihnen im Blitzlichtgewitter auf einem scharlachroten Teppich entlang, der bis dahin ausschließlich dem Kaiser vorbehalten gewesen war. Welch ein Symbol war dieser Teppich für den Weg der Blinden und Gehörlosen, der sie aus den einengenden Mauern ihrer Begrenzung herausführt, den gleichen Möglichkeiten entgegen, die den Sehenden und Hörenden offenstehen!

Takeo unternahm zu dieser Zeit gerade eine außerordentliche Kampagne zur Beschaffung von fünfzig Millionen Yen für die Wiedereingliederung der Blinden, und ich betrachtete es als ein besonderes Vorrecht, ihm beim Erreichen seines Zieles helfen zu dürfen. Als ich am 3. September meinen ersten Vortrag in Tokio hielt, begeisterte mich die Nachricht, daß an diesem Tag mehr als eine Million behinderter Menschen sich in Japan versammelt hatten, um sich zu geloben, für die Verabschiedung eines Gesetzes zu kämpfen, das sie in die Lage versetzen würde, ihre Schwierigkeiten zu überwinden und die

Würde und Nützlichkeit vollwertiger menschlicher Wesen zu erlangen. Zur gleichen Zeit fand eine große Zusammenkunft der Blinden statt, die die beschleunigte Durchführung von Gesetzen zu ihren Gunsten forderten. Am 4. September versammelte sich eine riesige Menschenmenge – siebzigtausend Personen – auf dem Platz vor dem kaiserlichen Palast, um Polly und mir im Namen der ganzen Nation ein Willkommen zu bereiten. Bevor ich mich mit Spendenaufrufen an die Menschen wandte, stellte Takeo beredt die Fäden des Schicksals dar, die mich an Teacher banden. Er betonte die Tatsache, daß sie durch ihre Ausdauer und Hingabe während fünfzig Jahren meine Persönlichkeit geprägt habe – wie auch Rom nicht an einem Tag erbaut worden sei. «Durch Anne Sullivan», bekräftigte er, «läßt Gott sein strahlendes Licht auf unser Schiff der Wohltätigkeit leuchten», und mit diesem erhabenen Gedanken fand die Kampagne ihren Abschluß. Immer wenn mich das Gefühl befallen wollte, meiner Aufgabe nicht gewachsen zu sein, hatte ich das sichere Empfinden, daß Teacher meiner Seele Flügel verlieh. Die friedeschaffende Kraft, die uns von der Himmelsseite des Lebens zuströmt, half mir, die Schwierigkeiten einer unvollkommenen Rede und einer mir völlig unbekannten Umgebung zu meistern.

Noch eine andere Tatsache erfreute mich: die Emanzipation der japanischen Frauen und ihre Aktivitäten als Mitglieder des Reichstages. Es war ermutigend zu sehen, wie sie in der sozialen Wohlfahrt allmählich Erfahrungen sammelten, und ich war sicher, daß jene, die sich besonders der Blinden und Gehörlosen annahmen, mit unbezahlbarem Engagement sich für ihre Wiedereingliederung ins Leben einsetzen würden.

Eine weitere beeindruckende Veränderung im Verhalten der Japaner, verglichen mit meiner ersten Japanreise, war die Schnelligkeit, mit der die Menge bei unseren Veranstaltungen auf meine Appelle zugunsten der Behinderten reagierte. Sie zeigte sich auch in den Begrüßungsreden von Behördenleitern,

Bürgermeistern und bekannten Erziehern. In allen diesen Erscheinungen machte sich die erst vor kurzem erfolgte Befreiung des Volkes bemerkbar; zugegeben, es war eine noch etwas konfuse Bewegung, doch sie strebte mutig aus der ehemaligen Gleichförmigkeit der Masse individuellen Entwicklungsmöglichkeiten und einem Nationalitätsgefühl entgegen – Grundsätzen, die auf Persönlichkeitsentfaltung und kollektiver Verantwortung für das Wohlergehen aller beruhen.

Die Kampagne unterschied sich von allen anderen, an denen ich bisher teilgenommen hatte. Die ausgezeichnete Öffentlichkeitsarbeit und die Gewandtheit, mit der die Versammlungen und Empfänge arrangiert wurden, die Menschenmengen an den Bahnhöfen, durch die wir fuhren, und die Würdigungen, denen ich lauschte und die mich in Verlegenheit brachten, waren Ereignisse, die mir für immer in Erinnerung bleiben werden. Wie ich aus Pollys Hand und der nachfolgenden Übersetzung erfuhr, bewegte Takeo die Zuhörer mit seinem poetischen Feuer, seiner wohlklingenden Stimme und seinem wunderbaren Humor.

Die «Mainichi-Press» stellte uns überall, wo wir hinfuhren, Mitarbeiter zur Seite. Durch Interviews zeigten sie der Öffentlichkeit, daß man den Blinden nicht nur Lesen und Schreiben beibringen, sondern sie auch zu fähigen Handwerkern und Musikern ausbilden kann. Und sie halfen zudem, die Blinden selbst davon zu überzeugen, daß Blindheit kein Verhängnis sein muß. Durch die hervorragende Öffentlichkeitsarbeit, die die «Mainichi-Press» der Kampagne angedeihen ließ, wurden alle Kräfte zu einer Einheit verschmolzen, so daß der Erfolg der Unternehmung gesichert war. Die Besatzungstruppen und die Befehlshaber der Städte mit ihrem großzügigen Verhalten, Vorsteher von Behörden, Minister für Erziehung, Arbeit und Wohlfahrt, Millionen von Männern, Frauen und Kindern: alle waren sie in dem edlen, mitfühlenden Bestreben vereint, das verdunkelte Leben der Blinden aufzuhellen. Die Selbstverleugnung, mit der das Volk seit Jahrtausenden für die Nation und für den Kaiser als deren Verkörperung gearbeitet hatte, hatte sich gewandelt; man setzte sich nun aus freiem Willen dafür ein, Blinden und Gehörlosen bessere Lebensmöglichkeiten zu verschaffen. Als wir beispielsweise von der Insel Hokkaido aus nach Süden reisten, fegte ein Taifun über das Gebiet von Tokohu, und die Region wurde von Überschwemmungen heimgesucht; aber auch das verringerte nicht den Eifer, mit dem man sich für die Kampagne einsetzte. Tief bewegt sahen wir die Schauplätze des Erdbebens von Fukui, das eine große Verwüstung hinterlassen hatte. Es schmerzte zutiefst, als wir Meile um Meile an den leeren Stätten vorbeifuhren, wo einst Wohnhäuser gestanden hatten. Dennoch steuerte Fukui seinen Teil zum Stiftungsfonds für die Blinden bei – obwohl die Winterkälte die Menschen bedrohte und sie sich erst einmal irgendeinen Zufluchtsort suchen und eilig ihre Häuser wieder errichten mußten. Sogar Hiroshima, das von der Atombombe bis auf den Grund entsetzlich verwüstet worden war und wo der Prozeß des Wiederaufbaus nur langsam vonstatten ging, und das zu einem Drittel zerstörte Nagasaki hatten aktiven Anteil an der Kampagne.

Das ist mein stärkster Eindruck von Nippon, der mir alle Ehrerbietung abverlangt: wie dieses Volk unter einer anderen Sonne seinen Glauben an das Mitgefühl lebte; wie es unter den Strahlen jener Sonne seine Kräfte für eine Sache einsetzte, die mehr ist als Wohltätigkeit, nämlich die Behinderten wieder an ihren rechtmäßigen Platz in der Gesellschaft zu führen. Während der ganzen Zeit meines Aufenthaltes stieg die Verehrung für Teacher wie Weihrauch empor, und während unseres Besuches in Miyajima wurden die großen, steinernen Laternen angezündet, als ein Symbol, daß der Baum ihres Gedenkens für immer reichlich Früchte tragen soll. Welches Denkmal könnte Anne Sullivan Macys Leben künftigen Lehrern besser vor Augen führen als die großartige Blindenvereinigung Japans und das japanische Fürsorgegesetz zugunsten aller Behinderten? Und kein Licht auf Erden könnte Teacher glücklicher machen als die Ehre, die ihr von einem Volk zuteil wurde, dessen leidenschaftliche Liebe zur Schönheit, dessen herzliche Güte und geistige Gaben sie immer so sehr bewundert hatte.

18

Die Ströme des Lebens haben mich weit getragen, und ich bin dessen gewiß, daß sie auch Teacher tragen – aus einem kleinen Umkreis in eine umfassende Sphäre, empor zu größeren Horizonten und freierer Luft. Dank des unauslöschlichen Feuers, das sie mir auf meinem Weg entzündet hat, war ich imstande, mit Polly eine Reise nach der anderen zu unternehmen, um den verwundeten Soldaten in den Armee- und Marinehospitälern und den Blinden und Gehörlosen anderer Nationen Botschaften der Ermutigung zu bringen.

Als Polly und ich im Winter 1944 in Valley Forge und in Butler, Pennsylvania, zum ersten Mal den Versuch unternahmen, den kurz zuvor erblindeten und taub gewordenen Soldaten Mut für ein neues Leben zuzusprechen, konnte ich nicht erwarten, daß es mir einmal vergönnt sein werde, die Verwundeten allgemein zu besuchen. Eines Tages aber sprach ich mit Nella Braddy Henney. Sie sah, wie sehr der Zweite Weltkrieg mein Denken gefangenhielt und mir brennende Angst bereitete. Ohne Vorrede oder Entschuldigung buchstabierte sie mir plötzlich in die Hand: «Warum besuchst du nicht die verwundeten Soldaten und versuchst herauszufinden, was du für sie tun kannst? Du hast zwei Hände, ein Herz und den Glauben an das Vermögen dieser Menschen, mit den äußeren Umständen ihres Lebens fertig zu werden. Denke daran, sie müssen sich auf ihre neue Situation einstellen, genau wie du, als du ein Kind warst. Du hast die schlimmen Folgen des dunklen und stillen Schreckens, der dich gefangenhielt, vergessen. Du hast den Soldaten gegenüber eine Schuld – wie wir alle. Vielleicht kannst du die Deine bezahlen. Wenn du sie abträgst, wirst du ihr Opfer annehmen können – ihr Opfer für uns, für ihre Mitmenschen und den noch nicht realisierten Traum, den wir Zivilisation nennen.»

Bei Nellas Aufforderung spürte ich, wie Teacher aus ihr sprach und mich durch sie anspornte, und plötzlich dachte ich nicht mehr an meine gebrochene Sprechweise, meine Schwerfälligkeit und meine Langsamkeit. Ich trug der «Amerikanischen Blindenstiftung» die Bitte vor, die schwerverletzten Soldaten im ganzen Land besuchen zu dürfen. Was immer ich bei dieser Unternehmung überhaupt zu vollbringen imstande war, es konnte nur durch die Großmut, mit der die Stiftung meinen Wünschen entgegenkam, verwirklicht werden.

Bald waren Polly – deren zuverlässige, führende Hand und fröhliche Bereitschaft, meine Pläne auszuführen, ich während all dieser Jahre bewundert habe – und ich unterwegs, um Gruppen von Soldaten in den Krankenhäusern von Washington und Atlantic City zu besuchen. Es war, wie wenn ich eine Insel verlassen hätte – was Blindheit und Taubheit ja auch wirklich sind – und auf einem Kontinent mit unterschiedlichen Landschaften und gewundenen Flüssen angekommen wäre. Während der nächsten zweieinhalb Jahre suchten wir mehr als siebzig Krankenhäuser auf, und zu meinem eigenen Erstaunen entdeckte ich, daß das Gefühl der Frustration, das ich mein ganzes Leben hindurch empfunden hatte, verschwunden war. Dank der außerordentlich vielfältigen Kontakte mit Menschen aller Art und dem neuen Licht, das auf die Blinden- und Gehörlosenarbeit fiel, hatte ich das Bewußtsein von der Sache als Ganzem und mußte mich nicht mehr mit einem Teilausschnitt begnügen, der mich nur mühsam hatte vorankommen lassen. Dies war ein Ziel, auf das Teacher ihre Arbeitskraft und ihre Menschenliebe gerichtet hatte, und der

Gedanke, daß ich es erreicht hatte, machte mich glücklich.

Unsere erste lange Reise begann in Hot Springs im Bundesstaat Arkansas, in einem Krankenhaus für gelähmte Militärangehörige. Von dort fuhren wir nach Oklahoma in das fortschrittliche «Borden Center» für taub gewordene Soldaten in Chickasha. Dann reisten wir weiter durch Texas, Neu-Mexiko, Colorado, Utah, Kalifornien, Oregon und Washington. Zuerst besaß ich das uneingeschränkte Zutrittsrecht nur für die Krankenhäuser der Armee, doch als ich Admiral McIntire schriftlich um Erlaubnis bat, auch die der Kriegsmarine besuchen zu dürfen, willigte er äußerst zuvorkommend ein. Polly und ich widmeten uns unserer Aufgabe daraufhin sowohl in den Armee- wie in den Marinekrankenhäusern des ganzen Landes; wir fuhren hinauf nach Idaho und durch den Süden und mittleren Westen. Auf unseren Auslandsreisen besuchten wir die Kriegsversehrten in Großbritannien, Frankreich, Italien und Griechenland. Nach außen hin wirkt dies nur wie die nüchterne Darstellung unserer Reiseroute, doch in meiner Erinnerung singt, glüht und pocht diese Reise, sie lebt in mir durch das Andenken an die Unzahl der herzlichen Freundschaften, an die heroischen und oft siegreichen Anstrengungen der Verwundeten, Hindernisse zu überwinden, und den begeisternden Fortschritt in den Rehabilitationsbemühungen für Behinderte in den letzten zwei Jahrzehnten. Ich kann bezeugen, daß Tausende, deren Los vor nicht allzu langer Zeit für aussichtslos erklärt worden wäre, sich ihre im Krieg vernichteten Fähigkeiten tapfer wieder erworben haben.

Unmöglich ist es, dieses Epos des Heldentums, das ich miterlebt habe, gebührend zu würdigen. Es war größer als das Epos Homers, das er aus vielen Jahrhunderten und vielen Ländern zusammengetragen hatte. Männer von unterschiedlicher Intelligenz, mit unterschiedlichen Neigungen, Eigenschaften und Berufen, mit den verschiedensten Ausprägungen ihrer religiösen und politischen Anschauungen, Angehörige fast aller

Nationen, darunter auch Südostasiaten, Philippinos, Chinesen und Japaner, wirkten darin mit. Wenn ich von Bett zu Bett ging – Polly und ich legten täglich einige Meilen zurück – wurden die Worte der Soldaten in meiner Phantasie lebendig. Über Länder und Meere flogen meine Gedanken, wenn mir die verschiedenen Frontabschnitte genannt wurden. Ich verharrte sprachlos in der mitternächtlichen Stille, in deren Schutz die Truppen der riesigen Armada in Nordafrika landeten. Ich wurde erschüttert von der Explosion, die den einen oder anderen Soldaten aus dem Schiff schleuderte. Ich durchquerte die eisigen Wasserwüsten des Nordatlantik oder kroch durch den tropischen Dschungel. Mit der Infanterie kauerte ich betäubt in einer undurchdringlichen Wolke von Rauch und Staub, umgeben von schrecklichem Dröhnen, während die Erde von Luftangriffen erschüttert wurde. Ich marschierte mit den Kämpfenden in der Wüste, erklomm mit letzter Kraft die Berge Italiens, ließ die tödliche Einsamkeit auf den Alëuten über mich ergehen und wurde mit den ausgemergelten Kriegsgefangenen in Deutschland festgehalten. Tief unter ihren Worten erglänzten ihre bescheidenen und tapferen Seelen wie Sternennebel.

Ich habe wahrlich die Schützengräben der Behinderung erforscht; in ihnen kämpften die vom Krieg schwer Getroffenen weiter. Und ich weiß, daß sich auch in den dunkelsten Situationen eine Aussicht auf den künftigen Sieg über die lähmenden und isolierenden Wirkungen der das Leben beeinträchtigenden Wunden und Krankheiten auftun kann. Wunder der Wiederherstellung wurden – und werden – vollbracht dank der Erfindungsgabe und dem Geschick der Chirurgen und der hingebungsvollen Arbeit der Pflegerinnen. Und was noch mehr ist: Man wird sich die so gewonnene Erfahrung künftig auch bei der Behandlung aller Krankheiten und Verletzungen der Zivilbevölkerung zunutze machen können. Die Kriegsblinden und -tauben sind für das öffentliche Leben und für die eigene Versorgung derart gut wieder gerüstet worden, wie es bisher noch nie vorgekommen ist – ich kann das sagen, weil ich es selbst erlebt habe. Der Tag rückt immer näher, an dem die Behinderten überall als verantwortliche Bürger anerkannt sein werden – das Ergebnis kühner Experimente, sozialen Bewußtseins sowie der Zusammenarbeit von Wissenschaft, Medizin, Chirurgie und der Kunst des Unterrichtens. Wenn Teacher auch jetzt von dieser glücklichen Entwicklung weiß – und davon bin ich fest überzeugt –, freut sie sich gewiß darüber, daß es im Grunde sie war, die mich mit der frohen Botschaft hinausgesandt hat in die Welt, in immer fernere Regionen, wo das Leben noch immer eine Tragödie ist. Einmal hatte sie zu mir gesagt: «Helen, du wirst noch einmal froh sein, wenn du dich daran erinnerst, wie unbarmherzig ich dich manchmal angetrieben habe.» Und wirklich, ich bin froh darüber.

Nachdem ich miterlebt hatte, wie so viele der behinderten Kriegsteilnehmer eine glorreiche Auferstehung im sozialen Leben feierten, flammte mein Bestreben, den Taubblinden zu helfen, stärker auf denn je. Phantome waren viele von ihnen, wie ich es einst war. Unter den Lehren, die Teacher mir eingeflößt hatte, wurde mir besonders eindringlich die Tatsache bewußt, daß Wahrheit und Verantwortlichkeit die Basis aller menschlichen Beziehungen sind. Ich konnte es daher nicht ertragen, mit ansehen zu müssen, wie die «Amerikanische Blindenstiftung» wuchs und ihre Tätigkeit immer mehr ausdehnte, während gleichzeitig nichts für die Taubblinden unternommen wurde. Im Jahr 1945 ging ich mit der ganzen mir zur Verfügung stehenden Macht das Hindernis an, das diese einsamsten aller menschlichen Wesen von der Teilhabe an Ausbildung und Mitbürgerschaft ausschließt. Ich führte eine umfangreiche Korrespondenz und hatte endlich darin Erfolg, daß ich das Interesse von Mr. Ziegler, dem Präsidenten der Stiftung, und einiger anderer weckte, woraufhin ein Komitee für die Taubblinden Amerikas gebildet wurde. Die Tatsache, daß das «Industriewerk für Blinde» in Brooklyn bereits dreizehn Taubblinde in seinen Werkstätten beschäftigte, erfreute mich. In der Zwischenzeit hat die Stiftung eine große Kampagne gestartet, um alle taubblinden Kinder ausfindig zu machen, die unterrichtet werden können. Angesichts der vielen Hilfsgesuche aus dem ganzen Land versucht man, von Gesundheits-, Erziehungs- und Fürsorgebehörden vollständige Informationen über jedes zweifach behinderte Kind zu bekommen, damit man seinem Heimatstaat beim Aufstellen eines Plans für seine individuelle Schulung und Erziehung behilflich sein kann. Allein diese humanitäre Anstrengung wäre Rechtfertigung genug für Teachers feuriges Bemühen.

Ich hatte keine Möglichkeit, die anderen Länder, die Polly und ich besuchten, näher kennenzulernen, zum Beispiel Südafrika, den Nahen Osten und Lateinamerika. Ich erwähne diese Reisen hier nur, weil sie dazu beitrugen, daß Teachers Leben wie ein großer Baum in meinem Innern weiterwuchs. Immerhin waren sie aufregende Abenteuer, die sogar ihre Träume noch übertrafen, und ich bin stolz darauf, daß ich daran teilgenommen habe. Beispielsweise flogen Polly und ich zu den Viktoria-Fällen, und als wir am Ufer standen, in der Nähe der Stelle, wo Livingstone sich aufgehalten hatte, spürte ich den gewaltigen Sprühregen, während oben das Wasser schäumte und dann in eine Schlucht hinabdonnerte. Außerdem verbrachten wir drei Tage in einem Lager im Krüger-Nationalpark, wo wir vom frühen Morgen bis zum späten Abend viele Meilen zurücklegten und dabei zahlreiche Arten wilder Tiere und wunderschöner Vögel sahen. Es war eine wahre Wohltat für mich, die Seiten aus Gottes wunderbarem Buch der Natur und der Landschaften umzublättern, aus dem Teacher unzählige Kapitel mit mir gelesen hatte.

Was unsere Arbeit für die Behinderten in Südafrika anbelangt, muß ich leider sagen, daß die Ergebnisse, soviel ich weiß, nicht so zufriedenstellend waren wie die in Kenia und anderen Teilen Ost- und Westafrikas. Die Wiedereingliederung der weißen Blinden wird in Südafrika zwar mit Macht vorangetrieben, doch den Kampf gegen rassistische Vorurteile weiterhin mit ansehen zu müssen ist herzzerreißend. Mit jeder Faser meines Herzens wehrte ich mich gegen Umstände, die die behinderten Menschen – oder irgendwelche anderen Gruppen – bedrohen und gegen ihr Wohl gerichtet sind. Ich kann nur beten, es möge die Zeit kommen, wo die verschiedenen Rassen Afrikas alle ihren Teil dazu beitragen werden, das Wohlergehen und das Glück ihrer Behinderten zu vergrößern. Schon jetzt gibt es große Seelen, die sich nicht entmutigen lassen durch die Torheit und Niedertracht, welche die menschliche Natur so sehr verdunkeln, und eine große Brüderschaft aller Rassen bilden wollen, die von Gerechtigkeit und Vernunft regiert wird.

Ein Ereignis von größter Bedeutung auf unserer Reise durch Südafrika war für mich die Eröffnung der «St. John Ophthalmic Foundation» bei Johannesburg – die erste Augenklinik für die einheimische Bevölkerung südlich von Kairo. Oft war mir die Ehre zuteil geworden, für die Wiederherstellung des Sehvermögens zu sprechen, doch nie hatte mich so sehr das Gefühl von Ehrfurcht ergriffen wie an jenem denkwürdigen Samstag, den 19. Mai 1951. Gewiß werden neue Ideen und wahre christliche Ideale die vielen barmherzigen Mitarbeiter der «St. John Ophthalmic Foundation» begleiten und die Augen und Ohren vieler Menschen retten, die für Afrika wertvoller sind als all seine Goldminen und Diamanten. Die glücklichste Erinnerung an den Tag, den ich in dieser Klinik verbrachte, macht daher die Gedanken «wach für die Geburt und die Blüte des Lebens und des Lichtes».

Unsere Pilgerfahrt im Dienste der Behinderten des Nahen Ostens war erhellt von der Gewißheit, daß hier schon Positives erreicht worden war. Wir fuhren durch Ägypten, den Libanon, Damaskus und Israel, und wenn auch durch ein oder zwei Länder, wie ich sah, große Flüsse des Dunkels strömten, durch Länder, wo sich humanitäres, aufgeklärtes Denken noch nicht verbreitet hat, gab es doch vieles, was einen ermutigen konnte. In Ägypten hinterließ das Berühren der Pyramiden bei Kairo einen tiefen, erschreckenden Eindruck bei mir; ich empfand sie als Denkmäler der Unterdrückung, des Aberglaubens und des Mißbrauchs des Königtums. Doch was mich wahrhaft bewegte, war Ägyptens Erwachen aus seinem jahrhundertelangen Schlummer und die erstaunliche Energie, mit der es die Zügel der Zivilisation in die Hand nahm. Ein weiteres Zeichen des Erwachens, das mich erregte, waren die Anfänge des «Weltrats zum Wohle der Blinden» – das Ziel, um dessen Verwirklichung Teacher und ich im Jahre 1931 uns so leidenschaftlich bemüht hatten. Dank des Einflusses, den diese Organisation besaß, existierte in Kairo ein Projekt der Vereinten Nationen, mit dem man die Lebensbedingungen der Blinden zu verbessern suchte; vor dieser Gruppe hielt ich eine Rede. Im folgenden Jahr wurde in Kairo ein neues Zentrum zur Ausbildung von Blindenlehrern eröffnet, und zwar nicht nur für Lehrer aus Ägypten, sondern aus der ganzen arabischen Welt. Ich bin sicher, daß es entscheidend daran beteiligt sein wird, eine Menschengruppe aus dem jahrtausendealten Zustand der Unwissenheit und Vernachlässigung zu erretten. Polly und ich besuchten mehrere ausgezeichnete ägyptische Schulen und Werkstätten, die von Männern und Frauen mit einem hervorragenden Organisationstalent und mit warmem Verständnis für die Probleme und Wünsche der Blinden und der Gehörlosen geleitet werden. In Beirut besuchten wir die Blindenschule, die von Schweizern – im Rahmen der «Freundschaft mit den Armeniern» – gegründet und von Karl Meyer vorbildlich geleitet wird. Mich bewegte der langwierige, harte Kampf der Schule, und zugleich war ich zuversichtlich, daß sie letztlich triumphieren würde. In Jordanien traf ich einen blinden jungen Mann, der sicherlich Teachers Herz gewonnen hätte. Nach außerordentlich großen Anstrengungen war es ihm gelungen, eine Schule und eine Werkstätte für blinde Jugendliche zu gründen; sie war nicht groß, doch sie wuchs, und die neuesten Berichte geben mir das Gefühl, daß er irgendwann seine kühnen Pläne für die Blinden der ganzen arabischen Welt verwirklichen wird. In Israel gaben mir die gewaltigen Vorhaben und die riesigen Unternehmungen neuen Auftrieb, mit denen Chaos, Elend und unfruchtbare Wüstenlandschaft, der Fluch des Landes, in Ordnung, Gesundheit und Fruchtbarkeit verwandelt wurden – dort, wo einstmals Gottes stärkende und tröstende Botschaft ertönte. Trotz unbeschreiblicher Schwierigkeiten erhalten hier die Blinden und die Gehörlosen immer mehr Recht auf Bildung und Lebenschancen, und mit der Zeit werden sie am Fortschritt dieses ruhmreichen Landes teilhaben können.

Der große Reiz unserer Reise durch Lateinamerika bestand in der Wärme, mit der uns die Leute empfingen. Ich wurde überhäuft mit Blumen von unbeschreiblicher Schönheit und herrlichem Duft, wo immer ich ging, bis ich fast darunter begraben wurde. Wie Teacher sich über sie gefreut hätte! In Rio de Janeiro hielten wir einen Vortrag im «Benjamin Constant-Blindeninstitut» und sprachen außerdem zu den Lehrern des «Instituts für Erziehung», der größten pädagogischen Hochschule Brasiliens. Ich sprach von der Dankbarkeit, die die Welt ihren Lehrern schuldet, und wies darauf hin, daß dasjenige Gemeinwesen an der Spitze des Fortschritts stehe, das die besten Lehrer hat.

Sehr erfreut war ich über den fortschrittlichen Geist in der Blindenarbeit und ähnlichen Initiativen in Sao Paulo. Es erstaunte mich, wieviel Seniora Dorina Nowill, die Leiterin der brasilianischen Blindenstiftung, als blinde Frau und nahezu ohne Unterstützung zustande gebracht hatte: Sie hatte kompetente Menschen zur Mitarbeit gefunden, eine Braille-Druckerpresse erworben und eine Bücherei eingerichtet; außerdem kümmerte sie sich um blinde Kinder im Vorschulalter, entwickelte fortschrittliche Ideen, wie man die blinden Jugendlichen gemeinsam mit ihren sehenden Altersgenossen erziehen könne, und machte sinnvolle Beschäftigungsmöglichkeiten für erwachsene Blinde ausfindig. Doch benötigte sie dazu die Mitwirkung der Öffentlichkeit, und deshalb lud sie mich nach Brasilien ein. Bei verschiedenen Versammlungen gab ich meiner Zufriedenheit darüber Ausdruck, daß gerade auf dem wichtigsten Gebiet der Blindenarbeit, der Erhaltung des Sehvermögens, wachsende Aktivitäten zu verzeichnen waren. Ich begrüßte die neuesten Nachrichten, daß Gruppen von Augenärzten regelmäßig durch die kleinen Städte und Dörfer reisen, um Augenkranke zu behandeln, und daß in Fabriken Informationskampagnen durchgeführt werden, um Arbeitsunfälle zu verhindern oder wenigstens ihre Zahl zu reduzieren. Der Enthusiasmus, mit dem meine Botschaft angenommen wurde, brachte mich dazu, mich innerlich in die Höhe zu strecken und auf die Zehenspitzen zu stellen, wie ich es so oft tue, wenn ich von ferne den Schimmer einer künftigen Ära weltweiter Hilfsbereitschaft, die langsam, aber sicher näherkommt, erblicken kann.

Nachdem wir mehrere Verpflichtungen in Chile, Peru und Panama City erfüllt hatten, verbrachten wir zehn glückliche, ereignisreiche Tage in Mexiko City und Umgebung. Montags, den 15. Juni, besuchten Polly und ich das Rehabilitationszentrum für Blinde in Vienna Coyoacán. Ich war stolz auf die Vielfalt und die künstlerisch ansprechende Qualität der Körbe, kleinen Teppiche, Strickwaren und Webarbeiten, die die Menschen dort herstellen. Die Blinden transkribieren auch Texte für die Braille-Bücherei und helfen in ihrer Druckerei mit, Bücher in erhabener Schrift zu prägen. Ich freute mich über den Eifer, mit dem Mexiko sich dem Weltrat zum Wohle der Blinden angeschlossen hatte.

Am 19. Juni besuchten wir die Klinik zur Prävention von

Blindheit, wo täglich zweihundert Patienten kostenlos behandelt werden. Ich war bewegt von der selbstlosen Arbeit der Augenärzte, die nicht nur unentgeltlich behandeln, sondern auch Operationen durchführen. Sie fragten, ob ich mich nicht auch bei anderen Augenärzten dafür einsetzen könne, daß Patienten aus ärmlichen Verhältnissen kostenlose Pflege gewährt werde, und ich kam der Bitte nach. Später erfuhr ich, daß verschiedene andere Ärzte Leistung ohne Bezahlung zugesagt hatten.

Am nächsten Tag verbrachten Polly und ich eine frohe und zugleich sehr ergreifende Stunde im «Mexikanischen Institut für Sprache und Gehör». Als wir die Halle betraten, berührte ich den Schriftzug «Anne Sullivan», der in die Wand eingemeißelt war. Dann folgten wundervolle Vorträge über ihr Werk, und ich fühlte mich wahrhaftig meiner Lehrerin innerlich sehr nahe. Ich konnte vor Rührung kaum sprechen, als ich den Lehrern dafür dankte, daß sie die Quelle erkannt hatten, aus der ich meine Kraft geschöpft hatte. So ist es möglich, daß Teacher mich weiterhin auf meinen Reisen zu all den Orten begleitet, wo mir neue Prüfungen auferlegt werden. Nach all den Jahren teilt sie noch immer mit mir die Freuden, «die aus der Verbindung von Gefühl und Geist hervorgehen».

Ich kann sie mir vorstellen als ein Geist, der Wärme ausstrahlt – eine Sonne des Lebens. Es muß nicht unbedingt stimmen, was Romain Rolland sagt, daß jemand, der die innige Nähe und grenzenlose Freundschaft eines anderen Menschen erfahren hat, eine Freude erlebt hat, die ihn für den Rest seines Lebens unglücklich machen wird. In Teachers Persönlichkeit lebten ein solch hohes Ideal und eine so große Gabe, sich mit den anderen Menschen zu verbinden, daß sie mir auch nach ihrem Tode die Kraft gaben, auszuharren und an meinem Wirken festzuhalten. Die Größe der Lebensaufgabe, die sie für mich ausgemacht hatte, hielt mich fest und trug mich über mich selbst hinaus, um Gottes Feldzug gegen das Dunkel auszuführen. Natürlich gibt es immer die Wahl zwischen zwei Wegen, und als mir all meine Sicherheit verlorenging, hätte ich vielleicht jede weitere Aktivität aufgeben können. Doch Teacher glaubte an mich, und ich beschloß, ihr Vertrauen nicht zu enttäuschen. Weil ich mir dessen bewußt bin, daß sie mit mir weiterlebt, habe ich nach neuen Wegen gesucht, um Männern und Frauen, die von Dunkelheit und Einsamkeit, von Krankheit oder Sorgen zermürbt werden, immer wieder neue Lebenskraft zu geben. Und manchmal scheint es mir, daß Gott sie, die in meiner Nacht die Flamme entzündet hat, benützt, um weitere Feuer der Güte zu entfachen. Obschon ich allmählich in ein fortgeschritteneres Alter komme und die Gewißheit habe, daß ich meinen verbrauchten Leib einmal mit Freude verlassen werde, verleiht mir Teachers Seele noch immer neue Kraft und jugendlichen Mut. Die Gewißheit, daß ihre schöpferische Intelligenz und ihre wahre menschliche Güte nicht zugrunde gehen, sondern in ihrem belebenden Wirken fortfahren, versüßt mir die Einsamkeit und erfüllt mein Herz wie warme Frühlingsluft.